本书获杭州师范大学沈钧儒法学院竞争一流学科
（项目编号：4025C52219020）

算法生成物的著作权保护研究

周　澎◎著

吉林大学出版社

长春

图书在版编目（CIP）数据

算法生成物的著作权保护研究/周澎著. -- 长春：
吉林大学出版社，2022.9
ISBN 978-7-5768-0359-4

Ⅰ．①算… Ⅱ．①周… Ⅲ．①算法—生成—著作权法
—研究—中国 Ⅳ．① D923.414

中国版本图书馆 CIP 数据核字（2022）第 164267 号

书　　名：算法生成物的著作权保护研究
SUANFA SHENGCHENGWU DE ZHUZUOQUAN BAOHU YANJIU

作　　者：周　澎　著
策划编辑：卢　婵
责任编辑：卢　婵
责任校对：单海霞
装帧设计：叶杨杨
出版发行：吉林大学出版社
社　　址：长春市人民大街 4059 号
邮政编码：130021
发行电话：0431-89580028/29/21
网　　址：http://www.jlup.com.cn
电子邮箱：jldxcbs@sina.com
印　　刷：武汉鑫佳捷印务有限公司
开　　本：787mm×1092mm　　1/16
印　　张：18.25
字　　数：270 千字
版　　次：2022 年 9 月　第 1 版
印　　次：2023 年 1 月　第 1 次
书　　号：ISBN 978-7-5768-0359-4
定　　价：98.00 元

前　言

　　算法是人工智能的核心，亦可喻为人工智能的灵魂。立足当下"算法智能"以及"算法泛在"的智能社会阶段，目前普遍研究的人工智能生成物实则是算法生成物。故而本研究选取算法生成物作为著作权保护的研究对象，旨在回应作品的创作过程由算法自动完成而引发的可版权性和创作主体的著作权归属问题。算法生成物的核心在于人机交互下的算法具备自动优化和自主学习能力，只要供应数据养分，便可输出符合人类审美的表达。现阶段的算法生成物不仅具备作品外观，并且类型多样。从文学领域的诗歌、小说，到艺术领域的歌曲、画作，再到科学领域的虚拟现实等，算法生成物可谓是方方面面。因此，本研究选取的研究对象则是这些与作品具有同样外观的算法生成物引发的著作权法问题。

　　本研究以算法生成物为起点，通过阐明"算法""生成"和"物"的用语选取，延伸出算法与人工智能的联系，进一步分析其概念、特征以及多维度价值，从而基于其价值与著作权之间的关系提供著作权保护的理论基础。在论证建构上，通过历史分析、法理分析、社会学分析、评价法学分析、利益衡量以及经济激励的多维度理论为算法生成物的著作权保护提供论证。

　　在具体分析层面，对现有的著作权保护分为可版权性和著作权归属分析中涉及的主体和具体归属探讨，旨在梳理其他国家中立法、司法和政策的差异与共识，以及国际推动算法生成物进行著作权保护的趋势。从算法生成物的可版权性来看，首先，思想表达二分法原则存在表达与表达蕴含思想两种类型的考量，从而形成对算法生成物进行著作权保护第一道防御；其次，即便该原则仅考量表达，但可版权性要求的独创性和再现性两个核心要件也难以适用，独创性包括主观标准和客观标准，且主观标准往往将其与"作者个性"联系起来，客观标准也因"作者"这一要件存在争议，实则难以具体划分主观与客观标准；在再现性层面，基于算法生成物的虚拟现实类型，导致这种虚拟化且提供沉浸感、体验感的表达类型难以整体满足再现性事物要求。即便算法生成物通过调适解决了可版权性问题，那么算法生成物的著作权归属又出现了争议。从算法生成物的创作主体来看，完成创作这一直接过程的并非现行著作权制度中的创作主体，那么算法生成物的创作主体存在疑问。而算法生成物基于多元主体的参与，著作权归属的主体需要进行多方考量。于此同时，我国《著作权法》业已修订，但对算法生成物的著作权保护却未有定论。而实践先于立法，我国已经出现与算法生成物有关的著作权纠纷，并且产生了同案不同判的结果。

其实，算法生成物的自动创作过程对我国著作权保护研究的意义重大，其不仅涉及算法生成物这一新兴技术的产物，更涉及类似于摄像机自动拍摄画面的著作权保护，探寻算法生成物与著作权之间的微妙关系，不仅为我国算法生成物，而且可为利用机器自行拍摄等生成内容的著作权保护提供借鉴思路。

周　澎

2022 年 7 月

目　录

导 论

一、研究背景

著作权制度是促进文化传播、繁荣精神文明的重要工具，但传播和繁荣的前提是作品这一人类创作的载体。早期人们创作语言、文字、美术这类传统作品时，通常需要用身体或者一支笔作为媒介来进行创作，这种情况下的创作需要人类直接参与，且具体的文字或绘画表达通常与人们创作时的思想具有同时性。随着技术的更迭，照相机的出现使人们更像一位"记录员"，成为历史的"见证者"。紧接着录像机出现，人们可以记录每一段值得载入史册的文化和具有深远影响的重大事件。这些技术工具的进化使人们创作作品的方式变得更加便捷且丰富多样，但人们并不满足于单一的技术工具创作，开始思考是否存在能够让作品变得更多元且有趣的创作方式。于是人们开始对作品采取随机创作的方式，比如最早用骰子进行"算法作曲"，仅对录像机、照相机的摆放位置进行选取后，按下录制键，甚至借助动物的身体拍摄等，均成为人们创作的多样化方式。但人类并不安于现状，因为在人类社会发展的过程中，作品已经演化为一个巨大的"造梦引擎"，消费者要求作品更新换代速度加快，同时还要求这些作品能够提供沉浸式、体验式的感知。就像在 Minecraft 的一款游戏中，每周都有超过 1000 万的游戏用户在线时长超过 20 个小时，长此以往作曲家很难提供给游戏用户足够的个性化音乐。① 因此，传统的技术已经无法满足这一需求，人们开始考虑新的创作方式。1956 年，在美国东部的达特茅斯召开了一场学术研讨会，提出了"人工智能"所利用的算法，人类开始转向这种创作方式。早期的"准人工智能"阶段需要人类反复介入，但随着算法在香农信息论中的发展，"算法智能"阶段到来，被算法发展推动的人工智能体开始替代人类的创作过程，并最终在直接创作阶段"取代"人类。

随着算法的日臻成熟，算法生成物在著作权制度体系中泛起层层涟漪。2017 年可以被喻为人工智能"算法智能"阶段的元年，因为在 2016 年 AlphaGo1.0 以五局四胜的战绩击败了世界冠军李世石九段之后，又以 AlphaGo2.0 的身份三局全胜"世界第一围棋高手"柯洁九段。② 这标志着算法开始转为以大数据为基础，且以深度增强学习算法（Deep Reinforcement Learning Algorithms，以下简称"DRALs"）③ 所引领的智能社会转型的到来。各国也开始关注算法的存在，开始陆续发布相关的发展规划和相应战略。我国国务院总理李克强在 2017 年的政府工作报告中指出，2016 年深入推进"互联网+"行动和国家大数据战略，2017 年应当加快培育壮大人工智能新兴产业。④ 同年 7 月，我国国务院印发《新一代人工智能发展规划》（以下简称"《发展规划》"），提出其具备大数据驱动下自主智能、脑机协同的新特点，将会深刻改变人类社会生活生产方式，需要制定促进人工智

---

① 生成式艺术和算法创作［EB/OL］.（2018-10-09）［2020-01-20］. https：//www.uegeek.com/181009-generative-art-creativity-01.html.

② ［英］马库斯·杜·索托伊. 天才与算法：人脑与 AI 的数学思维［M］. 王晓燕，陈浩，程国建，译. 北京：机械工业出版社，2020：129-256.

③ Cody Weyhofen. Scaling the Meta-Mountain：Deep Reinforcement Learning Algorithms and the Computer-Authorship Debate［J］. UMKC Law Review，2019，87（4）：979-996.

④ 政府工作报告：2017 年 3 月 5 日在第十二届全国人民代表大会第五次会议上［EB/OL］.（2017-03-16）［2020-01-20］. http：//politics.cntv.cn/special/gwyvideo/likeqiang/201703/2017030501/index.shtml.

能发展的法律法规和伦理规范。[①]

　　"智能算法"的人工智能阶段，推动着算法生成物以类似于取代人类直接创作或者发明的方式生成产物并且在著作权领域延伸出新的表达类型（即虚拟现实）。人类在创作或发明过程中的介入变得微弱，但算法生成物的质与量却得到飞跃。算法生成物除却有诗歌、绘画的特定领域外，还会发明基因编程、人工神经网络和机器人科学家。[②] 因此算法生成物并非仅存在于著作权领域，还会存在于专利权领域。就目前而言，存在于著作权领域的算法生成物已经可以使得人们直接输入指令便获取到丰富多样的"作品"。微软小冰不仅是个诗人，还是个画家，甚至是个作曲家；AIVA则是一位优秀的曲作家。如此这些均表明算法生成物与人类作品之间很难区分，并且人类将可能更趋向于选择分析了人类审美的算法生成物。实则人类介入创作过程变弱并非算法生成物的出现，当人类直接使用照相机和录影机固定后，进行自动拍摄或者"大象拍"[③] 等亦会导致人类创作的弱化。只不过算法生成物在某些层面过于强调了其自动生成过程而导致研究忽略了原有对摄影作品、电影作品的可版权性。于实质而言，算法生成物需要通过著作权制度回应其带来的可版权性以及著作权归属问题。因此理性分析算法生成物著作权保护的理论基础，为其制定更为明确的可适用性著作权保护规则，才能更好推进人工智能在"算法智能"阶段的算法生成物，甚至是人类借助一些机器的自动拍摄或者录影而生成"作品"的著作权价值实现。

　　故本研究以人工智能"算法智能"阶段的算法生成物为限定，实则是

---

　　① 中华人民共和国中央人民政府. 国务院关于印发《新一代人工智能发展规划》的通知（国发〔2017〕35号）［EB/OL］.［2017-07-20］. http://www.gov.cn/zhengce/content/2017-07/20/content_5211996.htm.

　　② 吴汉东. 人工智能生成发明的专利法之问［J］. 当代法学，2019，33（4）：24-38.

　　③ 大象拍是把经过改装的相机捆绑在大象身上，然后把它们放回原始森林，从而通过配有高清摄像装置的大象能够拍摄到很多珍贵的动物照片. 参见尤越. 智能工具下摄影作品的独创性标准［J］. 电子知识产权，2015（9）：47-54.

为了解决人类借助技术自动生成的著作权保护问题。旨在技术发展马不停蹄且与时俱进而需固守法律基本原则的基础上，赋予著作权制度新的视野与意涵。

二、研究意义

（一）理论价值

本研究将人工智能生成物[①]的研究定位在算法生成的阶段，旨在阐明现阶段人类并未完全脱离算法生成物的整个创作阶段，因此本研究亦可以适用机器自动拍摄过程的著作权保护。首先，研究算法生成物的著作权保护将有助于研究著作权制度在客体、主体和权利归属体系的整体问题。该研究从理论上区分著作权的客体应当是作品的表达而非作品蕴含的思想，而具体到作品认定的层面，不仅通过算法的自动创作过程进行回应，同时还可以解决现有人类通过机器固定，让机器自行拍摄的作品认定标准。而在著作权主体层面，主体应当是自然人或者法律拟制主体，而即便具有与人类同等"创作能力"的算法也无法突破其仅仅是一种人类发明的技术的牢笼。通过主体资格的认定可以明确客体本质在于"人类中心主义"的"自然人"视角，因而排除算法的人工智能体作为创作行为的发出者。其次，算法生成物的著作权保护涉及多方利益主体问题，一旦认定算法生成物为作品，也应当归以人类为前提，则就需要明确设计者、投资者和实际使用者的著作权归属问题。最后，算法生成物的著作权保护有助于实现著作权制度的终极价值。因为这是一种以私权赋予换取公共需求与福利的保护机制，从而在此基础上丰满社会公共领域的文化精神需求。

---

① 算法生成物实乃人工智能生成物排除类似计算机软件辅助生成和算法亦无须人类介入阶段的产物，但现有研究通常仅作区分却未明确概念，为避免造成不必要的用语混乱，在尊重已有研究的基础上，当提及人工智能生成物时，指称为三个人工智能阶段的生成物。

（二）实践价值

著作权制度在实务界通常以处理以下利益关系为己任：首先是作品表达与可控性间的关系，这一层面关乎作品使用的多方利益关系（这种关系包括利益关系、交易关系和非商业关系）；其次是著作权保护与著作权制度宗旨体现的经济、文化、科技、政策发展的关系（通常为法功能学的价值展现作为理论基础）；最后则是著作权立法层面的和司法实践中可能产生的影响。现有现实表明，现已在各国发生有关算法生成物著作权保护的立法争议和司法裁定。其所包括的不仅是著作权侵权纠纷，还有美国版权[①]登记制度下的权属登记，以及其他国家对人类未直接参与创作过程中的著作权制度立法建议。因此算法生成物的著作权保护研究体现的实践价值包括：首先，为著作权保护提供完善建议，即通过解决算法自动生成过程的可版权性问题，用以解决摄影机、录影机等机器自动拍摄或未来技术装置的自动生成过程。其次，避免在"作品中心主义"下消费者对算法生成物的"作品外观"信赖度，而损害消费者因著作权无法为其提供防御墙而导致的利益损害。同时，算法生成物的著作权保护有助于解决其生成过程中多元利益主体的权益分配。因此，算法生成物的著作权保护不仅对著作权制度下作品认定提供更为有利的视角，更为社会多元主体的利益提供重要实践的操作意义。

（三）战略价值

美国法社会学家在《转变中的法律与社会》中将法律秩序分为压制型法、自治型法和回应型法，而我国的法律应当"迈向回应型

[①]　"著作权"与"版权"的用语不同反映出英美法系与大陆法系在立法层面的差异，但从逻辑学角度来看，二者的内涵是基本相同的。我国新《著作权法》第62条明确规定：本法所称的著作权即版权。吴汉东. 知识产权法学［M］. 5 版. 北京：北京大学出版社，2011：29. 本研究为语境需要，在必要时采用"版权"一词。

法"。① 我国的知识产权制度属于舶来品和快成品，仅有四十余年的历史。自 2005 年起，我国开始构建并准备实施国家知识产权战略，并为此制定了与知识产权战略相关的一系列战略措施，版权战略也是国家知识产权战略的核心组成部分之一。当今世界的科技日新月异，知识产权成为经济社会中的重要焦点，并在国家交往中产生重要作用。著作权制度作为知识产权制度中少有的单行立法支柱之一，不仅关系其文化产业的发展，更影响社会文化交流与繁荣，同时还影响国家间文化经济的竞争。作品作为著作权制度体系构建的核心，在新技术的发展之下理应实现其应有的工具作用。当《国家知识产权战略》走过第一个十年，迎来第二个十年的基础上，算法作为作品生成的日新月异的技术手段，要看到当前国际上对算法生成物的著作权相关探讨，以及国际组织对其保护的决议与倡议，立足国际战略视野，从时代性和国际性的基础上完善我国著作权制度下对算法生成物的保护标准。

三、国内外研究现状

目前，国内外关于人工智能生成物的著作权研究已有不少研究成果，这些成果还随着人工智能技术的发展延伸出著作权制度的新视角和新证成。通过对我国国内数据库的相关检索，发现人工智能生成物著作权研究的学位论文仅有硕士论文，但对于人工智能生成物的著作权研究的学术论文涉及方方面面。本研究中的国外文献综述是基于对外国数据库 Lexis Nexis、Westlaw、Heionline、Google Scholar 中的文献资源，以及和国外留学的同学、国外教授的信件往来作出的文献探讨。国内文献综述材料主要基于中国知网、万方、维普、读秀以及法条，同时向各位老师请教、同学

---

① 诺内特，塞尔兹尼克. 转变中的法律与社会：迈向回应型法［M］. 张志铭，译. 北京：中国政法大学出版社，1994：85-87. 压制型法是封建专制国家、权力或政治的工具；自治型法被看作能够自治自主地规范社会行为以及调整社会关系；回应型法用以积极主动地回应社会，该法的特征是顺应时代变革且富有弹性地解释并适用法律。

交流而得。

本书所研究的算法生成物，不仅包含与现有作品具备相似外观的表达，还包括虚拟现实这一衍生的新类型性表达。当研究其可版权性、创作主体和著作权归属的相关问题之时，也会在研究现状中对虚拟现实这一特殊类型的表达进行逻辑梳理。

（一）国内研究现状

随着人工智能生成物的探讨日趋激烈，对其著作权保护的视角也越发广阔，在现有的学术硕果之上，总结出我国对算法生成物的相关问题主要集中在以下方面：

第一，对现阶段人工智能处于"算法智能"阶段的分析。我国在《国家新一代人工智能标准体系建设指南》（以下简称"指南"）中指出人工智能的关键通用技术实则是算法。[①] 且目前已有不少学者指出，现阶段的人工智能生成物是基于"算法智能"阶段的生成物；[②] 智能社会的转型是基于算法为中心的构建，虽然智能社会以"智能"命名，但驱动智能的却是算法；[③] 近年来繁荣发展起来的人工智能以连接主义为主流，连接主义的人工智能系统可以运用无监督的学习算法提供支持，这些自主学习算法是在没有脚本的情况下回答概率问题；[④] 人工智能是由人工智能对大数据的抓取，利用算法而产生；[⑤] 人工智能的生成成果是人工智能程序在人类参与度极低的情况下基于数据和算法通过自主学习和建模所自动

[①] 参见国家标准化管理委员会、中央网信办、国家发展改革委、科技部、工业和信息化部五部委联合发布的《国家新一代人工智能标准体系建设指南》。

[②] 王小夏，付强. 人工智能创作物著作权问题探析 [J]. 中国出版，2017（17）：33-36.

[③] 丁晓东. 论算法的法律规制 [J]. 中国社会科学，2020（12）：138-159, 203；郑智航. 人工智能算法的伦理危机与法律规制 [J]. 法律科学（西北政法大学学报），2021，39（1）：14-26；张文显. 构建智能社会的法律秩序 [J]. 东方法学，2020（5）：4-19；申卫星，刘云. 法学研究新范式：计算法学的内涵、范畴与方法 [J]. 法学研究，2020，42（5）：3-23.

[④] 刘云. 论可解释的人工智能之制度构建 [J]. 江汉论坛，2020（12）：113-119.

[⑤] 胡静. 人工智能创作物的著作权保护问题研究 [D]. 沈阳：沈阳工业大学，2020.

生成的内容。[①] 且有学者将人工智能算法看作凝结了人的智力劳动，并进一步体现于人工智能生成物之上；[②] 还有学者指出现阶段是人工智能进行"算法创作"的过程，认为算法创作及人工智能运行各环节的设计本身即为人类的智力活动；[③] 这是一种在大数据驱动下的"算法创作"，即大数据技术驱动，增强算法对海量数据统计分析和数据建模的能力，并在算法深度学习的基础上自动优化，从而找到人类的审美规则并最终形成的表达文本。[④] 但同时亦有学者认为，算法、人工智能体、人工智能系统和机器人无须作出区分。[⑤]

第二，是对算法生成物的可版权性问题的研究。首先，有学者针对著作权的"思想表达二分法"原则探讨了其纳入著作权客体范畴的冲突与解决。因"思想表达二分法"中蕴含了表达和思想，但思想与表达又并非无法全然分开，于是就产生了著作权客体范畴的争议。认为"思想表达二分法"强调著作权保护的客体在于"表达"的重要性的一派学者指出，该原则旨在强调作品表达的重要性，唯有将作品作为可供评价的客观表达，才能进一步探讨作品的其他构成要件，因而"思想表达二分法"原则仅在强调"表达"，而算法生成物基于与作品外观无差别的特征，能刚好打破著作权客体范畴的第一道防线，且无须考量算法与"思

---

① 陶乾. 论著作权法对人工智能生成成果的保护：作为邻接权的数据处理者权之证立 [J]. 法学，2018（4）：3-15.

② 熊琦. 人工智能生成内容的著作权认定 [J]. 知识产权，2017（3）：3-8；卢海君. 著作权法意义上的"作品"：以人工智能生成物为切入点 [J]. 求索，2019（6）：74-81.

③ 何培育，蒋启蒙. 人工智能"创作"行为的法律性质探析 [J]. 重庆理工大学学报（社会科学），2020，34（6）：102-110.

④ 梁志文，李忠诚. 论算法创作 [J]. 华东政法大学学报，2019，22（6）：46-59；吴汉东. 人工智能生成作品的著作权法之问 [J]. 中外法学，2020，32（3）：653-673. 同时参见徐小奔的《算法创作物的独创性之辨》的讲座内容.

⑤ 刘云. 论人工智能的法律人格制度需求与多层应对 [J/OL]. 东方法学，2021：1-13 [2021-02-01]. https://doi.org/10.19404/j.cnki.dffx.20210115.002.

想"之关联。① 而另一派学者认为，"表达"就是蕴含了思想的表达，这也是为何我国著作权法中将"创作"的行为主体归为自然人，同时在《著作权法实施条例》中体现"直接创作"的内涵。② 因此，基于"思想表达二分法"，我国学者提出了将算法生成物归为公共领域，这样既不必探讨著作权保护存在的问题还能增加公共领域的知识。③ 但在客观层面，算法生成物的表达呈现实则已经符合思想表达二分法原则。因此，当算法生成物敲开著作权保护的大门之后，便需要在具体的"独创性"和"一定形式表现"④ 中进行作品认定分析。在"独创性"层面，有学者认为按照客观标准的"独"与"创"就可以直接满足独创性要件，⑤ 人类心智活动的"无机化"，并表现了人类无法预知的"随机性"，体现出其原创；而算法无法排除人类的额外介入，故具有作者个性；此外小冰的人工智能体具有多重身份等，均表明社会对算法生成物这一作品表达的认可。⑥ 但当涉及主观层面时，有学者认为即便是可以适用客观标准，但也不应当忽略独创性标准中主观标准涉及的"作者个性"或者"个性

---

① 肖欣. 人工智能生成内容版权问题的国际比较研究［D］. 上海：华东政法大学，2019；刘强，刘忠优. 人工智能创作物思想与表达二分法问题研究［J］. 大连理工大学学报（社会科学版），2020，41（3）：80-88.

② 冯晓青，潘柏华. 人工智能"创作"认定及其财产权益保护研究：兼评"首例人工智能生成内容著作权侵权案"［J］. 西北大学学报（哲学社会科学版），2020，50（2）：39-52.

③ 江帆. 论人工智能创作物的公共性［J］. 现代出版，2020（6）：29-36；曹博. 人工智能生成物的智力财产属性辨析［J］. 比较法研究，2019（4）：138-150.

④ 我国新《著作权法》已将《著作权法实施条例》中作品的"有形形式复制"构成要件改为"一定形式表现"。我国司法实践中通常称"可复制性"，域外以固定性等来体现"再现性"。

⑤ 自然人的人格要素可在"算法创作"中充分体现，从整体来看，终端输出结果是在遵循相关设计者的"算法"意志之上的. 吴汉东. 人工智能生成作品的著作权法之问［J］. 中外法学，2020，32（3）：653-673；黄玉烨，司马航. 孳息视角下人工智能生成作品的权利归属［J］. 河南师范大学学报（哲学社会科学版），2018，45（4）：23-29；王迁. 论人工智能生成的内容在著作权法中的定性［J］. 法律科学，2017（5）：150；熊琦. 人工智能生成内容的著作权认定［J］. 知识产权，2016（9）；易继明. 人工智能创作物是作品吗［J］. 法律科学，2017（5）.

⑥ 吴汉东. 人工智能生成作品的著作权法之问［J］. 中外法学，2020，32（3）：653-673.

化安排"①，且在我国司法判例中法院对其"个性化安排"的证成也逐渐凸显出作者要素中的重视程度。② 在可复制性层面，主要在于可复制性要素已经不再仅仅体现静态复制，当借助计算机程序的"音乐喷泉"能被认定为"动态复制"③ 的同时，则虚拟现实的体验感和沉浸感在整体层面可复制性的适用问题也需要进行探讨。④

第三，算法生成物的主体资格问题。算法生成物的主体资格探讨，不仅仅局限于算法生成物的创作主体层面，还有很多学者对智能机器人这一更加外化的人工智能算法载体进行了主体资格的探讨，且这些探讨不仅涉及著作权主体，还包括民事法律地位之上。基于知识产权制度本身适用民事法律制度，因此并不拘泥著作权主体地位的划分。目前因算法生成物而导致著作权主体制度的探讨分为三种：一是否定说，即不赞成算法这一技术搭载的人工智能体能够成为著作权的主体，该学说主要通过"人类中心主义"的哲学基础⑤，"工具说"⑥ 的技术本质以及"激励机制"⑦ 的无法适用等进行证成，且有学者提出"人工类人格"将其作为"物"之法律定

---

① 我国在司法实践中常用作者个性化的选择、安排等来作为独创性判断的要素，而国外通常将其称为"作者个性"，笔者认为两者并无区别。

② 许明月，谭玲. 论人工智能创作物的邻接权保护：理论证成与制度安排［J］. 比较法研究，2018（6）：42-54. 参见北京互联网法院（2018）京0491民初239号民事判决书；深圳市南山区法院（2019）粤0305民初14010号民事判决书。

③ 参见北京市知识产权法院（2017）京73民终1404号民事判决书。

④ 周澎. "VR+阅读障碍者图书"出版的著作权制度困境、价值与展望：兼评《中华人民共和国著作权法（修正案草案）》［J］. 编辑之友，2020（9）：94-100.

⑤ 学者曹新明也在其相关学术研究中指出法律主体的扩张是有限制的，不应超越以自然人为原点的底线，人工智能的产生源于人类追求全面发展对工具的需求，不具备主体资格。曹新明，杨绪东. 人工智能生成物著作权伦理探究［J］. 知识产权，2019（11）：31-39；吴汉东. 人工智能生成作品的著作权法之问［J］. 中外法学，2020，32（3）：653-673.

⑥ 郭雄，杨昌宇. 工具意义上人工智能生成物的著作权认定［J］. 黑龙江省政法管理干部学院学报，2020（5）：43-47.

⑦ 刘鑫. 人工智能生成技术方案的专利法规制：理论争议、实践难题与法律对策［J］. 法律科学（西北政法大学学报），2019，37（5）：82-92.

位①；二是肯定说，即同意将算法的载体作为机器主体，且认为当超级人工智能出现时，其载体可在法律拟制的基础上通过法律赋予法律主体地位；② 三是有限人格说，亦有学者称为"骑墙说"，即授予其民事主体地位，但却不具备民事法律主体在权利、义务和责任层面的能力。③

第四，算法生成物的著作权归属问题。算法生成物的特点在于其多元主体的利益关系，包括投资者、设计者和利用算法生成的实际使用者，因而在现有立法规制下，将其归为哪一主体则产生争议。现有的学术研究表明，对于算法生成物的著作权归属安排分为孳息说④，必要安排人说⑤，署名推定说⑥，作品—作者说⑦ 等，甚至以著作权的创作者和投资者分为"创作者说"和"投资者说"，但无论哪种学说，均各有逻辑自洽性以及呈现的适用问题。而在具体的司法实践中，现已采用了署名要件的法人作品⑧

① 杨立新. 论智能机器人的民法地位及其致人损害的民事责任 [J]. 人工智能法学研究，2018（2）：3–20，158.

② 学者郭壬癸从认识论的角度出发，认为在弱人工智能与强人工智能阶段，人工智能扮演"工具"角色，不可作为著作权主体，其行为视为自然人的机能器官的延伸，若其行为产生侵权，则责任由制造者或使用者承担；但在类人人工智能和超级人工智能阶段，人工智能具备自主意识，可作为创作者层面上的作者，具备著作权主体资格，在涉及著作权侵权时，如若侵权，则其行为属于独立行为。郭壬癸. 认识论视域下人工智能著作权主体适格性分析[J]. 北京理工大学学报（社会科学版），2019，21（4）：145–154；郭剑平. 制度变迁史视域下人工智能法律主体地位的法理诠释 [J]. 北方法学，2020，14（6）：123–133；郭少飞. "电子人"法律主体论 [J]. 东方法学，2018（3）：38–49.

③ 袁曾. 人工智能有限法律人格审视 [J]. 东方法学，2017（5）：50–57.

④ 刘强. 人工智能创作物孳息保护模式研究 [J]. 南京工程学院学报（社会科学版），2020，20（1）：46–52.

⑤ 吴汉东. 人工智能生成作品的著作权法之问 [J]. 中外法学，2020，32（3）：653–673.

⑥ 郭如愿. 人工智能生成内容的定性及其权属论断[J]. 重庆邮电大学学报（社会科学版），2020，32（5）：51–59.

⑦ 也有学者认为"作者—著作权说"更为合适。吴汉东. 人工智能生成作品的著作权法之问 [J]. 中外法学，2020，32（3）：653–673.

⑧ 参见深圳市南山区法院（2019）粤0305民初14010号民事判决书。

和激励机制下的实际使用者的归属模式①。因而也有学者直接讨论将其归为投资者或实际使用者，且在具体的安排之上基本排除设计者。②

此外，对算法生成物的理论研究成果颇丰。现阶段对算法生成物的理论研究主要聚焦于哲学③、经济④、著作权制度价值的实现⑤层面。哲学理论的研究通常服务于人工智能体的主体资格；而经济理论的研究通常强调著作权制度的正当性以及权属分配的考量；著作权制度价值的实现，通常用以分析算法生成物通过著作权保护是否能够推动著作权宗旨。这些理论研究均可用于算法生成物的著作权保护的基础理论分析。

（二）国外文献综述

在通过 Weastlaw⑥ 进行 Tl（外文检索限定范围为题目的专业用语）："Artificial Intelligence" & "copyright" 进行检索时，发现二次文献一共 13 篇，但有些并非与本研究内容紧密相关。当再次对题目进行 Tl："Artificial Intelligence" & "Author" 进行限制时，二次文献为 8 篇，且有文献并非与之相关。但在检索和阅读文献的过程中，笔者发现与算法生成物密切相

① 参见北京互联网法院（2018）京 0491 民初 239 号民事判决书。

② 陈全真. 人工智能创作物的著作权归属：投资者对创作者的超越［J］. 哈尔滨工业大学学报（社会科学版），2019，21（6）：26-32；谢琳，陈薇. 拟制作者规则下人工智能生成物的著作权困境解决［J］. 法律适用，2019（9）：38-47.

③ 刘文献. 人工智能生成内容"可版权性"的法哲学基础：以人工智能哲学理论为视角［J］. 政治与法律，2020（3）：14-26；常照强. 中文屋思想实验的两个问题域：兼议维特根斯坦的人工智能哲学［J］. 洛阳师范学院学报，2015，34（12）：30-33，61.

④ 陈曦. 激励理论视野下的人工智能生成物著作权归属研究［J］. 知识产权与市场竞争研究，2020（1）：222-237.

⑤ 李琛. 论人工智能的法学分析方法：以著作权为例［J］. 知识产权，2019（7）：14-22；王峰. 挑战"创造性"：人工智能与艺术的算法［J］. 学术月刊，2020，52（8）：27-36.

⑥ 除却 Westlaw 数据库，也同时利用 Heinonline、SSRN、Westlaw Japan 等数据库和国外网站做了相关检索，文章大体有所选择，其立法以及政策性文件也作出筛选，并有所阐述。

关的还有对"计算机生成（computer-generated）"①的著作权研究。此外，有国外学者在探讨作者这一主体制度时，会牵涉到算法生成物的探讨，因而通过国内研究内容来看，算法生成物主要也有以下几个方面的研究，从而找寻新的观点和遗略之处。

首先，是对人工智能的算法概念释义。国外有很多学者提出，人工智能的应用实现基于算法推动，并且提出算法创作（algorithmic creation）②的概念，亦有学者提出自动智能系统的核心是算法，且认为人工智能或计算机的自动生成过程中的创造力是基于算法的创造力实现，且人类的创造力可以被看作抽象的算法，在某种意义上，我们可以将作品编码为一个程序，完全明确创作者为制作它所做的一切。③且有学者指出人工智能正是基于深度强化学习算法（Deep Reinforcement Learning Algorithm）才能取代劳动中的人类，具有与人类类似的创作能力。④此外，有学者还指出，"计算机生成作品"指的是作品由计算机根据算法（或其他一组指令）创建，这些算法允许计算机在不确定的环境中独立创作艺术品，即具体输出没有被设计者预先确定的算法自动生成。⑤

其次，是算法生成物的可版权性层面。以英国、南非为代表的国家在立法中规定了"计算机生成"的作品类型，因而其作为著作权客体保护没有争议。但在未纳入著作权客体的国家，则产生了作品认定的争议。美国

---

① 因一些国家在立法时受制于当时限制，故未出现算法，故笔者在此作出说明：该计算机自动生成的用语与算法的自动生成之间实则只是称谓的不同，计算机同人工智能体均为算法的搭载体。笔者基于对国外立法和其研究成果的尊重在文中进行该称谓的使用。

② Daniel J. Gervais. The Machine as Author［J］. Iowa Law Review, 2020, 105（5）: 2053-2106.

③ Jared Vasconcellos Grubow. O.K. Computer: The Devolution of Human Creativity and Granting Musical Copyrights to Artificially Intelligent Joint Authors［J］. Cardozo Law Review, 2018, 40（1）: 387-424.

④ Cody Weyhofen. Scaling the Meta-Mountain: Deep Reinforcement Learning Algorithms and the Computer-Authorship Debate［J］. UMKC Law Review, 2019, 87（4）: 979-996.

⑤ Nina I. Brown. Artificial Authors: A Case for Copyright in Computer-Generated Works［J］. The Columbia Science & Technology Law Review, 2018.

早在其版权登记的实践中否认了计算机生成内容构成作品的可能性，但美国在 CONTU 报告书中对计算机生成的内容，肯定人类介入要素下的著作权客体保护。随着算法的发展，国际组织开始提议对其进行著作权的保护。而具体到其作品认定层面，不同法系的国家在独创性层面产生分歧。有些学者认为其应当具备独创性，因为现有的司法判例中由法官认为"作者个性"仅是大陆法系国家的一个判断标准，例如英国仍将版权赋予计算机生成作品的"必要安排人"，可见"作者个性"在一定程度上产生了剥离；而有些学者则是基于著作权制度的立法本意，认为不能忽略"人"的创作过程要素，且认为在整体研究算法生成物的著作权问题中，固定性要素通常不具备争议，而具备争议的则是独创性要素，在一个日益机械化的世界里，著作权制度必须坚持通过保护人类的创造力和创新来促进"科学和有用的艺术进步"的原则性原则。[①] 但独创性或原创性都必须与作者的主体资格相关，因为独创性就是作者付出的独立思考活动，这一独创性要求将作者与独创性关联起来。[②] 在再现性层面，有国外通过司法实践，将网络游戏的底层程序的可复制性扩大到游戏本身的可复制性，同时已有的香水案例也在一定层面扩大了静态复制的要件。除此之外，有学者认为将其作为演绎作品进行保护，可以将其看作先前作品被计算机进行了改编的作品。[③]

再次，是有关算法生成物的创作主体和著作权归属的探讨与研究。因著作权归属的探讨通常绕不开主体制度，因而对其进行共同梳理。在一些

---

① Copyright And Artificial Intelligence，2018 WL 701327，2018/1/30.

② Pamela Samuelson. Allocating Ownership Rights in Computer-Generated Works [J]. Pittsburgh Law Review，1985，47（4）：1185-1190；Ryan Abbott. Think，Therefore I Invent：Creative Computers and the Future of Patent Law [J]. Boston College Law Review，2016（57）：225.

③ Daniel J. Gervais. The Machine as Author [J]. Iowa Law Review，2020，105（5）：2053.

国家虽然有"机器人户籍"制度①、"电子人格"②的赋予，甚至出现了索菲亚公民和萨姆公务员。但当涉及著作权归属时，无论是对"计算机生成"有立法规定的国家还是未对算法生成物的并未明确采取著作权保护的国家，观其著作权的主体认定和权属制定，均认为权利主体应当立足于"自然人"③。例如，学者 Andres Guadamuz 在其文中，立足英国版权法，并与澳大利亚、加拿大以及美国的立法对比，指出虽然英国版权法认为"精神权利与创造性努力的个人性质密切相关，为创造计算机生成的工作作出必要安排的人本身不会作出任何个人的创造性努力"而与作品认定的创造性分离，但其仍旧将著作权归属赋予"必要安排之人"。④ Dan L. Burk 学者由浅入深地从因果关系、意志和意图的概念解析为著作权制度的主体即"作者"提供了证成，并认为人工智能算法的自动创作，给人一种似乎是自主操作的错觉，但事实上，任何算法生成物都有丰富的人类努力和支持。⑤基于 Miller 学者的观点，"计算机生成的作品"需要不同方式来对不同类型作品划分作者，期望发展出一条简单清晰的规则。⑥

① Jennifer Robertson. Human Rights vs Robot Rights：Forecasts from Japan［J］. Critical Asian Studies，2014，46（4）：571-598.

② See European Parliament.Report with Recommendations to the Commission on Civil Rules on Robotics，A8-0005/2017：18.

③ Jani Mccutcheon. Curing the Authorless Void：Protecting Computer-Generated Works Following Ice TV and Phone Directories［J］. Melbourne University Law Review，2013，37（1）：46-102；Darin Glasser. Copyrights in Computer-Generated Works：Whom，if Anyone，Do We Reward?［J］. Duke Law & Technology Review，2001，24（1）：1-18.

④ Andres Guadamuz. Do Androids Dream of Electric Copyright? Comparative Analysis of Originality in Artificial Intelligence Generated Works［J］. Senior Lecturer in Intellectual Property Law，University of Sussex.

⑤ Dan L. Burk. Thirty-Six Views of Copyright Authorship，by Jackson Pollock［J］. Houston Law Review，2020（58）.

⑥ Arthur R. Miller. Copyright Protection for Computer Programs，Databases，and Computer Generated Works：Is Anything New Since CONTU?［J］. Harvard Law Review，1993，106（5）：977-1073.

但当涉及具体的著作权归属安排时，国外其实对"作者 – 作品"的关联并非完全看重。在对国外著作权的"作者"和权利归属制度进行梳理时，早有学者提出"灵魂作者（Ghost–Author）"① 和"作者已死"② 的观点，并分化出"事实作者"和"功能作者"。基于此，有学者提出了"虚构作者理论（The Fictional Human Author Theory）"③ 和"类人作者模型（Human–like Model）"④。依据建构的虚构作者和类人作者，国外以雇佣作者的拟制作者和合作作者的模型解决著作权归属问题。学者认为，适应雇佣作品的原因在于，著作权并没有授予最初负责的创作作品的一方，而人工智能的发展下，人类不再是创造力或创新的唯一来源，现行"美国版权法"的过时性质未能反映这一当代现实，导致大量人工智能作品进入公共领域，应当根据对雇佣原则中的术语的新解释，以此来激励人工智能的发展。⑤

其实，对算法生成物进行较全且较早研究的是 Andrew J. Wu 学者，他首次探讨了算法生成物的著作权归属问题，并将其限定在设计者和实际使用者之间。其文中认定计算机程序的人工智能，无论如何都不可能作为作者，且认为合作作者必须为设计者和实际使用者。因此，最早的研究并不会因为人工智能的出现而撼动作者为人类的地位，而人工智能基于著作权法的规定也不构成主体资格的必要探讨。而日本学者 Shlomit Yanisky-Ravid 在研究人工智能责任规制的基础上，认为可以从雇佣关系解释算法

---

① Oren Bracha. The Ideology of Authorship Revisited：Authors，Markets，and Liberal Values in Early American Copyright［J］. Yale Law Journal，2008，118（2）：186–271；Heiki Pisuke. Moral Rights of Author in Estonian Copyright Law［J］. Juridica International，2002（7）：166–175.

② Elton Fukumoto. The Author Effect after the Death of the Author：Copyright in a Postmodern Age［J］. Washington Law Review，1997，72（3）：903.

③ Russ Pearlman. Recognizing Artificial Intelligence As Authors And Inventors Under U.S Intellectual Property Law［J］. Richmond Journal of Law and Technology，2018，24（2）：65–87.

④ Shlomit Yanisky-Ravid. Generating Rembrandt：Artificial Intelligence，Copyright，and Accountability in the 3a Era-the Human–Like Authors Are Already Here-A New Model［J］. Mich. St. L. Rev，2017（4）：659–726.

⑤ Kalin Hristov. Artificial Intelligence and the Copyright Dilemma［J］. The Journal of the Franklin Pierce Center for Intellectual Property，2017，57（3）：431–454.

的主体与设计者或者其他相关利益者的关系。文中指出，算法生成物实则为雇佣生成作品（Work-Made-For-Hire）模式，可以视为创造性雇员或独立承包商。这种模式，可以把所有权、控制权和责任施加给使用算法并享受其好处的人或法律实体。基于该模型，可以反映算法的人格化特征，并揭示算法运作背后的权力；因此，它有效地规定了明确身份的个人或法律实体的问责制。[①] 此外，学者 Ana Ramalho 在其文中指出对算法生成物的著作权归属，应根据算法融合了人类创作的投入因素和算法投入的因素考虑具体的作者和著作权归属。

此外，基于算法生成物出现的虚拟现实新类型，国外亦有相关研究。但国外学者通常认为虚拟现实实则是一种技术的展现。在固定性层面，学者基本认为只要能够存储在计算机程序或者相关的硬件措施中，便可以构成固定性要件。[②] 而对于独创性要素的判断，基本上是由设计者完成的程序进而进行的展现，因而大多数学者认为可以作为著作权保护的客体，但是对具体应该作为文学作品的程序性作品还是视听作品具有争议。[③] 因此，一旦算法生成物的独创性要件满足，那么其著作权保护也无争议之处。

---

① Shlomit Yanisky-Ravid. Generating Rembrandt：Artificial Intelligence，Copyright，and Accountability in the 3a Era-the Human-Like Authors Are Already Here-A New Model［J］. Mich. St. L. Rev，2017（4）：659-726.

② Andrew H. Rosen. Virtual Reality：Copyrightable Subject Matter and the Scope of Judicial Protection［J］. Jurimetrics Journal，1992，33（1）：35-66；Todd David Marcus. Fostering Creativity in Virtual Worlds：Easing the Restrictiveness of Copyright for User-Created Content［J］. New York Law School Law Review，2007，52（1）：67-94；Alexis Dunne. Copyrighting Experiences：How Copyright Law Applies to Virtual Reality Programs［J］. Journal of Business，Entrepreneurship and the Law，2019，12（2）：45-76.

③ Alexis Dunne. Copyrighting Experiences：How Copyright Law Applies to Virtual Reality Programs［J］. Journal of Business，Entrepreneurship and the Law，2019，12（2）：45-76.

（三）研究问题总结

国内外学者实则在著作权制度视域下对人工智能生成物的研究成果颇丰，但他们在研究中并未明确对人工智能生成物的详细划分，笔者以此梳理出以下问题：

第一，现阶段所讨论的有关人工智能的著作权制度核心争议是什么？笔者在梳理文献之时发现南非在其司法实践中提出了计算机辅助创作作品（Computer-Assisted Works）与计算机创作作品（Computer Generated Works）的区别，而我国学者对人工智能生成物可版权性的争议点在于人工智能的自动创作过程，那么这一自动创作过程的核心在于算法，因此笔者认为聚焦于算法自动创作过程的核心进行探讨，有助于厘清著作权相关问题。

第二，算法生成物的著作权保护出现何种问题？算法的出现，导致非人类主体扩张成为现实，主体资格的原有认定体系出现裂痕，唯有理清法律主体这一地位，才能从根本上解决算法生成物的主体资格问题。在算法生成物的可版权性上，算法生成物因与作品具备相同的外观，而导致在现有的作品的概念、构成要件和法定作品类型在"作者权体系"和"版权体系"国家呈现出不同的标准，而这些标准导致了算法生成物的可版权性问题；作品的创作与发明的生成之间也需要进行区分；且基于作品类型法定，是否可以涵盖算法生成物的虚拟现实类型也犹未可知。此外，算法生成物的著作权归属应当如何向多元主体靠拢也成为需要分析的另一问题。

第三，现有立法和司法是否能有效解决现有问题？在立法层面，即便一些国家可以在"计算机生成"作品的著作权制度框架中为算法生成物提供一定依据，但现有立法并未在国际上达成共识，且在案例存在同案不同判的结果，同时无法找到立法基础的结果。而从国际公约来看，不论是《伯尔尼公约》、TRIPs 协定甚至是 AIPPI 的相关决议，都无法真正发挥重要性。而我国和各国在司法实践中，对算法生成物的适用如何作出新的突破，以及是否应当必须以新的法律规制加以解读也是问题。

第四，算法生成物是否能够突破传统著作权制度的桎梏？依托技术的算法生成物就是利用技术的产物。技术能够带来变革，但并非一定要颠覆传统著作权制度，更何况这一颠覆即将威胁"自然人"的法律主体地位。因此，立足当下，对算法生成物的著作权制度在作品和权利归属层面如何进行解读和调适，也是必须考虑的重要问题之一。

四、研究思路和研究方法

（一）研究思路

为实现对算法生成物的著作权保护进行时代性、技术性分析，本研究在阐明算法生成物与著作权制度关联的基础上，聚焦著作权制度中作品的可版权性与权利归属的立法历史发展、立法具体规定和司法具体调适，并在现有的相关规定中寻找我国著作权制度与算法生成物的保护进路，力求对算法生成物的著作权保护制度进行完善。具体研究路径如图0-1所示。

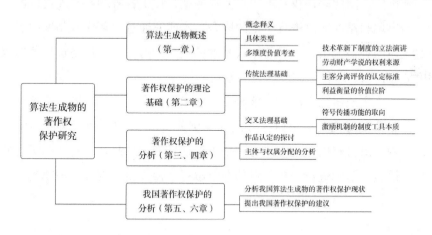

图0-1 研究路径示意图

（二）研究方法

法律人掌握着法律制度的话语权，制度外的人一般不会起到决定性的作用，但是法律人必须相互说服，互相博弈并达成共识，因此法学方法是法律人说理活动的特定方式。[①] 为了说服制度内的法律人，在契合现有制度的理论基础之上，突破现有制度下算法生成物著作权保护的藩篱，必须选择合适且多元的法学研究方法。

1. 传统法学研究方法

若要对现有制度基础进行提高，则必须重视法学方法。[②] 因此，必须将传统法学研究方法贯彻到本书研究内容中去。具体而言，传统法学研究方法包括阶级分析方法、价值分析方法和实证分析方法，实证分析方法包括社会调查方法、历史研究方法、比较研究方法、逻辑分析方法和语义分析方法。[③] 本研究仅采用了这些方法的几种。

第一，价值分析方法。价值分析方法通过认知和评价社会现象的价值属性，批判、解释或确定一定社会价值或理想的方法，回答法的"应然"属性或价值属性。[④] 著作权制度作为调整私权和公权的规范体系，本身具备一定价值，因此著作权制度的首要任务就是评价各种利益，确定价值位阶，当出现利益冲突时进行一定的取舍。本研究通过对著作权制度中多元利益主体的利益分析，立足著作权制度的最终价值目标，最终选择著作权制度的保护以及著作权制度归属的方式。

第二，实证研究方法。在该研究方法中，本研究主要选取语义分析方法、比较研究方法、历史研究方法和案例分析法。（1）语义分析方法。法理学的"语言转向"日益成为一个不可逆转的发展趋势，对法律概念的语源、语境、语脉进行分析，目的在于解释法律规范的内容，法律概念的

---

① 葛洪义. 法律方法的性质与作用：兼论法律的结构及其客观性 [J]. 法律方法与法律思维，2005（00）：145-164.

② 梁慧星. 民法解释学 [M]. 北京：法律出版社，2000：206.

③ 张文显. 法理学 [M]. 4版. 北京：北京大学出版社，高等教育出版社，2011：8-10.

④ 张文显. 法理学 [M]. 4版. 北京：北京大学出版社，高等教育出版社，2011：8.

确切含义，以避免概念的混用、误用和滥用，为法律的正确适用提供条件。①语义分析方法并不等同于单纯的"概念分析"，而是"语用分析"。一方面，法律概念本身具有多重性，应当针对不同的语言环境进行解读，另一方面，法律概念通过历史性发展，会被赋予新的内涵。因此，在对本研究对象"算法生成物"进行概念选取时立足于语义分析，对法律条文进行解读时，对"独创性""再现性"（抑或我国"一定形式表现"）通过不同的语源、语境和语脉进行了分析。（2）历史研究方法。一切社会现象都有其产生、发展的历史，如果抛开历史的联系，那么所有的法律现象都不可能得到正确的理解和把握，洞察法律现象的历史产生和发展的阶段，可以让我们从总体上把握这种法律现象与其他学科的历史脉络，并深化我们对现实法律问题的认识。②对算法生成物进行著作权保护的研究中，主体、客体和权属的考察应当基于历史脉络，尤其是经过立法扩张的客体、主体和权属分配的重要节点。基于历史发展而嬗变的著作权制度，将会影响我国著作权制度下算法生成物的保护以及法律条文的完善。（3）案例研究方法。法律的生命在于司法实践，只有将法律注入实践中，僵硬的法律文本才能变得鲜活。通过对司法实践的文本解读，对于了解法律的局限性和法官对条文解读的智慧性具有无可替代的作用。通过国内外可供借鉴的案例，以及与算法生成物直接相关的案例分析，可以整体上对法官推动法律释义的完善路径有清晰的把握。（4）比较研究方法。"法律以及法学意义的'异邦'，逐渐地被建构起来，其中对照比较，则是必经的手段。"③在对著作权制度下算法生成物的研究中，分析现有算法生成物的著作权立法，国际组织和一些国家的政策决议，以及各国在具体立法中对著作权制度的调适，司

---

① 张斌峰. 法律的语用分析：法学方法论的语用学转向［M］. 北京：中国政法大学出版社，2014：176.

② 葛洪义. 法律方法的性质与作用：兼论法律的结构及其客观性［J］. 法律方法与法律思维，2005（00）：145-164.

③ 刘星. 历史比较的某些问题：关于近现代中西法律理论［J］. 法制与社会发展，2007（3）：3-15.

法实践中具体的运用与逻辑推理，均是本研究的重要内容。

2. 交叉学科研究方法

事实上，法律最终解决的是社会问题，包括政治、经济以及日常生活中的方方面面，因此对法律现象的研究不应当局限在纯粹的法学领域，应当与其他学科进行交叉。因此对算法生成物的多维度考察以及著作权的多维度考察尤为必要。

第一，符号学分析方法。符号学分析方法实则是法学与社会学领域的交叉。在知识产权制度中，通常以符号学分析商标制度，很少用以分析其他制度。但基于符号的功能价值，即传播和交互奠定了作品的文化传播价值。有鉴于此，本研究认为算法生成物也可以从符号学的功能出发，用以证明具备著作权保护的理论基础。

第二，制度经济学分析方法。制度经济学指出法律的界权定则有助于市场经济体制的运行效率，因此在"成本—效益""激励—接触"激励机制的制度经济学分析中，可以深入挖掘研究对象的本质，探析制度如何能够实现价值目标。因此通过对制度经济学的解读发现，著作权制度可以通过初始界权、调整权利冲突、明确法律定位以及直接运用法律否认某些责任或权利的三重方式①，来实现对算法生成物的著作权保护，以此来实现著作权制度满足公共需求的本质内涵。

五、创新点

算法生成物的著作权保护研究并不是一个全新的话题，从现有文献综述来看，国内外学者已经对该问题有时代性的丰富研究，且时代和技术变革，现有研究广泛覆盖著作权制度的各个相关领域。与已有研究成果相比，本研究尝试从以下方面有所突破：

---

① 艾佳慧. 科斯定理还是波斯纳定理：法律经济学基础理论的混乱与澄清［J］. 法制与社会发展，2019，25（1）：124–143.

从选题来看，本研究聚焦于"算法"，立足于当下"算法智能"阶段的算法生成物。从现阶段的立法来看，各国对算法生成物自动生成过程产生的内容并未在著作权保护层面达成共识，但其已然成为无法回避的研究课题。尽管一些国家基于对"计算机生成"的著作权规定可以在一定程度上解决其著作权保护的问题，但具体到各个国家中，基于作品→创作主体→权利归属的探讨，仍呈现出不同。我国著作权制度虽未将算法生成物明确排除在著作权制度之外，但却在司法实践中产生了分歧，从而导致立法与司法实践难以真正统一。基于此，本研究立足本土，通过与域外相关制度与学术的探讨，力求寻找更为科学的完善方式，为我国的著作权保护提供可行性建议。

从具体研究对象来看，在对算法生成物的概念进行界定时，重点分析了"算法""物""生成"这三个法律术语的选取。此外，在探讨算法生成物的同时，还探讨了其产生虚拟现实类型。从研究的具体内容来看，本研究更多地寻找著作权保护算法生成物的理论基础，更深层次地从历史视角、哲学视角、法社会学和法经济学视角的"功能分析"取代"教义分析"，弥补在具体论述中对制度内涵、制度价值和制度功能的忽视。因此，在理论具备的基础上，才能正确回归算法生成物的著作权定位，力求调适现有制度中过于"苛刻"的分析。

在研究方法上，本研究从"法教义学"的分析转至"法功能学"的分析，运用多种分析方法，力求从多个角度为算法生成物的可版权性、创作主体和权利归属寻找著作权制度的解决进路。无论是对著作权制度的历史沿革、目标宗旨还是其保护客体中能够进行精神传播的作品符号，均在一定层面进行了理论分析。而具体到著作权的可版权性、创作主体和权利归属中，虽然在不同国家产生了差异，但基于历史分析、法经济学分析等发现各国在一定层面呈现出趋同，并且基于该趋同目标，可以寻找著作权保护的立法和司法趋势。而基于本研究的比较分析，可以为我国算法生成物的著作权体系提供参考价值。此外，在研究方法上本研究较为重视实证分析。因我国已出现算法和机器"自动生成"的著作权保护纠纷，且在同类案件中出现了不同判决结果，实证研究尤为重要。且在进行案例分析的过程中，笔者并不拘泥于"算法"这一自动化生成过程的要素探讨，还分析了类似案例中摄影机绑在气球下面自动拍摄的著作权探讨，从而为合理解决现有问题和类似问题寻找应对策略。

最后，本研究的创新还在于对我国著作权制度的创新。具体包括：（1）试图构建"机器人格"，以求放眼未来非"算法智能"阶段的人工智能体（抑或智能机器人）的法律地位；（2）试图从《著作权法实施条例》中对"作品"进行完善。首先是对"作品"构成要件的完善：即明确独创性采用客观标准的分析，并不以人类介入度弱而否认其独创性标准；明确"一定形式表现"不仅包括静态复制，还包括我国类似于音乐喷泉的"动态复制"和类似于法国香水以及我国游戏画面的"客观感知"。其次是对"作品"之创作的分析完善，建议删除"直接"二字，防止创作主体因使用技术的缘故而导致该要件无法满足。最后是对"作品"的法定作品类型进行完善，即建议"视听作品"可以改为"感知作品"，这样可以在一定程度上缓解虚拟现实这种新表达类型可以提供的沉浸感问题，避免破坏整体性。（3）对于著作权归属的安排，建议通过法律拟制将实际使用者直接拟制为著作权人，且基于类似的拟制主体制度，能够通过类似法人作品制度将算法生成物的著作权权利期限限定在较短的 50 年时长中。

第一章 算法生成物概述

算法生成物，即目前处于"算法阶段"的人工智能生成物，在人类较少干预或不参与创作的情况下，通过大数据技术驱动，增强算法对海量数据统计分析和数据建模的能力，并在算法深度学习的基础上自动优化，从而找到人类的审美规则并最终形成的表达文本。[①] 算法生成物的概念取自人工智能生成物的狭义概念，主要聚焦于现阶段基于算法独立且自动完成的特征。因该特征产生导致著作权保护产生争议，故将"算法"作为核心定义提取，将研究对象框定在人工智能"算法"生成产物之上。算法生成物不仅在著作权领域出现，同时也涉及专利领域的发明。目前来看著作权领域的算法生成物通常以小说、诗歌、美术作品这类特定的作品出现在交易市场中，同时还以虚拟现实应用于电影和游戏制作中，其基本涵盖了现有法定作品类型，且开发出新的表达方式。现阶段各国对算法生成物的著作权保护立法意见不一，且保护需求日益增加。有鉴于此，需要对算法生

---

① 参见学者徐小奔《算法创作物的独创性之辨》的演讲。同时参见王小夏，付强. 人工智能创作物著作权问题探析［J］. 中国出版，2017（17）：33–36；梁志文，李忠诚. 论算法创作［J］. 华东政法大学学报，2019，22（6）：46–59；吴汉东. 人工智能生成作品的著作权法之问［J］. 中外法学，2020，32（3）：653–673；Daniel J. Gervais. The Machine as Author［J］. Iowa Law Review，2020，105（5）：2053–2106；Dina Moussa，Garrett Windle. From Deep Blue to Deep Learning：A Quarter Century of Progress for Artificial Minds［J］. Georgetown Law Technology Review，2016，1（1）：72–88.

成物的概念、历史发展、基本特征等进行辨析，并从其所具备的多维度价值出发，为著作权保护提供建议。

第一节 算法生成物的释义

法律概念乃是解决法律问题所必不可少的工具。[①] 因此在研究法律问题时应当将其严格限定在研究对象的概念之上，若没有清晰的概念，则无法准确把握问题的本质以及制度内涵的反映。目前来看，通常被作为著作权研究对象的是人工智能生成物（抑或其他概念），但人工智能处于不同阶段，其"创作行为"也有不同，因此，准确厘定著作权制度的研究对象，详细梳理算法生成物的内涵以及反映的多维度价值，从而能更加全面剖析其著作权保护。

一、算法生成物的术语选取

虽然概念在任何情况下都只是人类思维的工具而已，但概念运用与变迁的历史中，"名"与"实"之间常常不能固定地一对一映射，尤其是，同一实质内容在不同时期常常会通过不同的术语来表达。[②] 因此正确选取研究对象的术语将有助于后续研究的具体探讨。

（一）算法生成物之"算法"的术语选择

首先，"算法"选取在于强调人工智能是基于"算法"的基础而实现自动生成。算法生成物听起来与人工智能生成物似乎很像，并且都在强调自动化的处理过程，两者看似一致但实际上存在一定差别，而这也正是本研究选取算法生成物作为研究对象的原因。

---

① M.博登海默.法理学：法律哲学与法律方法［M］.北京：中国政法大学出版社，2017：501–503.

② 常亮.法哲学的当代社会性［J］.农家参谋，2019（3）：223.

1. 算法与人工智能

人工智能最早被定义为模仿人类但能完成相关行为的机器。[①] 人工智能涵盖了几种分类：（1）像人类一样思考的系统；（2）仿人系统；（3）理性思考的系统；（4）理性行动的系统。[②] 学界根据人工智能技术应用的表现形式，从人工智能在应用过程中从抽象到具体的程度出发，将人工智能发明分为三类：一是人工智能算法，即基于数据和代码并根据某种数学模型而设计的、通过计算机程序运行的有步骤的运算方案；二是功能性的应用，即人工智能作为创造工具，在创造过程中处于次要、辅助地位，对发明创造成果的呈现作用较小，具有代表性的是图像视觉技术、语音识别技术、人工智能教育；三是人工智能技术在其他领域的应用，此种发明成果是人工智能技术与其他领域相结合的应用成果，其具体性最强、认可度最高，例如无人驾驶技术、人工自适应学习技术。[③] 因此，算法是人工智能中的一种应用，而这种应用是其生成物能够自动生成的关键。

纵观人工智能发展历史，依据人工智能"智能化"的高低可将其分为三个阶段：依托于硬件的"准智能阶段"、依托于计算机软件的"算法智能阶段"及"全脑仿真阶段"。[④] "准智能阶段"相当于半自动化阶段，虽然可以最终实现智能生成物，但其主要任务是帮助人类进行创作。以智能画图为例，人类在预先设定时需要选择工具类型（画笔大小和笔触样式），选定喜好的颜色，并在指令中输入绘画要求，虽然最终无法准确预测生成的画作的最终版本，但该创作者对画作可能会进行另外的期许或筛选，因此智能画图只能是人类思想表达中的工具。在"准智能阶段"的创作物不存在著作权保护的学理争议。"全脑仿真阶段"则指超级人工智能

---

①　McCarthy, J. What is Artificial Intelligence［EB/OL］.（2019-12-05）［2021-01-30］. http://www.formal.stanford.edu/jmc/whatisai.

②　王翀. 人工智能算法可专利性研究［J］. 政治与法律，2020（11）：125-135.

③　狄晓斐. 人工智能算法可专利性探析：从知识生产角度区分抽象概念与具体应用［J］. 知识产权，2020（6）：81-96.

④　王小夏，付强. 人工智能创作物著作权问题探析［J］. 中国出版，2017（17）：33-36.

阶段，这一阶段的人工智能在模仿人类生物系统的基础上，能够进行"算法遗传"，即不仅完全具备人类大脑神经，还能通过人类思维和想象的智力活动进行创作，例如"全脑仿真阶段"的雏形 AlphaGo Zero。但这一阶段的人工智能无法依托现有技术实现，若日后果真达到此类水平，则会挑战伦理制度，并需要进行相应制度体系的合理安排。因此，这一阶段也不在本研究的著作权保护研究之中。

2."算法"的术语选取

现阶段的人工智能则是处于"算法智能"的第二阶段，也即本研究探讨的"算法生成物"阶段。这一阶段的人工智能虽然能够自动生成，但其创作行为是通过人类预先设定的算法实现，是对已有逻辑和数据模式下的排列组合。因此，人工智能的"算法智能"阶段虽可以通过深度学习达到最终生成物的目的，但其算法和需要的大数据驱动均是人为决定的。也正因为如此，这一阶段的算法生成物具备了技术意义上的著作权保护基础。

具体而言，本研究探讨的算法与人工智能之间存在一些不同。首先，算法是人工智能的核心。人工智能包括数据、算力和算法。数据是支撑人工智能实现的基础，算力则是实现人工智能效率的准则，而算法最终的决策才是人工智能实现应用的核心。就人工智能的应用而言，掌握了数据，只意味着掌握了资本和财富，但掌握了算法，才掌握了话语权和规制权。[1]从人工智能的构成要件来看，其构成要件包含了非自动化的算力和数据。因此算法作为智能产品的重要生产工具，算法生成物比人工智能生成物更为精确定位"自动生成过程"。其次，WIPO[2]在《2019 技术趋势：人工智能》报告中分析指出，人工智能主要被视为学习系统，即是人类在有限或没有人类干预的情况下将任务的执行能够变得更好的机器，且目前的人工

---

① 马长山. 智慧社会的治理难题及其消解［J］. 求是学刊，2019，46（5）：91-98.
② 即世界知识产权组织，以下均简称为"WIPO"。

智能机器是单独执行任务系统的技术。① 该报告指出，人工智能现阶段的技术是机器学习，而报告中对机器学习定义为，一个人工智能过程，它使用算法和统计模型来允许计算机做出决策，而不必显示对其进行编程以执行任务。算法在作为训练数据的样本数据上建立模型，以便从数据中识别和提取模式，从而获得自己的知识，最典型的例子就是一个识别和过滤垃圾邮件的算法设定。联合国大学研究员 Eleonore Pauwels 将人工智能描述为一个算法"美化的数据优化过程"。由此看来，"算法"才是主要核心。再次，从生成过程来看，人工智能生成物的整体阶段包括：数据输入→机器学习→结果输出，机器学习是人工智能的掌心阶段，机器学习经历了"代码定义→数据训练→算法优化→算法创作"的过程，作为算法的机器学习产生技术支撑。② 这一阶段性历程表明，算法实则是在自身的发展历程中被应用于人工智能的技术。

从算法与人工智能的本身来看，算法更能明确其与人类的关系。从两者本质来看，算法是一种利用机器深度自主学习能力对现实生活中大量分散的、碎片化的数据信息进行自动化处理的机制，这些机器学习算法均是由人类编写的。而人工智能更多地涉及智能公交、自动驾驶汽车等具体应用层，在此层面便与人类的设定脱钩，更多涉及人类社会方式的改变。从外在形式看，它主要体现为算法的研发者通过一系列的技术性指令作用于特定机器的活动，而人工智能通常是这个机器的组合体，即人工智能体③，这将导致算法与人工智能的受众心理影响不同。人工智能通常作为算法的搭载体较为具象化。当我们提到微软小冰时，脑海里首先出现的是

① See WIPO. Technology Trends 2019：Artificial Intelligence ［EB/R］.（2020–12–31）［2021–02–28］. https：//www.wipo.int/edocs/pubdocs/en/wipo_pub_1055.pdf.

② 吴汉东. 人工智能生成作品的著作权法之问［J］. 中外法学，2020，32（3）：653–673.

③ 人工智能体，是指具有一定自主性的各种机器人、无人驾驶汽车、专家决策系统等，它们都是人工智能实体性产物。可以用来作为具象化的算法生成物的主体进行探讨。简小烜. 人工智能体的道德地位研究：基于责任论视角［J］. 湘潭大学学报（哲学社会科学版），2020，44（5）：133–138；刘云. 论人工智能的法律人格制度需求与多层应对［J/OL］. 东方法学，2021：1–13［2021–02–04］. https：//doi.org/10.19404/j.cnki.dffx.20210115.002.

小冰的"萌妹子"形象，然后认定其兼具唱歌、作诗、绘画等各种特长于一体，于是呈现出一种"拟人化"特征，以至于我们通过联想索菲亚公民将其更加具象化，甚至当提及"人"和"智"二字时，也会产生心理影响。而如果选取算法则更加强调其技术性。基于避免"人工智能体"的主体性误解，选取算法则更为合适。但算法的自动生成过程在著作权创作行为的认定中需要探讨其主体，因此算法的人工智能体便成为其主体资格的探讨对象。

因此，"算法"可以更加核心地展现人工智能生成的自动化过程，还能将其与人类的介入相关，避免因人工智能的具象化带来模糊性，影响著作权保护的研究。

（二）"生成"与"创作"的术语选取

学术界目前对人工智能生成物的称谓主要包括"人工智能生成物（内容）""人工智能创作物（内容）""人工智能创作作品"等多种描述性用语，除却直接将其归为作品的描述存疑之外，本研究认为"生成"与"创作"之间也应当进行概念区分。从词源来看，generated 的 create 的英文释义均有"bring into existence"，即带来客观的存在之义，因此对其概念的分析应当追溯至立法层面的含义。以现有可供借鉴的立法参考来看，一些国家趋向于选取"计算机生成（computer-generated）"的概念，且"计算机"的立法选取也是由于当时技术限制，因为当时一些国家均认为将"人工智能"纳入著作权制度的探讨中为时过早。[①] 此外，亦有学者提出机器生成（machine-generated）[②] 的概念。因此，无论是立法还是学术探讨，"生成"通常是与非人类的作品产生过程关联，因此当人类并非直接参与创作行为

---

① 虽人工智能首次提出是 1956 年，但其仍旧遭遇了技术问题，因此当时虽然有南非、英国等国家考虑到自动生成"作品"的著作权问题，但其仍旧用"计算机"这一当时与"计算机程序"相关的法律术语修饰"生成"二字。

② Nina I. Brown. Artificial Authors：A Case for Copyright in Computer-Generated Works [J]. The Columbia Science & Technology Law Review，2018.

时，选取"生成"作为与算法相连的法律概念术语较为严谨。此外从现有立法来看，法律意义上的"创作"实则直接蕴含了"作品"的本意。因"创作"在著作权制度中通常与"人"这一创作行为关联，不仅我国《著作权法》将创作行为与"自然人"相关，通过对《伯尔尼公约》的"作者"解读也在一定层面表明"创作"是"人"的直接行为①。因此，贸然将算法与著作权制度中的"创作"相连并作为概念，不仅导致一种先入为主的作品定性思维，更导致法律术语的选取不够严谨。

（三）算法生成物之"物"的概念选择

1. 基于财产制度客体范畴的"物"

之所以将算法生成最终阶段的呈现称之为"物"而非其他，原因在于物从古罗马到现代一直被纳入财产制度的客体范畴，具有法律意义。

罗马法意义上的"物"是指除自由人以外，存在于自然界的一切东西，并划分为有体物和无体物。②罗马法学家盖尤士认为，有体物是具有客体存在，并且可以凭借人的感官而触觉的物，如房屋，牛马等；无体物是"法律上拟制之关系"，没有实体，仅由法律所拟制的物（即权利），如地役权、用益权等。③一般来说，罗马法意义上的物以实体性为要件，即在具体的和特定的意义上（即与物权相联系），是指外部世界的某一有限部分，它在社会意识中是孤立的并被视为一个自在的经济客体，也可称之为"物体"。④因此有体物是可以感觉的有形的实体，必须可以通过视觉、触

---

① 《伯尔尼公约》中"作者身份"与作品创作有直接关系，"作者"是指能够完成智力创作的"人"。［澳］山姆·里基森，［美］简·金斯伯格. 国际版权与邻接权. 伯尔尼公约及公约以外的新发展［M］. 郭寿康，刘波林，万勇，等译. 北京：中国人民大学出版社，2016：308-309.

② 吴汉东. 无形财产权基本问题研究［M］. 3版. 北京：中国人民大学出版社，2013：4.

③ 周枏. 罗马法原论：上［M］. 北京：商务印书馆，2017：28.

④ ［意］彼德罗·彭梵得. 罗马法教科书［M］. 黄风，译. 北京：中国政法大学出版社，2017：185.

觉进行感知。但罗马法上对无体物的创制具有同现行无体物不同的特征：一是无体制仅指人类主观拟制的某种利益；二是不能以金钱作为评价条件的家长权等不能视为无体物；三是所有权必须依附于实体物，即保证物与权利的一致性。①而无体物因罗马社会的落后，无法感知电力、磁场等物质，因此无法成为权利的标的，并没有将其纳入物的范畴。造成这一结果的原因在于当时人类物质生产资料和人类认识能力的有限性，才拘泥于有体物之"实体"的外在形态。

随着近代科学技术的发展，"物"有了不同的价值。古罗马时期，就有人类希望从自己的写作中获取报酬，从而产生并具有精神产品的金钱评价和某种"文学产权"的思想雏形。而商品经济的交换，促进了证券、股票等将有体物的金钱评价进行抽象化，以及智力创造性成果的商品化转换。而这一现实结果，导致了"物"这一认识产生立法例上的新变化。英美法系国家很少采用物的概念，仅仅将物类型化为具体的种类。而在大陆法系国家，德国民法在继受罗马法的基础上，将"物必有体"仅限于物权法，精神产品作为"无体物"被知识产权法所规范。而日本民法对物虽然采取只取"有体物"的狭义概念，但却将无形财产权视为一种特殊动产赋予同有体物同等法律意义。②"时至今日，科学发达、物之范围扩张，如自然力（水力、电力），亦应列入物之范畴，因而吾人对于'有体'二字之解释，固不必再斤斤于'有形'矣。"③故在此基础上，作为客体的"物"不必再拘泥于"形"与"体"之辨。

从罗马法的起源来看，"物"的金钱评价特征可以概述为构成财产的一部分且能被占为己有的财富。作为客体范畴之"物"，虽然得以扩大，仍要具备一定特征。首先，"物"独立于民事主体之外，具有客观实在性，无论是天然生成抑或劳动创造；其次，"物"能被人类感知且能被人类控制，

---

① 吴汉东. 无形财产权基本问题研究［M］. 3 版. 北京：中国人民大学出版社，2013：4.

② 吴汉东. 无形财产权基本问题研究［M］. 3 版. 北京：中国人民大学出版社，2013：11.

③ 林旭霞. 虚拟财产解析——以虚拟有形财产为主要研究对象［J］. 东南学术，2006（6）：98-106.

如空气等则无法作为物。

2. 基于著作权制度的"物"的选择

在著作权制度中，对算法生成的结果选取"物"的概念主要包括三个原因。首先，算法生成的可能是知识产权的其他客体，例如专利权保护的"发明"。[①]"发明"的核心在于专利制度中的"三性"标准，即一般为新颖性、创造性和实用性。在算法生成物的"发明"和"作品"类型中，可供参考的则是创造性和独创性的认定比较。创造性和独创性均是"比较性质的判断"[②]，在发明的创造性认定中，采取的是"普通技术人员"的"最接近的现有技术"对比，而在作品的认定中则采取的与原有的作品不相类似的对比。但作品和发明之间又有一些不同，发明通常是一种工艺的操作方法与技能，是技术的"反映"，其无须探讨作品保护原则中是否具备的"思想表达"这一主观要件。[③]因此，当算法生成的内容存在可版权性要件的疑问时，采取"物"这种较为不确定的术语表述，对著作权客体"作品"认定的探讨具有一定价值。其次，仅因算法生成的结果具有"作品"外观而将其定义为算法生成作品本身就存在争议，因为"作品"认定和具有"作品外观"并不能完全等同，贸然将算法生成的结果划归为"作品"存在事先认定其为"作品"的嫌疑，因此将其定义为"物"则更为适合。最后，"物"的选取在于其可能具备了"作品"的外观，但可能因生成结果的质量出现参差不齐以及出现的虚拟现实这类还有待进行可版权性认定的新表达类型而产生其他争议。因此，"物"之选取实则是对"作品"认定存疑状态下较为适合的术语选择。

基于此，将算法终端的生成归属于"物"，基于三个原因：一是能够将其作为客体范畴的研究对象，二是具备法律正当性，三是虽然可以满足"物"的客体范畴，但能否满足著作权保护的"物"要件存疑。对算法生成"物"

---

① 其具体分类将在下文阐述。
② 吴汉东. 人工智能生成发明的专利法之问［J］. 当代法学，2019，33（4）：24-38.
③ 吴汉东. 人工智能生成发明的专利法之问［J］. 当代法学，2019，33（4）：24-38.

的选择乃立足于法，立足于本质特征，相较于"内容"等不具备法律内涵的名词，无疑是较为好的定性选择。

综上所述，本研究从人工智能生成物中提取算法生成物作为著作权保护的研究对象在于：一是"算法智能"阶段的"算法"探讨更能契合算法生成物寻求著作权保护的现实需求，因为算法与人类设计密不可分，算法生成物更能触及著作权保护中的问题；二是"生成"较"创作"更具备法律严谨性；三是"物"能够反映著作权客体的内涵，但对算法生成物的可版权性存疑。但基于现阶段人工智能生成物的研究较为丰富，本研究对算法生成物的著作权保护探讨，需要基于与人工智能生成物的关系进行借鉴，故本研究的参考资料大多源自著作权视域下人工智能生成物的研究成果。

二、算法生成物的发展与研究范围

（一）算法概述

1. 算法的历史溯源

算法在日常生活中通常被称为解决问题的指令、过程或步骤。比如人类对如何获取食物、采摘果实、利用工具等均是算法。[①] 算法的诞生和发展是基于数学这一抽象的过程。算法一词源于 9 世纪波斯数学家花拉子模的名字，他强调求解问题应当遵循有条理的步骤，这种条理性后来被视为算法的核心。[②] 西方的算法最早用于计算两个数的最大公约数，即欧几里得算法，它可以用于解决实际生活中时机出现的问题，比如计算装修中的地板铺设瓷砖的问题。即地板的长为 36 米，宽 15 米，那么长除以宽的余数为 6，然后再用宽除以余数 6 得到第二个余数 3，再用第一个余数 6 除以第二个余数 3 就发现其完全整除，那么这个 3 就是可以用来铺设地板的

---

① ［法］瑟格·阿比特博，吉尔·多维克. 算法小时代：从数学到生活的历变［M］. 任轶，译. 北京：人民邮电出版社，2017：11.

② 蒋舸. 作为算法的法律［J］. 社会科学文摘，2019（4）：67–69.

最大公约数。通过欧几里得算法我们可以得出算法应当具备的核心有四个：一是具备精准的陈述和明确的指令；二是不会导致无限循环；三是指令的输入均有解答；四是理想情况下具有最优效率。基于此，欧几里得算法对现有加密与解密运算仍有其价值。

现代意义上的算法源自香农对信息论的突破和思考，为算法的运用提供了基础，且在同时期，神经学家麦卡洛克和匹茨推动了神经元计算科学的发展，提出大脑天然有着适合进行计算的结构，并认为所有可设想的有穷计算都可以被神经网络计算。[①] 也正因此，算法开始被用于计算机领域，且其被应用与解决特定或特定类型的现实问题。程序员通过代码将人类所需解决问题的步骤植入计算机，从而实现思维的理性化和具体化，这一过程通常为"代码定义"，这一阶段的代码被称为程序算法，通常被称为是"自下而上"的算法。这种算法源自图灵提出的"机器智能"，用来教机器如何进行更好的学习，从而形成了广义上的"人工智能"。但这个时期的人工智能所运用的算法仅仅是一种程序，因此这个阶段的人工智能也并未定义为人工智能算法，仅作为"准智能阶段"的人工智能。

同"自下而上"的算法不同的是，还有一种"自上而下"的算法，其通过默顿的"大数据，小定律"技术范式，这种技术范式建立在概率统计的数理基础上，并通过智能化的机器依据特定场景、语境和实用需要，从海量的"大数据"中，随机提取特定的"小定律"，从而对行为形成一种反馈机制。[②] 这种"自上而下"的优势在于增强算法对海量数据统计分析以及数学建模的能力，让神经网络自主学习抓取数据并选取特征进行"深度学习"。也是算法通过代码定义、数据训练、算法优化而最终能够进行算法生成物的产生根源。

因此，这种狭义的算法才是本研究探讨的用于产生研究对象的算法，

① 郑智航. 人工智能算法的伦理危机与法律规制［J］. 法律科学（西北政法大学学报），2021（1）：1–13.

② 余成峰. 法律的"死亡"：人工智能时代的法律功能危机［J］. 华东政法大学学报，2018，21（2）：5–20.

即人工智能算法。人工智能算法可以被定义为，人类和机器交互的决策，即人类通过代码设置、数据运算与机器自动化判断进行决策的一套机制。

2.算法的特点：以技术作为本质

首先，算法是一种技术。狄德罗在他编撰的《百科全书》中，首次将技术列为专门条目，并做出如下的规定：技术乃达到某一目标的工具和规则的体系。[①]就目前的技术分类来看，技术包括：（1）生产技术，如用于制造工具、生产产品的方法；（2）管理技术，如决策、预测等；（3）智能技术，即人类思维可以通过部分"智能体"替代，包括人脸识别系统等。1977年，世界知识产权组织（WIPO）为技术作出规范定义，是指创造一种产品的系统知识，所采用的一种工艺或提供的一项服务，不论这种知识是否反映在一项发明、一项外观设计、一项实用新型或者一种植物新品种，或者反映在技术情报或技能中，或者反映在专家为设计安装、开办或维修一个工厂，或管理一个工商业企业活动而提供的服务或协商等方面。[②]因此，算法作为人工智能实现的规则和工具，因而具备技术的本质。

其次，算法具有随机性。无论是数学领域还是"准智能阶段"的算法，其仅仅是为了解决特定的问题而作出，如果需要解决的特定问题发生变化时，人类就需要重新编写程序，从而导致人为干预度类似于人们仅仅使用的是照相机或者摄影机。比如早期的黑白棋游戏，遵循了"如果，那么"的特定范式，当你下出一步棋，程序会下出另一步棋作为回应，只取决于设计者对下棋的预判。但本研究探讨的人工智能算法不同，该算法的设定一旦完成，基于大数据的驱动，根据不同指令会解决不同的问题，于是产生了算法的"黑箱"。这种"黑箱"被归为一种随机性，包括了运行随机性和结构随机性。运行随机性表明其研发虽然可被理解，但实际运行往往无法预测，例如你不会想到索菲亚会扬言"毁灭人类"。

---

① 萧焜焘.自然哲学［M］.北京：商务印书馆，2018：429.
② 杜奇华.国际技术贸易［M］.3版.上海：复旦大学出版社，2018：3.

而结构随机性则是数据自身导致，因此人工智能算法在大数据的驱动下，产生了随机性的特征。

再次，算法自动生成过程不需要人类过多介入。以应用的各种软件为例，"威科先行库"、DreamWriter 的新闻自动撰写程序，微软小冰的自动作诗程序，还有 Amper Music 的自动作曲程序，均只需要人类进行数据输入和算法研发后，仅通过指令输入即可进行创作。因此，人类对算法的介入仅限于人类对算法研发和无限的大数据输入，针对其运行阶段却无法掌控，由此也会导致一些人工智能算法"废品"的出现。

最后，算法具有"学习"能力。算法依托深度学习将分散的个殊化数据重新聚集，并将其作为形成未来数据处理方法的重要参数，即对于某类任务 T 和性能度量 P，在 T 上以 P 衡量的性能随着经验 E 而自我完善。[①] 人工智能算法能够随着数据驱动而提升"学习"能力，且随着算力增强而不断实现效率进化。就像 AlphaGo 在和李世石的对战中，当 AlphaGo 在第四局输给李世石的"上帝之手"后，AlphaGo 却能从错误中汲取教训，并且在最后一局中赢了李世石，这也意味着人工智能算法"学习"能力的强大之处。

概言之，本研究所称的"算法生成物"之算法，应当是人工智能在"算法智能"阶段的算法，是以技术为本质特征，且兼具随机性、运行过程人类参与度弱、"自主学习"的特征。也正因如此，算法生成物在此基础上也呈现出其独有的特征。

3. 算法与创造力

算法生成物的著作权保护根源在于探讨算法是否具备作品蕴含的创造力，以及创造力应该如何进行解读。英国认知科学家博登将人类的创造力分为探索型、组合型和变革型。（1）探索型创造力被定义为在保护规则

---

① 郑智航. 人工智能算法的伦理危机与法律规制［J］. 法律科学（西北政法大学学报），2021（1）：1–13.

约束的情况下对已知事物寻找可能扩展的极限。例如巴赫在创作歌曲时，突破了其所在的巴洛克时期的旋律等。（2）组合型创造力则是将两种完全不同的结构、理念或者规则混合使用，比如将热力学原理用于猜想宇宙的形状。（3）变革型创造力则是完全改变规则而来。比如毕加索创造的立体主义绘画，奥茨创作的现代主义小说等，是一种"元规则"的存在，以打破常规为目的。

基于对人类创造力的理解，在此对算法的创造力进行审视。在探索型创造力的认定中，算法通常是一种对规则极限的应用，这种应用就像黑白棋的下法，很难算得上真正意义上的创造，也不是现阶段的人工智能算法。而组合型创造中，可能需要程序员找寻有趣的同和方式来设定算法，从而选择较为适合的融合之道，此阶段是人工智能代码。而在变革型创造力之上，算法完全可以通过编程创建一个"元规则"，从而在深度学习的基础上由"黑箱"产生，这才是算法与创造力进行关联的起点。

首先，创造力是一种基础性概念，且是被评价的概念。我们应当明确的是，创造力是否仅为人类独有的特征。"独创性作品可以说具有植物的属性：它从天才的命根子上自然地生长出来，它是长成的，不是做成的；模仿之作往往是靠手艺和工夫这两种匠人，从先已存在的本身以外的材料铸成的一种制品。"[1] 因此，艺术创造通常没有规则，于是需要规则与经验进行结合，即"一个艺术品显得像是自然却是由于，尽管这产品唯有按照规则才能成为它应当所是的那个东西。"[2] 如果单纯地进行创造力的叙述，并没有可比性，只有当创造力能否作为人工智能算法存在时，才可能体现出最根本的特征。通常而言，人工智能算法不具备创造力的原因在于"人"之本性，但从算法的根本目的来看，无论其用于写诗、作画都是基于人的诗歌、画作而来的，并且为了更好地为人提供需求，可以说算法是人类创造力的一种变体。

---

① 杨格. 试论独创性作品 [M]. 袁可嘉，译. 北京：人民文学出版社，1963：6.

② 康德. 判断力批判 [M]. 邓晓芒，译. 北京：人民出版社，2002：150.

其次，创造力可以通过技术进行驱动。[①] 即算法与人类创造力之间的训练要素存在共通之处，便可为两者提供关联。从诗歌创造来看，人类首先需要对文字进行掌握，其次对诗作进行韵律等掌握，而算法可以完全满足这个层面。

最后，创造力的定义可以被重新评价。如果从社会文化来看，技术、创造力和社会文化产生关联。首先，技术在与社会文化进行对接的过程中，创造力通过技术在不断改变社会文化的需求。现代艺术借助照相机等进行复制品的呈现都可以被定性为一种艺术，那么创造力的定义也可在此文化的基础上承认这种算法提供的创造。即，当技术达到某种高度，但这一技术并不具有人类创造的所有要素，更进一步的，算法只是借用了创造之名，它建立了一套模仿创造的机制，其中展现出某种类似艺术创造的随机性或偶然性，而这是通过计算来达到的。[②]

因此，当创造力可以被评价，且可以作为一种计算规则进行达到，同时不需要人类这一主体地位的局限，那么算法与创造力之间便产生了关联地带，从而为算法生成物的著作权保护提供可能。

（二）算法生成物的发展概述

1. 算法生成物的发展

算法生成早期以"算法创作（algorithmic creation）"[③] 的概念提出，旨在表明用于产生文学、艺术等领域艺术产品的一种方法、规则。现阶段，算法生成通常指的是运用人工智能相关技术通过搜集整合指定内容资料，

---

① Nina I. Brown. Artificial Authors：A Case for Copyright in Computer-Generated Works［J］. The Columbia Science & Technology Law Review，2018.

② 王峰. 挑战"创造性"：人工智能与艺术的算法［J］. 学术月刊，2020，52（8）：27-36.

③ 因"算法创作"实则是艺术生成的一种拟人化称谓，为了便于本研究对算法生成物的历史溯源分析，在此借助"算法创作"进行梳理，但在概念上并不产生歧义。

根据使用者的目的，自动将相关的信息内容生成一条完整的信息。[①]该算法生成物最早可追溯至"算法作曲"，这是一种专为奥地利作曲家莫扎特所设计的"音乐骰子游戏"，用来创作一种随机性的舞曲。该游戏包含了这样一种规则，即设计一个11（横向）×16（纵向）=176的表格，这176个表格的纵向的16个表格依次填入2至12的数字，且每一个数字对应176个不同的音乐小段，对于16列数字的选择是通过投掷两次骰子之和（即随机得到2～12的数字），最终得到16段随机的音乐小段，这16段音乐拼接起来就得到一支舞曲。以具体创作为例（如图1-1中随机填入的176个音乐小段），在作曲的过程中通过投掷两次骰子得到数字并选取该段。如第一次得到6，就选择此段音乐小段，共投掷16次最终拼接为音乐小段。由此可见，这一阶段的算法生成仅仅是一种随机性的计算方法，其产生的目的在于最大限度减少人的主观意志介入，并将计算方法的随机性作为算法生成的核心，但人仍是该算法作曲的驱动核心，算法作曲是人主观意志的载体。

2	2	2	2	2	2	2	2	2	2	2	2	2	2	2	2
3	3	3	3	3	3	3	3	3	3	3	3	3	3	3	3
4	4	4	4	4	4	4	4	4	4	4	4	4	4	4	4
5	5	5	5	5	5	5	5	5	5	5	5	5	5	5	5
6	6	6	6	6	6	6	6	6	6	6	6	6	6	6	6
7	7	7	7	7	7	7	7	7	7	7	7	7	7	7	7
8	8	8	8	8	8	8	8	8	8	8	8	8	8	8	8
9	9	9	9	9	9	9	9	9	9	9	9	9	9	9	9
10	10	10	10	10	10	10	10	10	10	10	10	10	10	10	10
11	11	11	11	11	11	11	11	11	11	11	11	11	11	11	11
12	12	12	12	12	12	12	12	12	12	12	12	12	12	12	12

图1-1　为奥地利作曲家莫扎特所设计的"音乐骰子游戏"

20世纪30年代，算法演变为这一种数据处理的方法，并将其应用于计算机，而算法生成也逐渐形成计算机直接生成和计算机辅助生成两大类。[②]在技术革新之下，依托计算机载体的算法不断优化，算法开始具

---

① 周静怡. 算法自动生成内容中侵犯名誉权问题的探讨［J］. 视听，2020（12）：19-21.
② 黄鸣奋. 西方数码艺术理论史［M］. 上海：学林出版社，2011：41.

有自动化特征。早在 1805 年梅拉德特就发明出一部能够在发条驱动下自动画图的机器，甚至以法语、英语写诗，该机器便成为"自动机"的雏形。① 自动机是执行人类预先设定指令的机器，且分为固定算法和可更改算法。随着算法的不断变革，算法的算力和数据有了质的飞跃，于是算法推动了人工智能的发展，并通过算法不断优化衍生出人工智能生成物或其他类似的概念。在这一阶段，算法基于随机性的特征，开始更大限度地朝着自动化的生成方向发展，并与作品的创作方式交叠，被应用于生成式艺术（generative art），即具备作品外观的生成。

可见，算法生成在初期并未同现阶段大众所理解的概念具有相同含义，因为它并未依托人工智能。而基于当时算法作曲或者计算机算法中人类参与程序较高，也无著作权探讨之必要。但在目前，基于算法的发展，著作权领域通常以人工智能生成物或其他概念作为普遍研究对象提出的算法生成物需要著作权保护的研究。基于此，本研究在对现有人工智能生成物的研究基础上，选择算法生成物作为著作权保护的研究对象。

2. 作为著作权研究对象的算法生成

算法生成实则是一种行为过程。从广义上来看，算法生成应当是随机化或包含自动化的创造性活动过程，包括但不限于算法生成绘画、算法生成音乐、算法生成文学等创造性活动。随着算法的不断优化，算法的自动化和自主性不断增强，算法生成的概念开始进行限缩，目前普遍研究的算法创作仅仅是狭义上的算法生成，即仅指具有自动化且能随机生成的创造性活动过程。基于算法生成的狭义概念，作为著作权法意义上的算法生成② 开始被提出并进行研究，并基于自动化抑或称之为自主性的特征成为著作权领域的重点关注问题。

目前算法生成的著作权应用主要有三种：一是直接将算法生成作为存

---

① 黄鸣奋. 西方数码艺术理论史［M］. 上海：学林出版社，2011：42.

② 梁志文，李忠诚. 论算法创作［J］. 华东政法大学学报，2019，22（6）：46–59；吴汉东. 人工智能生成作品的著作权法之问［J］. 中外法学，2020，32（3）：653–673.

储资料的数据库,为版权文化产业提供主要素材;二是将算法生成作为发现用户需求的工具,从而创作版权产品;三是直接通过算法生成契合实际使用者消费需求的产品。

3. 算法生成物的研究范围

算法生成物是:通过算法生成,最终形成能被人类感知的客观性存在。即"算法阶段"的人工智能生成物,在人类较少干预或不参与的情况下,通过大数据技术驱动,增强算法对海量数据统计分析和数据建模的能力,并在算法深度学习的基础上自动优化,从而找到人类的审美规则并最终形成的表达文本。[①]

三、算法生成物的特征

(一)算法生成物是技术生成物

算法生成物的技术生成是不言而喻的。其所依赖的算法,本身就是一种规则,而规则是技术项下的一种。其次,算法生成物本身就是一种技术,技术包括了工具,且技术可以作为人类的延伸。算法生成物的外观同现有的语言、文字、图片等并无任何区别。算法生成物出现了新表达方式的虚拟现实以及虚拟现实技术衍生出的其他虚拟类型,但算法生成物本身作为人们可感知并且可交流的工具而言并无任何区别,这一点将在下文中符号学视角的算法生成物中具体阐述。

(二)算法生成物的生成具有自动化特征

算法生成物因算法设定具有自动化特征,且这种自动化特征在本研究的探讨领域中通常被称为"智能化"。自动化特征源于算法所依赖的深度

---

① 梁志文,李忠诚. 论算法创作 [J]. 华东政法大学学报,2019,22(6):46-59;吴汉东. 人工智能生成作品的著作权法之问 [J]. 中外法学,2020,32(3):653-673.

学习具有模仿延伸人脑的认知功能，这种具有自适应的自我学习功能以及处理模糊信息的能力，通过对数据信息的不断感知和收集，将数据信息进行筛选并融合，进而将数据输出并加以应用。目前，自动体的神经控制器发展的演进方法已被许多研究人员成功使用，[①] 以至于我们不断感叹，为何不能拥有 AlphaGo 和小冰那样的算法功能，这样我们便能从各种可供选择的方案中，提取最佳数据，在自我空间提升中取得突破性进展。

虽然算法生成物的算法程序是预先设定的，但是其算法的设定是一种通过数据分析的较为不确定性且产出随机性的"黑箱算法"，令人啼笑皆非的"智障算法"和"算法偏见"都将导致算法生成物并非完全朝着预算的结果出发，只是更大程度地偏向预设结果。且算法的前提是人类为了从海量数据中筛选最佳目标，并不能预先设想算法生成物是否吻合最佳答案。例如当实际使用者和小爱同学进行聊天的过程中，对小爱说出你好笨的指令，小爱通过你好笨的指令进行算法运算，最终回答出"主人我不懂你在说什么"，或者直接播放一首《你好笨》的歌曲作为回应。可想而知，算法生成物可能并不匹配你想要的目标结果。此外，相同的歌名也会造成小爱同学算法生成物的输出困难，你可能需要进一步限定才能避免数据筛选结果的算法生成物产生啼笑皆非的结果。

（三）算法生成物的人类参与特征

技术是一种交互的过程，就像计算机软件的并行操作以及人机交互的操纵，都是技术在一定层面与人类的交互。只不过算法生成物中因为其自动化特征被赋予"智能"之说，弱化了人类参与，导致算法作为技术的本质被忽略。

1. 算法设计阶段

算法生成物是算法最终完成开发或者说是创建时特设的目标成果，人

---

① 彭诚信. 人工智能与法律的对话［M］. 上海：上海人民出版社，2018：58.

类为了确保算法生成物不会偏离算法的预设路径，从而寻找最佳结果，因此必须在算法阶段进行干预。首先，如果将算法预设为创作诗歌，那么在算法生成阶段就必须对诗歌和一些文字材料进行输入，从而保障最终生成的是诗歌而非一串数字。

2. 成果筛选层面

实践中，算法生成物是根据指令而生成，但在小说、剧本及诗词等创作领域，算法生成物仅作为初级的成果，后期还需要选择。即便是小冰诗集，也是后期通过微软团队对诗歌的挑选而成。更不必说一些小说或者电影中剧情的安排、故事的润色及"诗意"的拿捏等，这些均可能需要人为的后期修改、编辑、选择等处理。

3. 多元主体参与生成过程介入的非直接性

算法生成物中人类思想表达与创作阶段出现时间差。人类的主观能动性在于对前人知识的总结，而在这一长期且稳定的基础上进行的思维活动，并最终进行表达。但是算法生成物直接割裂了思想活动与表达的链接，仅仅将人类的思想融入预先设定的算法中，而后仅通过海量数据的支撑，以及依赖深度学习的算法优化，从数据库中进行筛选、分析、编排并最终整合出算法生成物。且在算法生成物的产生过程中，算法的不断优化和改进将更加"弱化"人类的参与度，这一时间差的形成误以为人类的思想表达仅能从算法中得到反映，而非满足著作权法上思想表达二分法的原则。但算法生成物的生成应当予以整体性看待，算法生成物基于整体性过程应当是人类最终思想表达参与的产物，是人类通过算法技术进行间接表达。

（四）算法生成物的客观性特征

1. 算法生成物的自动生成过程具有客观性

虽然算法生成物具有人类参与的特征，但是在直接生成来看，其因为是技术下的直接产物，便有了客观性的特征。算法革命，在于算法可以不断"学习"，依托代码定义、数据训练、算法优化最终到了本研究所探讨的算法生成。算法的机器学习得以萌芽，是 1959 年塞缪尔（Samuel）设计的象棋程序，该程序经过改进后实现具备学习的能力（实质上是程序的数理逻辑映射），因此机器学习是根据给定的训练样本要求，对某系统输入、输出之间依赖关系的估计，使它能够对未知输出作出尽可能准确的预测。[①]而机器学习的目的在于解决 BP 算法[②]中的局部收敛问题，同时更好地发展新一代人工智能关键共性技术，强化对人工智能研发应用的基础支撑。[③]从这一目的来看，算法生成物是在算法预设的客观性基础上的产物。

算法本质是一种规则，规则具有客观性，因此算法生成物是规则运行产物。算法生成物通过使用人工神经网络（ANS）重新创造人脑的能力，从而模仿大脑中生物神经连接。这一算法涉及通过非线性神经网络输入大量数据，并根据每个连续层的输出对数据进行分类，从而能够对数据批量分析来确定相关标准。当确定了数据间的相关性后，再创建一个新的算法，并将其应用于部分或全部数据，以便以与业务操作需求相关的方式进行分析。这种基于数据而形成的从信号到语义的映射反映了算法生成物是算法客观映射结果的过程。

2. 算法生成物的客观性

基于"物"之取词，算法生成物应当具有客观性本质，但在此讨论算法生成物存在的客观性在于虚拟现实的出现。一般意义上的算法生成物基于"物"的特征，必然具有客观性。但随着新技术的发展，以虚拟现实技术为代表的虚拟现实呈现出体验感和沉浸感的特征，导致人类在"虚"与"实"之间彷徨，并对虚拟现实的客观存在性存在争议。有学者指出虚拟现实存在三个层面的本质：从技术上看，虚拟现实是一种以动态形式创造一种可选择的数据表达的交流；从社会层次上看，虚拟现实是由技术创作

---

① 张学工. 关于统计学习理论与支持向量机［J］. 自动化学报，2000（1）：36–46.

② 即一种训练学习的自动化算法。

③ 国务院关于印发新一代人工智能发展规划的通知，国发〔2017〕35 号。

的，不同于精神或意识的人造物，而是实在的；从哲学上看，虚拟现实是计算机程序创造和生成的一种新的实在，它表明了世界的多元性。[1]

作为对现实物质世界的数字化模拟和建构的虚拟现实，其实现的关键就是借助数字化技术的处理。数字化技术就是将复杂信息变成 0/1 的蕴含一定信息的数字信号，且这些信息可以通过技术还原而没有任何实际损失，而最终被还原的信息可以被转化成文字、图像、声音等多种信息表现形式。[2]虚拟现实是一个计算机生成的三维世界，参与者在其中有行走或飞行，操纵物体以及实时交互的幻觉。虚拟现实所展现出的计算机环境，能够供人类通过一系列的指挥进行实现，使人们实现现实世界的操纵与虚拟世界的感知进行融合，而实现这些操纵的计算机组建通常被称为现实引擎。这些现实引擎通常是一个包含虚拟现实系统的头盔，一些用于语音输入的麦克风系统通过组件连接到头盔的显示器中，用于语音输入，而因为语音智能化的实现，简单的语音通信指令可以通过传感器等来回应实际使用者，从而为实际使用者提供感官刺激的效应。正是由于这些包括语音输入系统、传感器系统组成的计算机组件，才能使实际使用者在虚拟空间中进行互动，从而推动了虚拟现实的发展。早期的虚拟现实通常用来帮助工业设计，为建筑呈现预期的最终全貌。例如，1980 年中期，北卡罗来纳大学计算机科学系使用虚拟现实技术设计了一个新的研究设施，并且通过虚拟现实系统营造一个虚拟建筑来体验该设计，随着实际使用者的体验，该建筑最终进行了一系列的改进，如拆除一些狭窄的墙壁拓宽空间等。因此，虚拟现实只是一种将现实世界进行还原的崭新表达方式，这种表达方式的不同在于兼顾了理性和感性的双重特质，从本质上讲虚拟现实只是人类用以表达现实世界的方式的变革，只具有工具价值而非本体论意义。[3]

可见，即便虚拟现实是算法生成物的最终类别，其自身作为算法，就

---

① 金吾伦. 关于 Virtual Reality 的翻译［N］. 光明日报，1996-10-28（6）.

② 钟东，鲁敏. 信号与系统［M］. 成都：电子科技大学出版社，2018：83-85.

③ 凤蝶. VR 的本体论探究［J］. 合肥工业大学学报（社会科学版），2006（1）：167-170.

是具有算法生成物的客观性本质。在一定程度上虚拟现实的算法生成和取火的摩擦石之间并无实质性差别，只是科技发展决定了不同历史阶段所用工具的不同。[①] 例如，通过虚拟现实设计的二次元"虚拟歌姬"洛天依，能够在算法基础上不仅同人类进行交流还能进行歌曲表演。只不过是算法生成物在虚拟现实的另一种表达方式而已，并不突破其客观性的本质。

（五）算法生成物的"作品外观"特征

算法生成物在"发明"层面限于特定领域，但在"作品"层面通常有不同的"作品"形式表达，且具有商品化特征。就像人工智能小冰最终创作的算法生成物（包括付梓出版的诗集、创作的歌曲等），AIVA 创作的纯音乐等，均和人类创作物的形式表达不具二致。也正因如此，算法生成物的著作权保护具有天然的基础条件。

（六）算法生成物产量高、质量不均特点

虽然算法的投入成本较高，但算法生成物基于算法的效率追求，却呈现出高产出的特点，但也正因为产量高，其质量有时候会存在参差不齐。Automated Insights 公司的人工智能产品 Wordsmith 在 2013 年新闻报道领域的生产时间达到了每秒钟 10 篇的速度，年度总生产量达 3 亿篇不同类型的文章；2016 年上海玻森数据推出的人工智能"编诗姬"在三秒内完成一首五言诗或七言诗的编写；2017 年阿里人工智能鲁班制作的促销海报达到每秒钟 8000 张的速度；加州大学圣克鲁兹分校的音乐教授 David Cope 设计的音乐智能实验室在一天之内谱写了 5000 首巴赫风格的赞美诗等。[②]

但与此同时，这些内容却呈现出质量堪忧的局面。一些支离破碎的语言，和一些刺耳的音乐也频繁产出，令人费解的语法错误也导致算法生成物从本质上来说仍旧需要人类进行参与。

---

① 李爱君. 人工智能法律行为论 [J]. 政法论坛, 2019, 37（3）：176–183.

② 肖欣. 人工智能生成内容版权问题的国际比较研究 [D]. 上海：华东政法大学, 2019.

四、算法生成物与人类创作物、动物"创作"物的辨析

本研究对人类创作物、动物创作物和算法生成物进行概念辨析，意欲探讨算法生成物中人类创作物本质性特征的内涵是否区别于动物创作物的根本内涵，从而为算法生成物的著作权保护研究寻找关联性出路。

（一）人类、算法和动物的主体区别

人类创作物，乃现有著作权法意义上的作品或未纳入的新表达类型，而动物创作物的概念则源于猕猴自拍案，算法生成物与之相区分的原因在于，算法生成物从"物"之外观上无限接近于这两类，但动物和人类却有着本质区别，猕猴自拍案的判例否认了动物创作物的著作权保护，这是因为动物本身非"人"之参与，而算法生成物离不开人类参与。基于对这些主体的鉴别，将有助于算法生成物的著作权保护研究。

1. 人、算法和动物的生物学区别

从生物学角度来看，算法完全不属于生物学的范畴，因为人是一种高级动物的"碳基生物"，算法则是"硅基生物"。"碳基生物"才是具有真正生命的生物，因此在生物学之上，只在乎辨别人和所指称的动物的区别。生物学是研究生物的一种自然科学，它仅研究动物、植物和微生物基于结构、功能、发生发展的规律。从生物学研究的具体生物来看，算法并非是生物学研究的范畴。对生物学的研究作出支撑的理论包括细胞理论、进化理论、遗传理论、稳态理论和能量理论。细胞是所包含的遗传信息构成了细胞的生命单位，是生物生命的起源。进化是所有生物学的核心，[①]生命通过进化得以改变和发展，因此在达尔文的《物种起源》中便出现了优胜劣汰的物种选择，导致一部分生物灭亡，一部分物种得以存活。遗传理论旨在研究基于基因而影响的生物体功能和形式，导致了相同生物之间

---

① Montévil M，Mossio M，Pocheville A，et al. Theoretical principles for biology：Variation［J］. Biophysics and Molecular Biology，2016，122（1）：36–50.

存在个性化差异。而稳态则指出生物具有调整自身机制来提升自我内部平衡的能力。例如人的下丘脑受到刺激时，会通过释放激素或抑制激素调节水盐代谢的平衡。而能量则意味着生物体生存不能依赖自身。

从生物学层面来看，动物是生物学研究的一类对象，人是动物的一种，通常被誉为高等生物。生物学上的人被定义为，具有完全直立的姿势，解放了的双手，复杂而有音节的语言和特别发达、善于思维的大脑，并有制造工具、能动地改造自然的本领的高级动物，要具有独特的人类基因组或独特的人类基因结构。①而动物不具备的特征在于生物形态的差别，比如语言的使用和人类特有的基因结构。因此，人的生物学特质通常是基因组、人脑和人体。人从独特的基因组发育出人体这一整体和人脑，并构成物质实体。因此，从生物学角度来看，算法并非生物学研究领域而排除在外。人作为动物的一种，其与动物的差别仅在于生物特征的不同，而在基本构成特征中存在着相似之处。但人和人工智能算法则是完全不同的类别，基于生物结构的不同，导致了人工智能算法不会产生遗忘效应，而人却会具备遗忘的特征。

2. 人与算法、动物的本质区别：社会关系地位

在波特曼看来，人类的特殊之处不在于人类躯体在形态学和生理学上的具体特点。从猿类颌骨的轮廓线到早期人类以及尼安德特人的颌骨轮廓，最终到当今人类突出的下巴，类似这样的变化顺序不足以确定人类的特征。相反，人整体的存在方式才是本质的东西。"我们在人类中看到一种生命形式，它是一种完完全全特殊的东西。尽管在人类身上有许多地方与动物躯体和动物行为相符，但人在整体上是完全不同的。我们身体的每个部分，我们的每一种情感冲动，都是这种特殊性的表达，我们没有为这种特殊性命名，但我们试着在人类生命的所有显象中仔细地指明这种特殊性的独特

---

① 张莉. 特殊残障者法律人格的民法保护：以连体人、植物人、两性人为例证［J］.法学论坛，2011，26（6）：22-29.

此在。"① 而马克思哲学理论认为，"人的本质不是单个人所固有的抽象物，在其现实性上，它是一切社会关系的总和。"②

第一，劳动作为区分社会关系地位的第一要素。经科学证明，人类是由类人猿进化而来的，既然如此，那么人类如何能够通过类人猿显示自己的独特性呢？于是产生了影响人类分化的外部要素和内部要素。从外部要素来看，则需要从地球的生态环境变化谈起。在冰川世纪的地球，物质生活资料极大减少，类人猿无法单独依靠天然物质条件生存，如果需要继续生活，则必须从恶劣的自然环境中获取生存必备的物资，因此类人猿需要对物质生活资料进行创造，但创作的过程中需要结成特定的关系，于是产生了劳动，这种劳动不仅是对工具的使用，还包括对内部关系的分工。因此，人类从类人猿中区分开来，导致劳动变成决定社会关系的第一要素。从而导致人变成社会关系总和中具备支配地位的主体，因此人奠定了社会关系的地位和社会关系的总和。

第二，人的能动性创造是作为社会关系地位产生的本质要素。人的劳动创造是人分化出社会关系的第一步，但是人在劳动实践中如何和普通动物使用工具抑或交流等同，亦不可具备社会关系的主体地位，因为人类的劳动创造必然有其特殊之处，那就是人同动物之间的劳动区分在于人类的能动性创造，这一能动性创造是基于人类的目的性和意识性，也就是说这种目的意识性是通过人在社会关系中的地位决定的。例如，人类和一些动物均可以通过石头作为打猎的工具，但人类和动物不同之处在于，人类可以对石头进行改造，将石头与树枝结合起来作为弹弓，狩猎天上的飞鸟，而即便是与人类最接近的灵长类动物黑猩猩，其也只能单纯地采取投掷石头的方式。因此，人类的能动性创造导致了人工智能算法作为现阶段的新劳动工具。由此可知，人类具备的能动性创造是人占据社会关系中支配地

---

① ［德］卡尔·雅斯贝斯. 历史的起源与目标［M］. 李夏菲，译. 桂林：漓江出版社，2019：56.

② 中共中央马克思恩格斯列宁斯大林著作编译局. 马克思恩格斯文集：第2卷［M］. 北京：人民出版社，2009：45-47.

位的另一重要方式。

第三，作为社会关系中支配地位的人，是通过历史发展不断演化的人。"社会关系的总和"这一要求，表明社会关系本身处在一个变动的过程中，因此人类的发展具备历史性且不断发展变化。在这一社会关系中对人的历史性考察便可以区分出人类、算法和动物之间的区别。算法是人类在进行大脑认知科学研究的过程中的一个研究分支，是人在历史演进的过程中从注重衣食住行转变为文化精神需求的能动性创造的一种工具，如果没有人类的能动性创造和对物质生产资料的改革，算法可能仅仅存在"真空地带"。而在历史演进的社会关系中，动物并没有真正的进化，却不断被人类进行支配，比如人类通过圈养禽类、畜牧类动物，驯养一些能产生精神慰藉的动物，均是人类在社会的历史性演进中作出的更改。

第四，人类的社会关系是一种复杂的社会关系，在人的支配地位之下，人暗含了作为社会物质基础的多层次和复杂结构，这些结构包括了人与物质资料生产过程中最基本的经济关系，也正如本研究所讨论的人和人工智能算法之间是人与物质生产资料工具的关系。还包括了人与人之间产生的政治关系，因此便需要法律作为政治的手段，从而通过直接或者间接的方式制约这种地位，由此导致了人类通过任何手段强化和彰显其主体的独特性地位。但在这种关系中，人类逐渐认识到其发展仍旧需要多方位的统一和协调，因此人类开始意识到必须与动物，甚至是算法这一技术工具进行调整，从而转变为以人为中心的多元发展机制，因此算法和动物的地位转向变成了这一复杂结构调整过程中的重点探讨问题。

综上所述，从人类占据社会关系支配地位来看，这一现实叙述为"人类中心主义"的"自然权利理论"的哲学基础提供了可供研究的价值。而当人类为了其发展得更好，则在"主客二分"的认识论基础上开始强调"主客一体"的发展，也正因如此，人类这一认识的转变可以为算法生成物的著作权保护提供研究的理论基础，这一点将在下文中阐述。

3. 认识论上的区别：思想

虽然人类创作物、算法生成物和动物创作物均是一种客观实在之物，抑或称之为对客观实在的表达。但无论是从文学意义还是法律规制来看，表达一般指思想、感情层面的表示。[①] 人与算法、动物的区别在于人类的表达是基于自由意志的思想表达，因此这三者之间便可形象地比喻为，人类思想的表达、椅子"思想的表达"和猫的思想表达。因此从这三个比喻来看，将其喻为"思想表达"仅是一种文字游戏，如果依据胡塞尔的理论，意向性是思维活动与某物的关系，这种物则是意向的对象的观点来看，任何思维现象都有其对象性的关系，且思维现象中存在客观实在性内容，基于诸因素综合的是在内容在意义上构成思维现象，因此客观实在内容基于本质不同而被意指为不同的构造对象，因此思想基于思维活动，必定具有意向性。[②] 那么，人类的思想是一种可以产生意向性的主观思维。故人类知识分子不愿意接受机器具有产生创造性思维的能力的本质在于知识分子以有思考能力而自豪，而这种能力往往被认为是人类物种优于其他物种和机器的标志。[③]

4. 法律地位的认定：主体与客体

从现有的立法来看，自然人作为法律主体地位不可动摇。但基于算法生成物的出现，却产生了拟制主体的争议，这一主体资格的认定将使"电子人格"或者"机器主体"通过法律获取主体地位，成为法人这一不具备生物学意义之外的另一主体。而在《德国民法典》中，动物不是物的规定和人类可以拥有动物，表明除人类之外的动物均在法律地位中处于客体范

---

① 中国社会科学院语言研究所词典编辑室. 现代汉语词典 [M]. 北京：商务印书馆，2003：84.

② 章启群. 意义的本体论——哲学解释学的缘起与要义 [M]. 北京：商务印书馆，2018：24-25.

③ Colin R. Davies. An Evolutionary Step in Intellectual Property Rights—Artificial Intelligence and Intellectual Property [J]. Computer Law&Security Review, 2011, 27（2）：601-606.

畴，而非主体范畴。因此，从这一点来说，进行"创作"行为的人、算法和动物的法律地位的认定在于人是法律主体、动物是法律客体，但算法生成物的创作主体地位有待厘清。

（二）算法生成物与人类创作物的联系与区分

人类创作物，即通常为著作权的客体。人类创作物与算法生成物既相关又有区别，其相同之处在于算法生成物中的算法是人类思想表达的载体，区别在于算法生成物的创作活动并不是传统意义上的人类创作行为。如果将算法生成物所反映出的人类"思想"作出厘清，则有助于分析算法生成物的著作权保护。

算法生成物在一定程度上打破了受保护表达和无保护思想之间的分界线，这可以看作是由于数字存储机制的本质而导致思想表达相对有限的扩展。① 算法生成物与人类创作物的相似之处在于"物"之表达的过程具有异曲同工之妙。在创作的素材累积阶段，对文本数据的挖掘、存储和分析相当于人类智力活动的思想来源基础。在智力活动运行阶段，数据训练和数学建模模拟需要，以及预先设定指定目标和最终完成样态的基础类似于人类在智力活动中对文字等进行有意识编排的创作意图。在算法生成物阶段，算法生成物同人类创作物（作品或具有争议的作品）在外观上没有差别。因此，基于算法生成物与人类创作物的共通之处对著作权保护的研究才产生价值。

但以哲学理论的角度看，算法生成物是区别于传统思想表达的新物质生产资料。马克思主义认为，思想是人们物质关系的产物。② 思想是人们对客观事物的理性认识，它反映了客观事物的存在，并以改造客观事物为目的。人们在社会实践中开始得到的是感性认识，"感性认识的材料积累

---

① Warwick A. Rothnie. Idea and Expression in a Digital World［J］. Journal of Law, Information and Science，1998，9（1）：59-76.

② 马克思，恩格斯. 马克思恩格斯选集：第1卷［M］. 中共中央马克思恩格斯列宁斯大林著作编译局编译. 北京：人民出版社，1995：30.

多了，就会产生一个飞跃，变成了理性认识，这就是思想。"① 因此，思想需要通过劳动资料才能实现对客体的改造。以文学创作为例，早期因生产资料的限制，人们思想与表达呈现趋同，以至于现在公知领域才会有丰富的素材。随着生产方式的进步，人们开始通过文字符号、图画等表达思想，从而生成小说、剧本等不同表达形式。在早期的传统领域中，人们通过认识论所表达的思想大多依附纸质媒介，再后来电子技术的出现使语言能够通过多样化的影像设备加以体现，再至网络时代计算机程序也成为思想的一种特殊表达。② 现阶段，算法生成物是人们借助人工智能算法直接代替大脑进行的"思想"表达。从认识论的角度出发，思想需要借助物质资料表达，才能体现人们对客观事物进行感知与改造，因此思想表达的过程也同时是利用物质资料对客观事物的一种建构过程，只是因为物质资料的不同而产生了纵向的变迁。

虽然算法生成物类似于人类创作物的产生过程，但算法是由人类创作，人类创作的算法作为算法生成物的"思想"，实则造成了"思想"与"表达"的时间差，从而导致与人类创作物相区分，造成动摇著作权制度根本的争议，即算法生成物的创作主体是谁，算法生成物的作品如何认定，以及权利应当归属于谁。

（三）算法生成物与动物创作物的联系与区分

算法生成物和动物创作物的共同特点在于创作行为都非人直接作出。但算法生成物和动物创作物主要存在以下区别。一是算法生成物基于有目的且理性的计算，而动物创作源自其某次意外情况下制造出的外观上可能构成独创性的产品。其次，以人类参与来看，在"猴子自拍案"中，摄影师并非指令猴子抢夺相机进行拍摄，动物基于其与人类相同的生命体征难以被人类预先操纵，但算法生成物虽然在一定程度上具有随机性，但其最

---

① 毛泽东. 毛泽东著作选读：甲种本 [M]. 北京：中国青年出版社，1966：383.

② Alfred C. Yen. A First Amendment Perspective On The Idea/Expression Dichotomy And Copyright In A Work's Total Concept And Feel [J]. Emory Law Journal, 1989, 38 (2)：393–436.

终产出的结果却无限趋近于人类对算法的预先设定，这种人类有意识地控制无疑使算法生成物更加具备作品特性。再次，算法生成物通常更具效率，从而从本质上影响创作成本，进而导致对人类创作物产生冲击。比如在拍卖会上，一幅名为《埃德蒙·贝拉米肖像》的画作，最后以成交价高于毕加索的画作拍出。[①] 最后，算法生成物可以促进文化产业的极大丰富，因为其可以分析受众需求，从而更加受公众欢迎。但如果动物能够被人类操控，进行创作，动物作为特殊"物"之地位的工具创作物也可以考虑参照算法生成物的著作权保护。

基于算法生成物与动物创作物的这些区别，可以对算法生成物的著作权进行保护研究。

第二节 算法生成物的具体类型划分

算法生成物实则种类繁多，研究算法生成物的著作权保护，需要准确定位算法生成物这一算法生成"结果"的具体类型。因著作权制度是知识产权制度的三大核心之一，而知识产权制度又建立在财产权制度之上，因此在具体的分类中，可对算法生成物进行财产权视域分类的基础上，进一步对本研究的著作权保护范围的算法生成物进行分类。

一、财产权视域下算法生成物的分类

算法生成物并非仅存在"作品外观"的类型，因此需要明确现有算法生成物的具体类型，用以厘清著作权保护的算法生成物类型。

（一）知识产权视域下的算法生成物

目前为大家所熟知的算法生成物通常为诗歌、小说、歌曲以及图像、

---

① 小恩. AI"小冰"为2020WAIC"创作"主题曲？ AI生成物有版权吗？（2020-07-10）［2021-02-13］. https://mp.weixin.qq.com/s/G_Te64Ihai5grrjLSdepMQ.

画作等。

但不为大众知悉的算法生成物还包括算法生成的程序、基因编程、人工神经网络、机器人科学家等①。此外，算法生成物还包括算法自身，即目前所应用的黑箱算法，这种算法可以通过算法自动优化，于是也是算法生成物的一种。此外，当算法具体到智能产品中，无人驾驶汽车、自动换脸软件、面部捕捉的虚拟现实等也可以是算法生成物。以无人驾驶汽车为例，算法通过对驾驶人状态、行人状况等图像、音像数据进行分析、总结规律后，便可通过汽车这一载体自动优化雏形方案，而这一方案也可以是算法生成物。②因此，当算法生成物自身呈现出文本多样性时，那么其在知识产权视域下便可以归为不同的知识产权客体。

一般来说，知识产权包括著作权、专利权、商标权和其他知识产权。③知识产权保护的客体，即知识产品包括创造性成果和经营性标记。④创造性成果包括以著作权客体为代表的智力成果和以专利权客体为代表的技能、方法，经营性标记通常以商标权客体为代表的商标和其他知识产权客体为代表的商号、地理标志、商品装潢、商业秘密等。但知识产品所共有的特征在于其创造性、非物质性和公开性。在创造性上，专利权客体要求最高，因为可专利性要求这一技能、方法能够推动特定领域的技术产生质变；著作权客体则要求其为作者独立劳动成果即可；商标权客体则要求其为能够具备区别特征即可，但这一区别性特征往往通过商标的具体使用而获得。在非物质性上，知识产品必须通过一定形式表现，如专利通常为外观设计、专利申请书中的文字叙述等；作品则为绘画、文字呈现等；商标、

---

① Erica Fraser. Computers as Inventors–Legal and Policy Implications of Artificial Intelligence on Patent Law［J］. SCRIPTed, 2016, 13（3）.

② 陈伟. 未来已来、将至已至：人工智能视域下法律的忧患与理性——"人工智能：科学与法学的对话"研讨会综述［J］. 西南知识产权评论, 2020（2）：21-35.

③ 其他知识产权通常包括集成电路布图设计权、商业秘密权、地理标志权、植物新品种权、商号权以及反不正当竞争规制的数据、信息等其他权利客体。吴汉东. 知识产权总论［M］. 北京：中国人民大学出版社, 2013：43-49.

④ 吴汉东. 知识产权总论［M］. 北京：中国人民大学出版社, 2013：48.

商品装潢则为图案、色彩、文字等；商业秘密中包含的客户数据、信息等。但这些载体均不是知识产品本身，而是知识产品蕴含价值的体现。公开性则要求知识产品能够使公众看到，但公众需要承认其在一定期限内的专有权利。因此，当不同的知识产权客体范畴所保护的对象早在立法层面就已从不同的具体外观、客体构成要件（"创造性"的不同程度）、权益归属与分配层面显现出不同。此外，著作权保护的客体主要从文化传播角度下的诸如小说等文学作品、虚拟现实等科学作品、画作等艺术作品出发，是以文化繁荣为终极目标的保护。而专利权保护的客体主要是从科学技术的进步以及经济社会的发展层面为终极目标，因此当算法生成物具备发明创造的外观，并且具备授予专利权的三性，那么算法生成物的专利权保护未为不可。本研究并不严格限定一定要通过著作权保护算法生成物，只是在理论层面试图阐明算法生成物进行著作权保护具备理论基石，同时可以通过"算法"来展望未来技术下其他具备作品外观的著作权保护问题。

从知识产权的客体知识产品来看，算法生成物即便是绘画、诗歌、歌曲等，均在具体的知识产权中存在重合。而这一重合的根本在于其创造性的判断。以绘画为代表的算法生成物来看，如果将其作为商标或者商品装潢的一部分也未必不可，因为商标在创造性要件中并不要求作者的创作行为认定标准，也不涉及具体的思维活动。那么算法生成物在仅有作品外观的情况下，就需要具体到著作权保护的可版权性和主体资格层面。因此，算法生成物自身存在著作权保护的可能性，而非天然受到著作权保护。

（二）其他财产权的算法生成物

除却知识产权，算法生成物还可作为其他财产权的客体。在财产权体系下，不仅包括知识产权，还包括物权、其他无形财产权。物权是以实在客体为基础，因此当算法生成物以诗集、小说、绘画、照片被持有时，那么算法生成物也可以成为物权客体。除却物权之外，算法生成物也具备其他无形财产权客体的要件，且主要以信息权和数据权客体为主。

信息权和数据权是信息社会出现的新型财产权形态。有学者认为，信息权是"知识产权上位概念",因为相比较于知识产权,更具客观性、与时俱进性、包容性等优点。[①] 而数据权则通常与信息权产生交叠,在立法中并未明确区分两者的不同,甚至在一定程度上将数据和信息共同纳入数据权或者信息权的保护中。例如,1996 年《欧盟关于数据库保护指令》提出了给予由数据或者信息材料汇聚而成的数据库以类似著作权的特别保护;[②] 美国 2015 年提交的《消费者隐私权法案》中个人信息包括了消费者数据,并在美国《统一计算机信息交易法》第 102 条规定,"信息是数据、文本、图像、声音、计算机集成电路布图或计算机程序,以及它们的集合";[③] 德国《联邦数据保护法》中也规定了个人信息相关的交易行为;[④] 我国《民法总则》中指出,数据和个人信息作为权利客体加以保护,并在 2018 年 8 月 31 日颁布的《中华人民共和国电子商务法》中指明"保障电子商务数据依法有序自由流动"。[⑤] 因此,在立法之上,信息权同数据权并未作出明确界分,甚至在一定程度上数据可以是信息的催化剂。如果从广义的信息权客体来看,信息包括了一是为著作权、专利权、商标权所保护的有创造性价值的知识信息;二是未公开披露而通过保密呈现其财产价值的商业信息;三是处于非专有领域但有价值的信息。[⑥] 可见,从信息资源的角度来看,无论是数据权还是著作权,均与信息权存在一种包含与被包含的关系。

---

① 郑成思,朱谢群. 信息与知识产权[J]. 西南科技大学学报(哲学社会科学版),2006(1):1-14,20.

② The European Parliament and the Council of the European Union. Directive on the legal protection of databases [EB/R]. (1996-03-11)[2021-02-23]. https://eur-lex.europa.eu/legal-content/EN/TXT/?qid=156571335157&uri=CELEX:31996L0009.

③ White house. Consumer Data Privacy in a Networked World:a Framework for Protecting Privacy and Promoting Innovation in the Global Digital Economy. 周澎. 数据交易下权益边界的实践探索与调适[J]. 电子知识产权,2020(2):67-77.

④ 王德夫. 论大数据时代数据交易法律框架的构建与完善[J]. 中国科技论坛,2019(8):123-131.

⑤ 参见《民法总则》第 111 条、第 127 条。

⑥ 吴汉东. 知识产权总论[M]. 北京:中国人民大学出版社,2013:8.

于是算法生成物的数据库、软件、诗歌、小说、基因编程等，均可以被看作广泛意义上的无形财产权客体。而从我国的立法规定来看，信息权的立法并不完善，且实则被划分为具体的权利类型，如果就此将算法生成物纳入宽泛的信息权保护之中，实则还是对其不同的类型寻求保护。两相比较，在特定的算法生成物类型中，例如与作品外观相同的算法生成物，则可以在具备著作权保护的理论基础，满足著作权保护要求的可版权性以及能够安排著作权归属的条件下，这些特定的算法生成物类型就不必再寻求宽泛意义且在我国还不够成熟的信息权保护。

二、著作权视域下算法生成物的分类

没有作品，就没有著作权，脱离具体作品的著作权是不存在的。[①] 本研究的算法生成物应当首先具备"作品外观"，因而需在著作权视域下可对算法生成物再进行划分。

（一）以算法的设定划分：原样型与创作型

以算法生成物的算法设定划分，可以分为原样输出和创作输出。原样输出的"原样"是指没有对原始材料进行更改，而是在原始资料挑选的基础上进行的直接输出，例如通过算法指令对已有的诗词进行重新排序，将其变为"沉舟侧畔千帆过，归来仍旧是故人"的结果，类似于"算法作曲"起源的生成方式。而创作输出的算法生成物，则类似于《挑战主持人 2019》大赛节目中，主持人龚凡通过对"撒贝宁"进行指令后，最终产出的"雅调清圆有捷才，逢君笑口便常开。玉容风骨些许矮，且帅还添半点呆。"[②] 因此，原样输出的算法生成物相当于"汇编作品"，而创作输出相当于"作品"。

---

① 刘春田. 知识产权法［M］. 北京：高等教育出版社，北京大学出版社，2007：35-98.
② 参见 2019 年中央电视台《挑战主持人 2019》。

1. 原样输出的算法生成物

从算法生成的起源来看，"算法作曲"的音乐片段截取和最终音乐形成，均没有涉及对原有音乐片段加以改造，而是直接进行的生成，原样输出的算法生成物，也并不单纯是一种复制性行为，这类输出是基于实际使用者需求而对作品进行的重新排序或者技术再现结果。算法生成物即便是原样输出，也是对已有资料的一种解读、重新解读或组合后的原样呈现。《德国著作权法》第4条将汇编作品规定为"汇编著作"，即对成分的选择或者排列，且在不损害汇编的著作的情况下，构成个人智力创作。[①] 原样输出的算法生成物具有类似于"汇编作品"的构成要件。可见，本研究所界定的原样输出的算法生成物并非是原样的复制再现，而是类似于"汇编作品"的特殊作品类型。

2. 创作输出的算法生成物

创作输出的算法生成物，相当于原始创作的作品。因为其外观几乎能够在不考虑"人类"这一主体的情况下同作品的构成要件契合。以2016年上海玻森数据推出了"编诗姬"为例，它采用语义分析和深度学习算法，通过学习数量超过5万首唐诗的汉语言数据库，达到3秒内完成1首七言诗或五言诗。[②] 以"小冰"为例，其付梓出版的诗集、创作的音乐作品以及美术作品。这些创作输出的算法生成物从外观上来看，就相当于原作。

（二）以"作品"划分：法定作品类型与新型表达类型

1. 算法生成物的法定作品类型

算法生成物的一个特征是同现有的作品具有同样的外观。按照国际上统一的作品类型，通常为文学、科学和艺术领域，从最终表达来看，算法

---

① 参见《德国著作权法》第4条。

② 孙山. 人工智能生成内容的作品属性证成［J］. 上海政法学院学报（法治论丛），2018，33（5）：84-94.

生成物基本上满足了现有各国针对法定作品类型的表达层面。例如谷歌公司开发的 Deep Dream 绘画，DreamWriter 的新闻稿件，Sony 实验室开发的 Flow Machines 歌曲，还有花纹，布料等，这些均在外观上同现有法定作品类型没有任何区别。

2. 算法生成物新型表达类之虚拟现实

虚拟现实是已经出现且已被应用的新型表达类型。WIPO 发布的《2019 技术趋势：人工智能》报告中指出，"基于数字转型进程，人工智能、物联网（物联网）、增强现实和虚拟现实，将汇聚成一个相互关联的环境，且分析结果已经表明，人工智能已经在虚拟现实领域进行使用，而这种使用对我们的生活、经济和社会产生重大影响。"① 之所以将虚拟现实作为算法生成物的新型表达类型在此探讨，原因在于算法生成物也能生成虚拟现实，且虚拟现实目前的可版权性存在一定的争议。② 笔者为了防止概念的混同，在对其进行探讨时直接使用"虚拟现实"。

就现实实践来看，虚拟现实已经成为算法生成物的表达。2016 年湖南卫视的小年夜春晚，一位名叫"洛天依"的虚拟歌手与现实歌手同台演出，且在 2017 年举办个人演唱会。该虚拟现实的出现，将一个存在于"二次元"的虚拟角色展现在现实世界中，同时还为虚拟角色赋予"拟人"特质，将他们塑造成了有血有肉的"歌手"，例如洛天依和初音未来的演唱会上，现实空间中虚拟偶像的身体是由算法生成后呈现给大众的，它的身体即是虚拟现实的算法生成物，对于粉丝来说他们与人类歌手无差别。③ 因此，

---

① See WIPO. Technology Trends 2019：Artificial Intelligence［EB/R］.（2020–12–31）［2021–01–30］. https：//www.wipo.int/edocs/pubdocs/en/wipo_pub_1055.pdf.

② 目前国内已有学者对虚拟现实以及虚拟现实衍生的"混合现实"进行著作权人定问题研究。乔宜梦. 增强现实技术最终成像版权问题研究［J］. 科技与出版，2017（11）：82–86；谢晶. "5G+混合现实"出版物著作权侵权风险及其应对［J］. 出版发行研究，2020（4）：84–89. 国外也已有部分虚拟现实的司法案例，See UAB "Planner5D" v. Facebook，Inc.，No. 19–CV–03132–WHO，2020 WL 4260733，at *1（N.D. Cal. July 24，2020）.

③ 赵海明. 虚拟身体传播与后人类身体主体性探究［D］. 重庆：西南大学，2020.

虚拟现实作为算法生成物的新型表达类型也需要进行探讨。

虚拟现实的产生依托虚拟现实技术（Virtual Reality），虚拟现实技术是一种基于各种硬件和软件工具，可通过刺激实际使用者的视觉，听觉，触觉，嗅觉，平衡感等感官来帮助他们模仿真实世界或虚构世界。[①] 目前的虚拟现实有两大类，一类是对真实世界的模拟，如数字化地球，数字化城市或社区，虚拟故宫；另一类是虚构的，如网上新闻主持人安娜诺娃（Ananowa），以及名目繁多的三维立体动画游戏。[②] 此外，由虚拟现实衍生的还有"混合现实"，即虚拟与现实结合的表达，且在现实表达的过程中便体现出其乃具有算法设定的算法生成物。以我们所使用的 Faceu 激萌相机为例，其所设计的会动的兔子耳朵，需要在识别人脸的基础上准确定位，从而才能最终拍摄出人脸加兔子耳朵的可爱照片。此外，美国利用虚拟现实还研发了《Pokemon Go》游戏，以及电影《美女与野兽》的 Mova Counter 技术中自动捕获面部表情并最终自动生成的虚拟现实影像。

虚拟现实是算法生成物衍生的新型表达类型，即便是非算法生成物的类别，也应当对新表达类型进行著作权保护探讨。因此，笔者在探讨算法生成物的著作权保护时，仅对其在可版权性层面呈现出与现有作品不同的地方进行著作权保护的可能性分析与调整，以期能为新表达类型纳入作品范围提供参考性建议。

第三节　算法生成物的多维度考察

技术包括产品、服务、过程和系统，由人类发明，是一种非自主的力量，算法生成物的技术维度表明其本身必然与其他层面的含义相关。技术包含了变革之大成，建立在经济发展、政策运用、传播媒介、政策之基的多维

[①] 周澎．"VR+阅读障碍者图书"出版的著作权制度困境、价值与展望：兼评《中华人民共和国著作权法（修正案草案）》[J]．编辑之友，2020（9）：94-100．

[②] 王克迪．虚拟现实的哲学解释[N]．学习时报，2004-06-21．

度解读之上。对算法生成物的多维度解读不仅因为具备这样该层面的维度，更因为这些多维度视角是认定算法生成物在著作权制度中的关联因素。基于此，才能合理解释算法生成物与著作权的关系，故而进行算法生成物的著作权保护研究。

一、多维度视角下算法生成物的内涵

（一）算法生成物的交易价值

经济并不是商品交换的集装箱，是从满足我们需要的生产性的方法、法规和组织性安排当中产生出来的，因此经济产生于捕获及组合现象的过程中。[①]算法生成物基于作品的相同外观，也呈现商品性特征。[②]而这必然会将其与经济作出关联，共生的经济与可交换的商品是无法忽视的，其纽带也无法割裂。算法生成物通过人工智能算法改变物质资料的生产方式，从根本上提高劳动生产率，同时引起产业结构的变革，进而改变经济增长模式。算法生成物作用于商品交易的规则系统，通过影响商品本身来影响经济形态。也正因如此，具有商品化特征的算法生成物在本质上与经济无法割裂。

首先，算法生成物促使新交易模式的变革。印刷技术的发展和普及，促使新思想传播的渠道拓展，出版贸易成为新兴产业并打破了书商垄断，出版商成为印刷制品的获益者。而录音机、录像机等设备的普及，使音乐作品、电影作品开始被大众分享，而相关利益者也持续性扩大。其次，算法生成物提高了文化产品的生产效率，并成为经济增长的重要环节。最后，算法生成物影响了产业产品的市场竞争力和成功率。算法生成物更多地成为商品在企业中以成本和效益进行衡量的产物，而这一衡量的

---

① ［美］布莱恩·阿瑟. 技术的本质［M］. 曹东溟，王健，译. 杭州：浙江人民出版社，2014：11.

② 例如高价拍卖的画作、已经出版的诗歌、线上发布的歌曲都具备了交易价值基础。

标准在于能否收回成本，并因此标志着算法生成物影响的产业趋势，关乎的产业利益。①

算法生成物同作品无差异的商品化形态是其交易价值的体现。算法生成物的文字、音乐、电影、虚拟现实等一系列与经济产业挂钩的交易趋势，基于算法生成物可以度量的资本化经济，才具备研究算法生成物的著作权保护价值。

（二）算法生成物的客观表达价值

在传统的哲学范畴内，思维与存在具有同一性，即明确表明"思维"是人类特有的方式，"存在"也是真正感知的方式。弗里茨·马克卢普则把它们说成是工具性知识、智力知识和精神知识，马科斯·谢勒把知识分为三类，行动或控制的知识、非物质的文化知识和拯救灵魂的知识。②端看算法生成物的文字、图片、音乐、电影等，均是人类用于表达其所感知的世界，虽然人类基于个体认识的差异化最终表达的内容不同，但这些内容均是对世界存在的现实表达。如果割裂人类与算法生成物的关联，则算法生成物的存在无任何意义，因此在算法生成物上，哲学本质的体现应当为认识世界的反映。

那么，算法生成物还有一类特殊的存在，即虚拟现实从而导致其存在性的争论。但探讨虚拟现实时，应当明确人类与客体之间进行交互作用是造成虚拟客体的变化的事实，这是虚拟现实对现实存在的一种依赖，并不能与现实客体的变化对等，且并不会因为虚拟现实的改变而直接影响现实存在的改变。③基于此，算法生成物的任何形式并未逃脱哲学本质中"存在"这一理论性命题，是一种客观表达。

---

① 吴汉东. 中国知识产权理论体系研究［M］. 北京：商务印书馆，2018：125.

② ［美］丹尼尔·贝尔. 后工业社会：简明本［M］. 彭强，编译. 北京：科学普及出版社，1985：59.

③ 陈志良. 虚拟：哲学必须面对的课题［N］. 光明日报，2000-01-18（7）.

（三）算法生成物的交流价值

算法生成物更多地满足了人类交流需求的内容，并在交流的基础上推动了传播。传播不仅是人类社会的重要现象，更是自然界的普遍现象。动物可以通过气味、超声波、动作以及声音等进行信号的传递，形成动物社会中的语言。人类也通过物质资料生产，政治、法律、道德和宗教等精神生产进行物质与精神层面的交往（Verkehr），且交往源于马克思与恩格斯的精神传播理论。[①] 正如蝙蝠依靠超声波精准地捕捉昆虫；蜜蜂通过"8字舞"的飞行动作告知同伴食物的信息；孔雀开屏、萤火虫发光等均需要一定的信号，人类也需要通过一定方式（媒介、工具或手段等）进行传播。但自然界的变化是动物仅仅为了自身的存在而引起的，而人类则是支配了自然界作出改变，并为人类的目的服务。[②]

人类在劳动和社会协作中创造出语言，故而迈入口语传播时代，且直至今日，口语依旧是人类最基本、最灵活的传播方式。随后，结绳记事、原始的图画标识了文字时代的诞生，人类传播的信息得以长久保存，并能突破空间限制。文字传播经历了手抄阶段，印刷阶段，又随着新电子信息技术，进入电子传播阶段。但现阶段和未来，算法生成物使得大脑体外化延伸发展，人们迈入高度信息化的社会，重新诠释了传播的意义。算法生成物承载着作品相同的外观，传播的变革在于人类不必亲力亲为地参与思想表达的整个过程。因此，人类社会区别于自然界的传播维度在于人类的能动性和创造性，人类通过在生产劳动过程中，对生产资料的不断扩展来不断挖掘新的传播媒介，才是人类社会传播不断发达和完善的历史。

传播需要通过一定的媒介、工具或手段进行，算法生成物就是同人类创作具有相同外观之"物"，将成为社会传播的媒介，且是现阶段社会的

---

① 吴廷俊，舒咏平，张振亭. 传播素质论［M］. 河南：河南人民出版社，2015：49. Verkehr，德文词汇译为交往。

② 马克思，恩格斯. 马克思恩格斯选集：第4卷［M］. 2版. 北京：人民出版社，1995：383.

新传播媒介。算法生成物带来的最为直观的结果是社会传播信息的绝对量增加，托夫勒曾将信息革命比喻为人类社会的"第三次浪潮"，电子传播科技、遗传工程等新兴高科技发展，极大地改编现存的社会结构与社会生活。以经济维度的结构转变来反映媒介变革对信息传播的影响，则体现出三个特点：一是社会经济的主体将以信息和知识产业占据主导地位；二是主要劳动力将变为信息的生产者与传播者；三是媒介改革地域，跨国贸易与全球贸易成为主流；四是交易更为看重信用而非现金。① 经过时间与实践的检验，现阶段人类社会充分印证了这一经济维度的转变。

人类通过算法生成物将其感官向外部世界"延伸"，从而扩大了人类认识世界的范围，更好地为人类改造世界提供"思想"源泉。算法生成物在传播维度中包括两个层面，一个是工具层面，算法生成物作为作品无差别的传播工具，推动传播的加速。第二层面，则是深层次的传播变革所导致社会变革，产业不再局限于传统模式，但也促使产业带来一系列的连锁反应。但算法生成物使得人类对这一传播媒介的控制变得更为间接，且干预较少。

（四）算法生成物的政策价值

世界的进步与改变同社会技术的进步如影随形，政策作为经济的上层建筑，也串联着算法生成物的纽带。政策，一般被认为是政党或国家为实现一定历史时期的任务而制定的行动纲领、方针和准则，这些任务通常是政治、经济、文化上的目的。②

从国外成功的技术与政策结合的成功经验可知，技术的创新和高质量是国家竞争的有力保障，不断完善的制度创新和政策改革将能为技术提供优势。以美国为例，其出台的相关知识产权政策规定，在很大程度上取决

---

① Howard H. Frederick. International Information Relations，New World Orders and International Law［J］. Guild Practitioner，1989，46（1）：6-15.

② 张文显. 法理学［M］. 4版. 北京：高等教育出版社，2015：396.

于技术产业的利益诉求，且美国产业联盟和跨国公司是将技术与政策进行联姻的重要推手。而日本也通过"知识产权立国"的政治战略，将政策制定与技术相关的知识产权战略配合。以 2013 年为基点，中国、美国、日本、俄罗斯等 20 余国发布了人工智能相关战略、规划或重大计划。欧盟 28 国也于 2018 年签署《人工智能合作宣言》，而东盟也在规划制定《〈东盟数字一体化框架〉行动计划 2019—2025》。此外，美国 2020 年 4 月由国际开发署颁布《数字战略 2020—2024》，认为这些与人工智能算法相关的新兴技术可以实现其技术的应用，并重点强调人工智能算法技术应用对实现重大发展和人道主义的意义。[①]2020 年，韩国发布了人工智能立法路线图，指出算法是构建人工智能应用的基础，如果人工智能可以发挥出类似于人类的部分智力能力或者可以在一定程度上作出自主判断，则必须讨论人工智能在作出民事或者刑事行为和生成创造性作品时，是否可以被认定为权利主体。[②]

可见，算法生成物的政策保障旨在解决其成为产业利用的经济财富，并且使这些财富发挥与作品同样且真正的流通、交易、转让等效用。

二、算法生成物与著作权的关系

著作权制度从一开始就是技术之子，是活字印刷术催生了调整作者、读者和出版商三方关系的著作权法律机制。[③]新兴技术的发展无疑是著作权革命浪潮中的重要力量。当著作权通过复制权规制廉价的录音机和高速复印机时，互联网的发展扰乱了著作权人对其作品的控制力。当著作权通过广播权和信息网络传播权规制交互式和非交互式网络时，数字点播机的发展又成为新一轮著作权制度的磨合对象。更前沿的计算机领域也在不断

---

① 参见美国国际开发署颁布的《数字战略 2020—2024》。

② 杨婕．"韩国首次提出人工智能立法路线图，为人工智能时代做好准备" [EB/OL]．（2020–01–25）[2021–02–01]．https://mp.weixin.qq.com/s/0stAoWxhhg1cTPOdCRm7Yg.

③ ［美］保罗·戈斯汀．著作权之道：从谷登堡到数字点播机 [M]．金海军，译．北京：北京大学出版社，2008：22.

发展，数字取样技术不费吹灰之力将作品分解成为数字碎片，再将这些碎片进行程度不一的取样，重排和重组，这种做法无意中也解构了著作权的相关制度。著作权制度对财产权的规制并不单纯是复制层面，在宽泛的著作权财产权体系内，算法生成物与著作权之间存在不可避免的联系。

研究算法生成物的著作权保护，需要将算法生成物置于著作权维度之下。算法生成物首先有著作权制度的价值，才能探讨其是否应当在制度框架之内。知识产权制度作为近代商品经济和科学技术发展的产物，其在人类社会的发展进步过程中发挥着至关重要的作用。[1] 技术发展导致了传播方式的改变，传播方式的改变则意味着文化交流的突破与融合，对技术进行发展变革的基础仍是商品经济的推动，而商品经济在市场上则需要政策的调整，同时政策的调整要寻求制度的哲学理论作为基础，这就暗含着技术、文化、经济、政策之间密不可分的关系，而源于技术和经济并且植根于哲学理论的著作权制度也在这些维度中更加明确其价值。

从技术来看，早期著作权法认为对社会更有价值的是著作权客体，世界第一部著作权法《安娜法令》的颁布，实际上是基于印刷技术的普遍化，书商因不能对图书市场继续垄断的现实状态产生恐惧，从而要求法律赋予作者（其实是书商）专有印刷和重印的权利。而后来在经济领域，著作权控制公众对书籍、电影等文学作品的获取，带来的首先是经济利益而非市场监管的保护。少数公司通过对于教育相关的著作权来控制全球市场，尤其是在 20 世纪末期，著作权以无形财产的形式在国际社会财富体系中占据重要地位。[2] 从哲学理论来看，知识产权的目的就是在稀缺本不存在时人为地再现稀缺，著作权制度取走原本"人尽可触"的"思想"，并通过人类能动性的创造表达而限制它们的发行，并且设定一系列条款加以平衡。从传播维度来看，技术打破了思想表达的地域性限制，并且加速文化传播

---

① 吴汉东. 中国知识产权理论体系研究［M］. 北京：商务印书馆，2018：316.

② SAMF. HALABI. Intellectual Property and the New International Economic Order［M］. Cambridge：Cambridge University Press，2018：27.

加快，因此著作权制度在国际合作中达成国际条约，在保护各国作品的同时以此来促进跨国文化的交流。作为政策工具的著作权，则是因为自由市场已成过去，政策干预才是实现经济繁荣的常规手段。因此，算法生成物基于多维度层面与著作权制度的契合。

因此，在经济和传播领域中，著作权若能为算法生成物提供制度保护，则会为内容产业实体提供切实的经济利益。而从理论看，算法生成物需要寻找一种权利保障，其同著作权之间存在密不可分。最后，基于各国人工智能发展的相关政策以及国家战略下作品传播和公共利益的视角，也体现了算法生成物与著作权之间的密切关系。

本章小结

算法时代悄然而至，伴随着技术的不断突破，早期的"算法作曲"也从人类操纵变为算法自动生成。算法生成物的产生不仅得益于算法从数学规则演变为智能算法，还得益于信息论的发展，将原有的"骰子作曲"演变为算法生成物。因此，算法生成物以作品外观进入社会中去，为人类运用技术发展文化需求注入新活力。

算法的发展史实则是算法生成物的创作过程演变史。算法早期是一种数学运算规则，用以解决一些日常问题。这个时期的算法属于线性输入与输出，只要套用公式便可以解决现实问题。随着香农信息论的发展，演化出"自上而下"和"自下而上"两种路径的算法研究，"自下而上"的算法演化成计算机代码，并将人类思维具体化和理性化，用以解决特定问题。而"自上而下"的算法则开始研究算法如何自动优化，并进行深度学习。于是算法经历了"代码定义""数据训练""算法优化"的阶段，最终以"算法创作"技术奠定了现阶段人工智能的"智能算法"阶段，并且以人工智能作为技术融合的载体。该阶段的算法以技术作为本质内涵，并体现出随机性、人类干预度低、"自主学习"的特点，也正因如此，算法与创造力之间产生联系。随着算法的发展，算法生成物的创作方式也进行演变，从"骰子游戏"到自动机"辅助"再到指令输入"独立创作"，算法生成物以丰富的"作品"类型浸入社会中去，并为社会文化增值。且得益于算法的发展，算法生成物开始出现虚拟现实的表达类型，因而呈现出高技术性特征。

本研究的算法生成物实则是狭义概念，旨在聚焦其自动生成过程，实则是一种概念选取问题。现阶段的算法生成物的特点在于：仍需人类参与，是一种自动化、随机化技术生成的具有作品外观的客观之物，且产量较高，质量不均。而算法生成物与创造力的关系，与人类创作物、动物创作物之间存在的微妙关系，且其具体类型是基于特定"作品外观"，是算法生成物可以被著作权保护的重要因素。此外，算法生成物作为人类借助自动技术生成的产物，其所反映出的交易价值、客观表达价值、传播价值、政策取向层面与著作权存在密切关系，均反映出算法生成物寻求著作权保护的紧迫性。

第二章　算法生成物著作权保护的
基础理论分析

基础理论所探讨的历史发展、学理基础、文化意蕴、价值目标、政策功能等，主要涉及制度构建的科学性、正当性以及合理性。[①] 因此，基于法学研究的传统方法和交叉学科研究方法，对著作权制度的历史沿革、法哲学基础、制度经济学、制度的价值、目标等进行著作权保护算法生成的理论分析。

第一节　传统法理下算法生成物著作权保护的理论分析

一、技术媒介推动著作权制度发展

著作权制度的产生和变革，与技术的发展和进步有着紧密的联系。技术作为传播的媒介，经历了以语言为媒介的"口语时代"，以文字为媒介的"文字时代"，以印刷术为媒介的"印刷时代"，以有线和无线系统为媒介的"电子时代"，以网络计算机程序为媒介的"网络时代"，和现阶

---

① 吴汉东. 知识产权总论［M］. 北京：中国人民大学出版社，2013：116.

段以机器语言为媒介的"算法时代"。伴随着不同阶段的信息革命，以及技术不断的变革演进，倒逼著作权制度回应技术冲击导致法律行为关系的不适性来达到最终价值的实现。技术的变革从表面来看似乎都是著作权的扩张，但实际上是立法者在对比著作权法的传统标准仔细衡量新种类的技术对象和作品的新技术用途后作出的决定。①算法生成物的出现，被喻为一把"达摩克利斯之剑"悬在著作权制度头上，且在著作权制度的主体、客体和权利归属层面得以呈现。

（一）作品类型不断扩张与作品要件的减少

作品类型扩张主要体现在每一个技术变革阶段。在印刷术出现之前，作品的传播手段只能靠抄写，但随着印刷术的广泛应用，技术的优势使得在图书价格与复制成本之间产生了新的利润空间，这为图书出版的商业化运营提供了动力；在此期间，欧洲当局一方面为了刺激印刷业的发展，增加王室的财政收入，另一方面也想实现对社会思想言论的钳制，便采取了一系列措施引进印刷技术及相关人才，其中最为关键的一项便是授予部分出版商"印刷特权"。因此著作权制度被称为"印刷出版之子"。

"电子时代"，致使客体范围扩张至摄影作品，且摄影作品是最初迎来著作权保护争议的技术。但随着 19 世纪 60 年代摄影术实现了商业化运营后，美国在著作权法的修改中承认了摄影作品这一感光材料的呈现形式；而在其后出现的电影技术更是掀起一阵波澜，最初有关电影的著作权只能以照片形式受到保护，但随着电影的兴起，影片的投资人逐渐不满这种状态并开始通过司法程序寻求保护，随后日渐庞大的电影业利益群体又转而与国会积极接触，最终投资人极力的游说促使了国会在 1912 年的版权法修改中承认了电影作品这一法定的作品类型。②网络时代，计算机软件的

---

① ［美］保罗·戈斯汀. 著作权之道：从谷登堡到数字点播机［M］. 北京：北京大学出版社，2008：186.

② 方培思. 人工智能生成物的著作权保护研究［D］. 武汉：中南财经政法大学，2018.

出现使得作品客体类型进一步扩张并引发争议。在客体类型的扩张上，起初的争议是计算机软件的可版权性问题，由于之前的计算机软件存在技术局限且普及率不高，美国1976年的版权法并没有将其列为保护的对象。而随着利益群体急切需要计算机垄断权用以获取垄断利益，1978年美国国会在其《CONTU 1978》报告中指出，计算机软件是智力创造的产物；1980年版权法中增加了计算机软件作品；随后在1996年美国最高法院提出对计算机软件进行版权保护。随着新技术的发展，美国《数字千禧年著作权法案》（以下简称"DMCA"）几乎每年都会提交新立法草案至国会。欧盟则通过颁布相应指令来对各国著作权法的客体范围进行扩大，如2019年的《单一数字市场版权指令》。日本现行著作权法于2018年进行大幅度修改，以适应大数据、数据挖掘、算法等新技术的发展。

作品的外延不断增加，则导致其要件不断减少。伴随着作品具体类型的增加，随之而来的是作品要件的不断减少。以作品的定义来看，作品的构成要件通常包括：一是文学、艺术或科学的领域；二是独创性；三是可复制性；四是蕴含作者思想感情（源于其智力成果的立法规定）；五是合法性①。以"蕴含作者思想感情"这一要件来看，已经呈现出消减趋势。一些直接作为信息整合的数据库，计算机软件等作品类型，指出只要具有一定的信息内容即可，这些特殊的类型在一定程度上并没有蕴含作者的思想感情。以可复制性来看，早期的口述作品以及现阶段通过我国司法判例认定的"音乐喷泉"客体，对这种可复制性要求也越来越低。

（二）"机器主体"的法律认可

著作权法上的主体经历了从写者到作者的时代。写者是指那些创作作品的人并不是具有主体资格的作者，仅仅是作为一种记录者和先知者，这一阶段从古希腊开始至中世纪结束，均不存在著作权的主体资格。在古希

---

①　合法性的规定在我国现已废止的2001年《著作权法》第4条中，即"依法禁止出版、传播的作品，不受本法的保护。"但在作品保护的"自动取得"原则下，合法性要件已被废止。

腊传统中，诗人并不被认为是艺术家，只是借助其灵敏的原始感觉去领悟神旨的先知（seer）。[①] 诗歌是神免费给予的，神才是拥有创作物的所有者。在古罗马时期，作者曾经存在过短暂的时期，这源于市民经济的不断发展，这些创作作品的写者通过传播作品可以获取一定的经济利益，尽管这些经济利益少得可怜。[②] 随着古罗马的社会政治变化，这些作者的身份地位发生变化，因为文学被赋予一种名誉和地位，作家成为一种备受尊重的群体。而此时，贵族为了获取社会荣誉，便将文学创作变为同社会阶级对应的政治性行为。随着文学创作的政治性不断加深，最后文学创作演变为一种消遣工具和礼节性应酬。[③] 而在古罗马时期短暂出现过的作者群体也随着罗马政体的瓦解而消失得无影无踪。而到了中世纪以后，作者并不是可以享有其作品的权利主体，《新约全书》在《马太福音》一节中，崇奉知识观念为上帝的礼物，耶稣这样告诫门徒："你们白白地得来，也要白白地舍去。"[④] 因而当时的作者被认为是"一个艺术品的主人，是一系列规则、技巧的主人——这些规则和技巧，为了经由传统而传递的思想的传播，而保留和记载在修辞学和诗歌中。"[⑤]

推动作者主体出现的根源，源于印刷术的诞生。早期的图书大多数为圣经或者其他相关典籍，这些图书并无作者，图书的制作与销售只是与商人有关系。[⑥] 但随着印刷术的诞生，资金雄厚的出版商在图书出版过程中为了防止其他商人的盗版行为，则开始推动"作者"的主体资格走

---

① Andrew Bennett. The Author［M］. London：Rout ledge，2005：35.

② 肖丹尤. 历史视野中的著作权模式的确立［M］. 武汉：华中科技大学出版社，2011：47.

③ ［法］卡特琳娜·萨雷丝. 古罗马人的阅读［M］. 张平，韩梅，译. 广西：广西出版社，2005：7，24–34.

④ 卡拉·赫茜. 知识产权的兴起：一个前途未卜的观念［J］. 金海军，钟小红，译. 科技与法律，2007（1）.

⑤ Martha Woodmansee. The Genius and the Copyright：Economic and Legal Conditions of the Emergence of the "Author"［J］. Eighteeth–Century Studies，1992（17）.

⑥ 金耀. 历史视野中版权主体的确立与变迁［D］. 重庆：西南政法大学，2012.

向著作权制度的舞台，这就是有名的"书商运动"，其推动了《安娜法令》的制定。自确立作者地位的《安娜法令》制定以后，自然人的主体资格得以确立，因为在各国[①]的成文立法中均以创作作品的自然人作为作者主体资格的取得要件。但在最初的法律制定中，许多国家对法人的作者主体资格持否定态度。英国于 1988 年制定《版权法》之初，立即补充规定了这种精神权利不能由诸如"出版者"之类的"作者"及任何雇佣作品的雇主享有。[②]而美国在 1990 年的《艺术作品法》中也明确指出，精神权利的享有人可能是"他"或"她"，但不包括"它"，精神权利的享有者只是作者而非版权人。显然，在美国《艺术作品法》中，法人是"它"的存在，因而不能是享有精神权利的自然人作者。但随着技术的不断推进，在计算机程序被纳入著作权法保护的作品范畴之后，一些国家开始陆续在国际条约的指导下为计算机程序规定专门的保护条款，并将作者的主体资格扩大至法人。

著作权主体经历了从自然人到法人的变革，标志着拟制主体可以成为作者。虽然作品的创作者必须是自然人，但是法律意义上的权利人是依法享有署名权的自然人与法人。当算法技术不断推动，在创作过程中区别于传统人类创作过程的算法生成物出现，导致了作者主体的进一步扩张。当 AIVI 成为作曲家协会的一员，欧盟赋予索菲亚"电子人"身份的同时，标志着技术的革新在本质上推动着著作权主体认定的改变，因而这种主体资格扩张的存疑性证明算法生成物需要著作权制度在主体认定层面进行回应。

（三）作品的著作权归属调适

著作权制度对作品权利归属的规定，是按照以经济为重点的"版权体系"和以人权为重点的"作者权体系"两条不同的法律路径发展的，

---

① 如西班牙、俄罗斯等国家。

② 参见 1988 年《英国版权法》第 8 条。

两者在著作权归属于作者的模式下并无区别，甚至几乎都允许作者和作者之外的主体约定著作权归属。[①]但在两条不同路径之下，对待多元主体的归属模式上产生冲突，"作者权体系"路径的国家只承认自然人可以作为著作权的原始主体，而"版权体系"路径的国家承认法人可以视为作者，并且通过雇佣关系、投资关系和委托关系来处理不同的权利主体。因此，从"版权体系"路径来看，作品的著作权归属经历了从自然人到法人再到其他作品特殊安排的过程。作者作为著作权归属的主体经历了缓慢的过程且与技术相关，印刷特权时期，重点是印刷的行政许可，与作者精神权利无关；到了书商版权时期，作者开始主张比书商更为优先的权利；随着《安娜法令》的颁布，作者权利开始确立并逐渐随着美国、法国的立法发展得以完善。

技术的发展，导致劳动者与劳动生产资料相分离，创作模式发生改变，多元主体的创作者出现，并呈现出作者身份与自然人创作者分离的趋势。"版权体系"的国家从实用主义出发，拟制法人成为作者，而"作者权体系"的国家只能通过作品转让来获取作者权利，便出现了雇佣作品和职务作品两种制度。随着作品创作的不同需求，为了让作者之外的主体能够取得著作权，直接通过立法规定雇主、委托人、制片人等为原始主体。在英国，作品不仅可以归属于作者，还可以归属于录音制作者等相当于著作邻接权制度内的主体；而美国制度规定了合作作者、雇主以及"为其创作的他人"的权利归属；日本则明确规定了推定的作者、职务作品的作者和电影作品的作者三项内容[②]。但在法国和德国，其将著作权绝对归属于作者，但德国可以通过许可取得权利。可见，多元利益主体的出现使得著作权制度与之呼应，并且逐步考虑多元利益主体和作品创作的形式。

[①] 黎淑兰. 著作权归属问题研究［D］. 上海：华东政法大学，2014.

[②] 参见《日本著作权法》第 14—27 条.《十二国著作权法》翻译组译. 十二国著作权法［M］. 北京：清华大学出版社，2011：370-375.

（四）算法生成物的技术变革倒逼著作权制度回应

算法生成物倒逼著作权制度回应，乃是反映技术变革对著作权制度产生影响。算法生成物的出现，不仅在学界引发激烈的探讨，在实践审判中产生同类案件不同判决的结果，亟须解决这种立法的滞后性问题。算法生成物的出现，影响着整个著作权制度体系，并对著作权制度体系的未来趋势产生深远影响。

在制度经济学的视野下，诱致性制度变迁必须由某种在原有制度安排下无法得到的获利机会引起，而技术的改变则是引起制度不均衡的重要原因。① 现阶段掀起的算法生成物热潮，需要著作权制度回应的着重点有三。

首先，算法生成物的著作权制度回应问题之一——主体资格的认定。算法生成物主体资格的解决是为了保障著作权权利的归属，但现阶段，著作权制度中主体资格要件的构成难以适用算法生成物。有些国家为了解决这一问题甚至从根本上挑战了著作权主体的构成，承认"电子人"的主体资格。因此，在人类参与过程弱的前提下，算法生成物的主体应当突破自然人基础是著作权制度需要回应的问题。

其次，算法生成物的著作权制度回应问题之二——作品范畴与种类的认定。算法生成物与作品具有同样的外观，且具备同样的功能。但"思想表达"是著作权制度保护作品的重要原则。如果从"表达"层面，算法生成物完全满足，但"思想表达"的证成下，需要证明算法生成物与人类思想活动之间间断后，人类思想是否融入算法生成物之中。此外，算法生成物的虚拟现实等新表达类型，需要著作权客体要件具体考量。独创性中"作者个性"以及再现性要素的可复制性要素是否适用以及如何调试，将成为重要问题。

最后，算法生成物的著作权制度回应问题之三——著作权归属的认定。

---

① ［美］R.科斯，A.阿尔钦，D.诺斯.财产权利与制度变迁［M］.上海：三联试点上海分店，1991：384.

算法生成物之所以进行主体、客体要件的认定，就是为了合理确定算法生成物具有明确的著作权归属，以保证算法生成物作为商品进行流通。

技术的变迁对著作权制度的影响是巨大的，算法生成物的出现，从制度上倒逼著作权保护的发展。算法生成物要求著作权制度回应的三个问题之间具有不可分割性，客体制度是著作权的核心，满足客体的基本构成要件能够为算法生成物叩开著作权客体保护的大门，而算法生成物的主体资格认定主要是为了解决其最终的归属问题，以实现算法生成物带来的获利机会，最终迈入著作权制度的保护大门。算法生成物的出现及现实需求为著作权制度的调整提供了动力源，我们完全有理由相信著作权制度必然会对算法生成物所带来的挑战予以回应，从而推动著作权制度体系朝着更为完善的方向发展，从而服务于社会。

二、劳动财产学说提供著作权保护的权利来源

"自然权利"产生与封建专制的推翻有重要关系，为了打破"君权神授"和"产权神授"的封建专利，强调人们的生命、财产和自由等基本权利是通过"天赋人权"的自然法赋予，并非他人可以随意剥夺，自然权利理论就此诞生。自然权利是强调人们通过自己的创作而享有的自然而然的权利，如果他人未经允许进行占有，则应当被谴责。在"自然权利"的自然法演变中，以英国 17 世纪的哲学家洛克所创设的"劳动财产学说"成为最精辟且最具代表性的论证学说。但由于洛克所处的时代并未出现无形财产权，其探讨的核心也在于"有体物"的土地、苹果，因此在漫长的理论研究中，"劳动财产学说"通过不断的范式分析，才能经久不衰地为知识产权制度的论证提供理论基础，也为算法生成物的著作权权利来源提供理论基础。

（一）劳动财产学说的内涵

"劳动财产学说"可以概括为：上帝创造世界，并在自然状态下将土地及其一切赐予人类共同拥有（即共有），但基于每个人对自身享有一种

除他之外任何人都不享有的对身体控制的权利，因此基于他身体、双手所从事的劳动或工作将任何东西脱离自然状态，便可对这些附加劳动的东西，拥有享有这些东西的权利，但前提是，这些东西还能够同样好且足够多地留给其他人，亦可称之为"劳动创造权利"。为了进一步阐明该观点，洛克进一步指出：一是财产必须在全人类共有的原始状态中；二是共有的取得源于劳动，且不需要经过其他共有人的一致同意；[①] 三是留有足够多且同样好的东西给他人；四是这种劳动是基于生活需要而获取便利。基于此，"劳动财产学说"的要素可以分为共有、劳动、理性和生活便利。

1. 劳动财产学说的要素之共有

哲学中的共有分为积极共有和消极共有，积极共有是指任何人对共有的财产权取得需要其他共有人的许可，而消极共有是任何人对共有的财产权取得不需要其他共有人的许可。[②] 洛克在论证这一共有时指出，上帝赋予的共有是一种契约维持的共有，即不需要经过他人同意就可以经过劳动取得所有权，如果不是这样的话，那么上帝赋予的食物需要所有权人询问每一个共有人的话，人类可能早已灭绝。基于此，人类所享有的共有是一种消极共有，且这种消极共有维持了著作权权利来源的正当性。从著作权制度来看，作品需要在已有的资料上添加属于自己智力劳动的内容，因此作品的内容存在既有的知识和新增的知识，既有的知识则是人类共有，且在"自动保护"原则下，劳动财产学说的消极共有要素便为著作权保护提供了理论基础。

2. 劳动财产学说的要素之劳动

"劳动财产学说"的创始人洛克指出，在自然状态下所有人都受自然法统治。"劳动财产学说"的核心思想在于"劳动"，劳动能使一切东西

---

① ［英］洛克. 政府论：下篇［M］. 叶启芳，瞿菊农，译. 北京：商务印书馆，2017：25.

② ［澳］彼得·德霍斯. 知识财产法哲学［M］. 北京：商务印书馆，2017：234.

具有不同于它自身状态的价值，在此基础上，劳动者基于其劳动的产物应当归属于劳动者。人类共有世界上的自然物，但这种自然物基于最初的自然状态而无法将其归为人类私有，但人类如果使用某一自然物，就要通过某种方式占有自然物进而使用它们，从而使人类利用理性为生活提供便利，这一占有方式便是"劳动"。因此，只要他使任何东西脱离了自然存在的状态，并加入了自己的劳动，即附加了他自己的东西，从而就排除了他人的共有权。① 随着人类文明的进步，劳动不再仅限于这种机械的身体行为，语言、文字的出现极大地丰富了人类的思想，人类的劳动从物质劳动向智力劳动转变，在既有知识的基础上，人类开始通过思想活动不断增加知识，使得原有知识脱离共有状态，并且取得一项符合自然权利的私有财产权。可见，对作品共有知识的劳动增添，无疑可以为赋予已有知识的劳动者提供著作权保护的理论基础。

3. 劳动财产学说的要素之理性

自然权利是由自然法创设，而理性就是自然法，即约束且教导全人类，任何人不能侵害他人的生命、健康、自由和财产。因此，在洛克的劳动财产学说中所反映的"留给共有人的足够多且同样好"，正是理性要素的体现。洛克进一步指出，上帝将土地赐予勤勉和有理性的人使用，而不是赐给那些好事且满怀贪欲的人享有，即他不应该企图占有他人应仅通过劳动而享有的私权，并打算不劳而获。

劳动者享有权利的基础在于上帝赋予了人类理性，而基于理性才能够保证人类获取财产权的同时，能够留有足够多且好的共有物给其他共有人。且凭借人类自己劳动的开垦或占有只不过是非常小的可以忽略不计的部分，且这部分劳动获取的私有物不会侵犯任何一个他人的权利，换言之，如果私有财产的获取损害了他人利益，那么这种私有则不在恰当范围内。

---

① ［英］约翰·洛克. 政府论：下篇［M］. 叶启芳，瞿菊农，译. 北京：商务印书馆，2017：36.

正如著作权制度创设之初，规定了著作权人对作品的私权享有是一种有期限的享有，以及通过著作权权利限制保障公众能够对作品进行合理使用。

4. 劳动财产学说的要素之提供便利

劳动财产学说的"提供便利"，是指人类通过理性劳动，能够使他们生活更好，更加便利。正如洛克设想的那样，当一个理性的人通过粮食种植而占有土地，这样反而增加了人类粮食的共同拥有，因为基于理性的劳动者，在土地圈占后所种植产生的粮食，将比处于未开垦荒地的粮食更加丰富。从人类共同生活的需求来看，"提供便利"是构成劳动财产学说的重要因素。从著作权制度来看，著作权权利的赋予，是为了以一定期限的私权利换取最终的公权力。如果不将人类智力劳动成果赋予创作者，那么人类对精神文化的需求很难有显著的进步和繁荣。

综上所述，著作权的权利在劳动财产学说的证成下，是由理性的人类通过智力劳动对既有知识的增添，在"消极共有"的基础上，为了提供便利使得社会公共文化财富增加，且不影响他人对既有知识使用，保障他人对新作品的有限使用上取得。

（二）基于劳动财产学说的算法生成物著作权权利取得分析

劳动财产学说的四大要素为著作权权利的产生提供了理论基础，那么算法生成物的权利取得是否也能找寻合适的权利基础？答案是显而易见的。基于劳动财产学说的解释范式，劳动财产学说之"劳动"逐渐从纯粹机械操作转变为更为便利的自动化操作，从简单的体力劳动转变为更具精神繁荣的脑力劳动。"劳动"从可以观察到的外在行为演进至无法看到的"头脑风暴"，并进一步将"头脑风暴"简化为更为简便的算法生成。

进入算法时代，人类创作不单纯是借助一支笔、一张纸以及电脑文档这类必须依赖人类大脑和身体同时进行的手段完成，"劳动"开始体现为"人 + 算法生成"的模式。算法变成劳动的捷径①，算法生成物的产生弱化了人类创作过程的参与程度，增强了算法的贡献程度，才会导致在解读算法生成物之时对人类贡献的标准愈发模糊从而产生争议。但从算法生成物的本质来看，这种算法生成的能力实则是人类通过算法设定并且不断进行算法优化的基础上产生的，算法生成物是人类"劳动"过程中优化的新创作手段，算法生成物所具备的"创作能力"以及自动化特征，实则是同人类钻木取火的石器没有任何区别。因此算法生成物即便同人类中间有着算法生成的隔阂，但究其根源算法生成物就可以是人类"劳动"的成果，应当由人类获得主体资格。

除了"劳动"这一核心要素，劳动财产学说的其他要素也能为算法生成物的著作权保护找寻理论分析进路。从消极共有来看，算法生成物在完成之时就能依赖"自动取得"原则获得著作权保护，无论这一权利最终归属于谁；从理性要素来看，算法生成物是一种经过理性人参与的成果，算法生成并不会影响公共知识的获取，也不会因为算法生成物的著作权保护而产生其他影响公共知识减少的结果；从提供便利来看，算法生成物的高效率和优化创作，能够挖掘出人类需要思考很久才有可能发现的知识潜在内涵，从而更加契合受众的需求，增加了公众社会的文化福利，为公众增加文化产品。此外，著作权制度在面向多元主体时，开始考虑更多劳动主体（如投资者）的权利赋予，并在具体的归属认定中从"创作者"演化至"投资者"。而算法生成物的产业已经朝着更加火热的投资迈进，如果算法生成物无法通过特殊"劳动"而取得著作权权利，很难为算法生成物的产业发展保驾护航。

综上所述，基于劳动财产学说视角，算法生成物具备著作权权利来源的理论基础，且这种理论基础不仅为算法生成物的特殊"劳动行为"提供著作权取得证成，还为多元"劳动主体"的著作权取得提供证成。

---

① Ryan Abbott. Think, Therefore I Invent: Creative Computers and the Future of Patent Law [J]. Boston College Law Review, 2016, 57（4），1079-1126.

三、"主客分离评价"学说的著作权保护理论

"主客分离评价"是将著作权的客体与主体在一定程度上进行适当分离，从而可以单独评价。即在判断算法生成物的独创性有无时"暂不考虑主体因素"，将智力创作活动的主体认定与客体认定进行分离，仅以"作品"（客体）为判断对象，若该"作品"表面上满足独创性的认定条件，则可推定为作品。①

（一）主客分离评价的内涵

"主客分离评价"源于"主客二分"转为"主客一体"的认识论基础。"主客二分"通常指心物、思有、主客等相关范畴之间彼此相对而立。②伯尔曼在《法律与宗教》一书中认为，"主、客二分法"的基本特征是：主体全然分离于客体，人疏离于行为，精神疏离于物质，情感疏离于理智，意识形态疏离于权力，个体疏离于社会。③而在近现代，一般认为"主客二分"（Subject-Object Dichotomy）的科学范式包括"人、物二分""心、身二分"和"人与人的关系、物与物的关系二分"。④从本体论的意义出发，人们在远古时代就已经试图探寻灵魂、肉体和外部世界的关系。但在早期的哲学探寻中，无论是苏格拉底等人把抽象概念当作万物模本，还是中世纪的哲学家在追寻"神创论"和"物质与思维"的关系，均是在探寻精神和物质的关系，而不是真正意义上的"主客二分"关系。"主客二分"的真正出现，是因为人类具有理性能力，这种理性能力可作为独立的认识主

---

① 易继明. 人工智能创作物应受版权保护吗［N］. 中国科学报，2019–10–08（8）；易继明. 人工智能创作物是作品吗？［J］. 法律科学（西北政法大学学报），2017，35（5）：137–147.

② 刘放桐. 现代哲学发展趋势［M］. 上海：上海人民出版社，2019：259.

③ 哈罗德·伯尔曼. 法律与宗教［M］. 梁治平，译. 北京：中国政法大学出版社，2003：100.

④ 蔡守秋，吴贤静. 从"主、客二分"到"主、客一体"［J］. 现代法学，2010，32（6）：3–19.

体，从而与作用的客体对象分离开来。因此，在"主客二分"之下，"意志被作为主体与本质来对待。据此，在理性哲学中，意志即为主体，主体即是意志，二者是同一的"，"一个基本判断即是：唯有意志才是主体，除此之外再无其他"。① 因此，"主客二分"是一种二元对立的世界观，即人类是世界的主宰的片面认知观。

"主客一体"则是综合的（全面的、辩证的、历史的）考虑人与自然、人与物、主体与客体的问题以及它们之间的关系，将人与物（或人与自然）和主体与客体这两组关系既联系起来又区别开来，认为"主体≠人、客体≠物"。② 从我国古代的儒家主张的"天人合一"强调的人与自然的统一；庄子强调的物我合一的境界来看，其追求了统一万物的存在。国外后现代主义学者格里芬则认为，人与世界（自然界和社会）是一个不可分离的整体，认为整体论的生态学就是"我们未来科学的范式"。③ 因此，"主客一体"实则是对应一组事物关系的状态，这种状态不仅是两个相互作用的人、物，甚至有可能是一方为人，一方为物。

"主客二分"到"主客一体"的范式转变，还源于法律中对人分别作为主体和客体的规定。因为，在现代法制中，人身虽然不能成为买卖关系的客体，但是，却可以成为各种人身权法律关系的客体，在客体中，若完全排斥人身，人身权就不能存在了。④ 由此可见，"主客一体"的范式转变，为算法生成物的主客分离评价提供了价值内涵。

在算法生成物现有的可版权性探讨框架下，主要有主客一体评价模式，客体单独评价模式，主客分离评价模式。主客一体评价模式则是基于"主客二分"的思想，即物必须由具有意志的人支配，因而没有人的创作过程，

---

① 马骏驹. 从人格利益到人格要素：人格权法律关系客体之界定［J］. 河北法学，2006 10：49.

② 蔡守秋，吴贤静. 从"主、客二分"到"主、客一体"［J］. 现代法学，2010，32（6）：3-19.

③ 邓晓芒，赵林. 西方哲学史［M］. 北京：高等教育社，1972：24.

④ 张文显. 法理学［M］. 北京：法律出版社，1997：166-167.

无法满足其独创性的评判。而客体单独评价则是采取极端的作品为中心的标准，即无须考量作者是否为人，只要蕴含市场所需的经济文化价值就可以直接作为作品保护。因此，相较于前两种评价模式，"主客分离评价"更具备现代"主客一体"的范式，因为主客分离评价只是在一定程度上仅对作品的独创性认定与自然人相分离，但是仍不割裂人与独创性的关系，从而以其他人类的介入要素对其进行弥补，从而保证了"主客一体"认识论所支撑的价值内涵。

（二）"作品中心主义"下"主客分离评价"适用的著作权基础

"作品中心主义"也可被称为"读者中心主义"，其源于西方结构主义思潮，且与符号学紧密相关。索绪尔阐释语言是一个自我指称的符号系统，言语的含义通过整个语言系统决定。也就是说作为文本的符号有独立于作者存在的系统，这些文本的形式和结构非作者创设，反之作者还要受到语言系统和文本形式结构的限制。基于此，作品的本质不再是作者，而是在语言系统下文本结构的本身，文本只是这个深层结构的复制品，作者也没有存在的意义。因此，在主体范式没落之下，"主体性黄昏""主体隐退""作者已死"的观点意味着作者和作品之间内在关联的割裂，作品的意义并非由作者塑造，它是通过读者评判产生，是作品自身所蕴含的内容。正如福柯所说，我们可以很容易地想象出一种文化，其中话语的流传根本不需要作者，不论话语具有什么地位、形式或价值，也不管我们如何处理他们，话语总会在大量无作者的情况下展开。[①]

事实上，作者希望通过作品传达什么样的思想，是他人永远无法知晓的。当我们从文中看到'某种思想'，认为'文本表达的思想是……'时，那是我们自己的思想，是我们认为的作品的思想，而不是作品本身的思想。[②]波普曾用三个世界的理论来讲意识的区分。这个"世界"并不是我们通常

---

① ［法］米歇尔·福柯. 作者是什么［M］. 逢真，译. 广西：漓江出版社，1991：459.
② 李琛. 论知识产权法的体系化［M］. 北京：北京大学出版社，2005：73-74.

理解的世界，而是由（1）物理上组成世界，包括树木、混凝土；（2）意识的世界，这个世界就是存在于大脑中的精神活动的世界；（3）是由意识的世界产生出来的拥有智慧产物的客观内容的世界。① 而客观内容的世界是独立于意识之外的内容，且必须是被理解和解读的东西。但是客观的内容是潜在性的事物，因为意识并不可能全部理解这些内容，因而这些客观内容就独立于意识而存在。于是，"作品中心主义"下的评判便需要交由读者进行评判。

在现实情况下，匿名作品中难以查询的作者不影响人类对作品的评判，逝世之后的作家的文章也不影响读者对作品内涵的探寻以及由此产生的争议。而在立法中，英美法系国家将雇主拟制为作者的立法规定也表明作者的坍塌。因此，在"作品中心主义"下，作品的独创性判断并不需要浓厚的"作者个性"体现，转而可以直接评判"作品间的差异"。其独创性的审查只需要取决于一般公众对于作品的客观性认知，而不用具体追寻到作者的身份之下，并寻找作者这一"自然人"。因此，作品中心主义之下独创性的判断并不以作者为前提，是以读者为前提。

（三）"主客分离评价"为作品独创性"客观标准"提供证成

在进行独创性的"客观形式标准"证成之前，可以通过科学层面的两个测试，即"图灵测试"和"汉字屋测试"验证独创性来作为评价的基础。"图灵测试"是指测试者（人）和被测试者（机器）在分隔开来的情况下，由人通过特殊装置向机器进行提问，在反复测试的情况下，如果有30%以上的人无法确认被测试者是机器，那么这个机器就被人为拥有了"人的智能"。即只要信息的接受者能够接受信息且相信信息发出者所要表达的内容，那么这个沟通就是有效的。而"汉字屋测试"，是把一个只会说英语的人关在封闭的屋里，里边仅有用英文阐释中文句法和组合规则的手册，屋外的

---

① ［日］小河原诚. 波普：批判理性主义［M］. 毕小辉，徐玉华，译. 石家庄：河北教育出版社，2001：272.

人则不断向屋内的人传递中文问题，而屋内的人则只需要按照英文手册回答问题。虽然屋外的人认为屋内的人可以进行问题回答，但是屋内的人实则只是根据规则操作符号。因此，"汉字屋测试"则认为信息发出者与信息接收者内心之间并没有心智的交流和认知。因此，从科学测试来看，"图灵测试"是基于"作品中心主义"，"汉字屋测试"是基于"作者中心主义"。这两种科学能够在自己设定的标准下实现逻辑自洽，却又无法反驳对方的逻辑体系，因而这两种评判则意味着独创性所要求的创作性标准本身取决于一种可以被评价的选择。

因而基于"作品中心主义"的"主客分离评价"便可以为算法生成物提供一种可被量化的独创性判断。因为技术路径上将算法生成物认定为作品的肯定，并不会影响著作权法价值和功能的需求，因为"主客分离评价"就是基于"作品中心主义"而产生的评价标准。

（四）"主客分离评价"有助于算法生成物的权属分配

从著作权的历史演进来看，著作权与作者之间并不存在必然联系。一个人对别人创作的作品享有权利是正常的情况。我们知道，现代著作权是从君授特权逐渐演化而来的，其最初形态是印刷专利。印刷专利是授予给书商的，一部获得印刷专利的图书有没有作者，谁是作者，都是没有关系的事情。英国后来的书商版权，实质上是印刷专利的延续。而《安娜法令》也只是书商借用作者名义而争取的立法，其关注的实质焦点并非人类智力贡献，知识作品的财产价值和出版利益。① 而在 19 世纪下半叶市场驱动之下，产生了集体化、技术化的文化生产模式，新闻出版业、电影业的兴起导致企业和组织纷纷需求投资回报，因而无论是"作者中心主义"还是"作品中心主义"，均将著作权主体扩展至拟制主体。实则，"鼓励创作一直

---

① 李宗辉. 人工智能创作物版权保护的正当性及版权归属［J］. 编辑之友, 2018（7）：80-87.

是投资商主导立法的一种遮掩"①，因而著作权归属实质上与作品的创作并无关系。

因此，"主客分离评价"在对独创性采取"客观形式标准"的基础上，依旧可以对著作权归属采取人类中心主义的标准。也就是说，作者的非主体化并非影响著作权人的主体性，也不会对法律主体产生根本破坏，从而可以在不考虑算法生成物的主体资格之下，为算法生成物的著作权归属问题提供解决方案。

四、利益衡量理论为多元主体的著作权归属提供理论基础

（一）利益衡量理论的内涵

利益衡量理论在于利益可以通过一定标准进行衡量。利益是一个复杂且抽象的概念，不仅具有不同种类，且这些利益之间具有效力等级。一般而言，利益包括个人利益和公共利益。个人利益即私人利益，通常包括对生命、财产、缔结合同享有的利益，但同时也可以是社会性个人利益。而公共利益通常是群体利益或者集体利益。庞德对公共利益进行了划分，将其归为六类：一是一般安全中的利益，其中包括防止国外侵略的安全和公共卫生的安排；二是社会制度的安全，如政府、婚姻、家庭及宗教制度等；三是自然资源和人力资源的保护；四是一般道德方面的社会利益；五是一般进步的利益，尤其是经济和文化进步方面的利益；最后是最不重要的个人社会中的社会利益，这种利益要求每个人都能够按照其所在社会的标准过一种人的生活。② 可见，在庞德的观点中，即便是不同的社会利益之间也会有不同的效力等级。那么在个人利益与社会利益之间显然也具有不同的效力等级。以公路建设为例，个人享有的房屋利益将和公共享有的道路

---

① 熊琦. 著作权激励机制的法律构造［M］. 北京：中国人民大学出版社，2011：235.

② ［美］E.博登海默. 法理学：法律哲学与法律方法［M］. 北京：中国政法大学出版社，2017：415.

建设之间存在冲突，显然要在两个利益之间进行抉择。或者在战争时期，个人的生命健康权将与国家公共安全产生冲突也需要进行抉择。那么在两者之间产生冲突时，定位相关利益之间的相对等级便需要一种判断标准，对其作出取舍尤为重要。

利益衡量源自自由法学运动的发展，并在目的法学的理论语境下得以创立。目的法学"把人们从只是机械地关注法律概念的传统中拉回到对社会生活中现实利益的关注"，利益法学开始强调，法律是对利益的分配和保护，法学的最主要任务就是协调社会中的各种利益问题，在司法过程中，法官必须考察和确定立法者意在保护的利益，当其无法依据逻辑完美地解决社会的需要时，就必须主动地审视和权衡案件所涉及的各方面利益，以维护可被认为是优先的利益。[1] 基于此，利益衡量是对各种利益在考察、比较的基础上进行权衡和取舍。如果是相互对立的利益进行调整以及对他们的先后顺序予以安排，往往可以通过立法手段实现，即具体在司法实践中采用一种"非黑即白"的方法进行审判，但司法审判中双方当事人并非一种简单的对与错，因此需要考虑共同过失的情况出现，并且采取一种妥协或相互调整的形式进行审判。[2] 因此，利益衡量是法律解释的必要手段。[3] 利益衡量的目的在于为法院判决案件时提供一种思考方式，并注重当事人的具体利益比较。加藤一郎教授指出，在具体的事件中，应当关注此方的利益，还是应当关注彼方的利益，在进行全面详细的利益衡量以后，经过综合判断，最终可能会维护此方利益。[4] 即经过利益衡量后可能会得出最终相同的结论，但也应当找寻多个证据支撑已选择出最令人信服且最符合

---

[1] Friedmann W. Legal Theory［M］. 5th ed. London: Stevens and Sons, 1967; 杨知文［M］. 利益衡量方法在后果主义裁判中的运用［J］. 人大法律评论, 2017（2）：122-141.

[2] ［美］E. 博登海默. 法理学：法律哲学与法律方法［M］. 北京：中国政法大学出版社, 2017：415.

[3] 梁慧星. 民法解释学［M］. 北京：中国政法大学出版社, 2015：316.

[4] ［日］加藤一郎. 民法的解释与利益衡量［C］// 梁慧星译, 梁慧星主编, 民商法论丛：第 2 卷. 北京：法律出版社, 1995：64.

实际的因素。但作为一种法律解释方法，利益衡量可以作为一种借鉴手段，用来为著作权制度中需求利益考量的多元主体提供权属证成。

（二）利益衡量理论是算法生成物多元主体著作权归属安排的理论依据

法律的主要作用之一就是调整及调和种种相互冲突的利益，无论是个人利益还是社会利益，无论是个人利益之间，还是公共利益之间，或是社会利益和公共利益之间。著作权制度一方面在赋予作者私权，另一方面又在为公共利益进行考虑，努力在两者之间寻求平衡。世界上第一部版权法《安娜法令》指出版权体系旨在防止和制止未经作者同意就复制或出版作者作品的行为，因此在该法令中只是维护了出版商和作者的利益，而对社会公众的精神文化发展等相应利益置于不顾。而后使用者权的出现使得出版商和作者之外的主体利益被更多法官和学者看到，因此，美国在宪法中开始将版权法的宗旨以"为促进科学和实用技艺的进步"放在首位，这样就意味着作品的私有性是有限的，它必然与除权利人之外的相关主体之间有着不可分割的关系，而这一关系就是为了平衡版权人、传播人和使用者之间的关系。由此一来，利益平衡缓和了作品私权性和思想传播公权性之间的冲突，从而在将利益分配给创作者之时，同样关注了其他主体的利益和社会公众的利益。但算法生成物的出现，导致原有权利人、传播者和使用者三方利益主体需要进行新的利益衡量并进行权利归属安排，因此需要在厘清算法生成物的多元主体的基础定位之上，以利益衡量作为算法生成物的多元主体著作权归属的考量标准。此外，基于著作权的公共利益会产生公众的需求，因而在探讨算法生成物的著作权保护时，也产生了算法生成物归为公共领域的观点。

1. 算法生成物多元主体存在现状与利益诉求

算法生成物的参与者涉及三类主体，分别是设计者，投资者（即为算法生成物提供财力、物力和人力支持的主体）和实际使用者（终端用户）。

但在算法生成物之外还涉及公众的公共利益。（1）设计者：即设计算法并最终影响算法生成物的一类主体。设计者通过自然语言处理，进行算法设定形成算法生成，是算法生成物的原始参与者。依照国际现行的相关规定，设计者可以对计算机程序、软件等主张权利，不过算法生成物的出现与发展导致设计者在算法生成物的最终层面脱钩。在算法生成物的创作层面，设计者与算法生成物之间存在着算法生成的隔阂，不是设计者的直接创作物。而这一点也正是"主客分离评价"为算法生成物找寻著作权归属的根本原因。在算法生成物本身层面，设计者可能基于特殊的关系，即便在一定程度上是算法生成物的所有者，但是却无法具备法律层面的权属。例如算法生成物是由投资者进行研发，且约定其算法生成归为投资。抑或设计者将算法生成通过交易行为转至实际使用者，则算法生成物的著作权归属也会出现争议。因此，算法设计者可能是算法生成物的著作权归属者。（2）投资者：投资者，是为算法生成物的设计者提供帮助的人，这个人可以是自然人也可是法人或非法人组织。加入算法生成物纳入著作权保护的客体范围，那么独立的程序员可能保留算法生成物的完整版权。但现实是，算法的设计较为复杂，且需要长期试错，收集反馈资料得以发展，这往往不是独立的设计者可以实现的。例如算法生成物的外化载体小冰，其背后是强大的微软团队，因此投资者才是确保算法生成物产生的根本。（3）实际使用者：另一需要探讨的主体则是实际使用者，即对算法生成物作出干预的一类主体。实际使用者同设计者不同，他对算法生成物的干预可能微乎其微的，因为实际使用者对算法生成物的干预仅体现在指令输入层面，而指令输入并不会影响设计者一开始对算法生成物的"算法"设定，即便算法生成物最终可能偏离设计者的预先设计。但反言之，如果实际使用者不进行指令输入，那么算法生成物便不会产生，正如一间装修精美的房屋，如果没有人去欣赏他，也无法实现它的价值。因此，实际使用者也需要考量作为算法生成物的权利主体。（4）公众：即对算法生成物有需求的受众。如果算法生成物在著作权保护之下，应当考量合适的保护期限，以及著作权保护是否对公众的需求产生有利价值。

2. 著作权制度通过利益衡量调整算法生成物的多元主体权利分配

法律的本质就是衡量人类社会关系中各类价值的位阶，并对社会关系的冲突进行调和。著作权制度在制定的开篇通常会指出著作权制度制定的总目标，而这些总目标的立法宗旨表明了著作权制度实则已经在个人利益和公共利益之间进行了选择。其所宣称的调整利益主体间的关系，实则是为了在符合社会整体发展的前提下满足不同利益的诉求。因此，从著作权制度制定的立法宗旨来看，著作权制度就已经开进了利益衡量。

从各国对版权法价值的定位导向来看，英国在《安娜法令》中"鼓励有学问和有知识的人编写有益的作品"；美国的《宪法》强调"促进科学和有用技术的发展"，并在《版权法》明确保护作者与促进知识传播的目标；德国《著作权法》中则指出以作者利益优先，再考虑其他层面（包括社会公众、艺术、科学技术等）的利益；日本则在《著作权法》中指出，其目的"在于确定关于作品、表演、录制品和广播的作者的权利及与此相关的权利，注意这些文化产品的正当利用，以谋保护作者的权利，为文化的发展作出贡献。"[1] 而在相关的国际版权条约中，则是为了尽可能有效地保护作者对享有权利的共同愿望。因此，国际公约所体现的版权指导思想在于作者私人利益，而各国在制定版权的同时，则认为私人的正当利益应当作出一部分舍弃，从而保障"思想"和"精神"层面拥有一个充分的公共领域能够进行有效创作。

概言之，利益衡量有助于版权体系在性质、内容上的转变，而这些转变在算法生成物的著作权归属中产生重要影响。以多元主体的著作权归属发展为例，主体人格的伦理基础因浪漫主义思想被逐步受到关注，但在功利主义面前，技术与人类的博弈催生了拟制人格主体，形成了去伦理化的法律人格构造。[2] 例如影视作品的作品保护在现代发展之上，使得投入大量财产的制片人或者制片者被作为影视作品的权利所有人。算法生成物大

---

① 《十二国著作权法》翻译组. 十二国著作权法 [M]. 北京：清华大学出版社，2011.
② 付继存. 著作权法的价值构造研究 [M]. 北京：知识产权出版社，2019：前言 1.

多依赖设计者，但设计者进行算法生成的开发并非能以一己之力而为，且算法生成物需要指令输入而非完全"自说自话"，实际使用者即使再"微小的贡献"也需要进行考量。但利益衡量为著作权主体的权利归属提供了理论基础。知识的最大用途在于社会性消费，而非个体的自我消费，波普尔的"蜜蜂理论"认为知识的创造者急需他人"蜂蜜"保持体力，也需要供养"雄蜂"。[①] 显然，知识的传播最终仍旧落脚于文化发展，即便是在文化历史没有那么悠久的国家，文化产业的重视依旧指向了文化发展的具体层面。因此，如果非要对算法生成物的多元主体进行著作权归属安排，那么出于公共利益高于个人利益的角度，便需要以文化的传播和文化产业的公共利益发展作为重要指导标准。

此外，还会出现这样一种情况，算法生成物直接转移至实际使用者，这种情况也应当将著作权归属的利益衡量以文化传播的公共利益上。诚然，创作者对作品的掌控是不允许他人进行精神利益的损害的。但算法生成物的不同在于，算法生成物一方面因随机性脱离设计者的轨道，另一方面也会偏离实际使用者的指令输入轨道。但如果将著作权归属于文化传播之上，便可为实际使用者取得算法生成物的权利提供支撑。这样，在实际使用者支付了算法生成的对价之后，便可拥有算法生成物的著作权，并激励实际使用者进行指令输入，源源不断地为文化传播提供发展。

著作权制度在对利益衡量的同时，一方面考虑其天平的一端基点为私权的赋予，另一方面又在天平的另一端即公共利益寻找维护其利益的支点。因此著作权制度便考虑如何通过利益衡量并维护社会公共利益，以寻求著作权最终的价值目标实现。从作品的创作来看，其产生过程是一项长期性的动态活动，需要基于先前知识的积累从而进行创作，再进行积累传承。人类社会的知识储备量是创作活动的基本前提，作品虽然是创作者根据其情感、经验、信息等进行创作活动的生成物，但创作活动需对前人作品进

---

① 付继存. 著作权法的价值构造研究 [M]. 北京：知识产权出版社，2019：35-36.

行借鉴和吸收。[1] 无疑，公众对算法生成物的需求是重要的。鉴于算法生成物已经能够进行文化传承以及具有社会性，如果抑制公众对算法生成物的接触将会使算法生成物的价值难以实现。可见，算法生成物的著作权保护亦需要让渡其相应的权利，从而让算法生成物实现公共社会的需求。

私权赋予与公共利益本来就是互相联系却又相互矛盾的存在，如果不对算法生成物进行著作权保护提供理论基础，不仅会从根源影响社会文化的增值，更影响公众对算法生成物可能产生的需求。但是如果将其纳入著作权制度的保护框架内，则需要对权利人的利益进行博弈，最终在权利人保护之上进行调和。基于此，利益衡量之后的算法生成物的著作权保护是必要的，只是需要对其保护程序进行考量从而保障公共利益的需求。

第二节　交叉视野下算法生成物著作权保护的理论分析

一、符号学理论下著作权传播价值的实现

传播的本质寓于传播关系的建构和传播主体的互动之中，传播是社会关系的整合，并且关系总是按照自身的意志来裁剪传播内容的，传播是通过一种被传播的内容来反映或说明一种关系的。[2] 而著作权制度也是通过作品的传播才能保证其最终价值目标的实现。因此，当算法生成物作为一种符号这种天然可被人类解读的传播工具，便在著作权保护层面有了理论基础。

（一）符号学理论的内涵

符号学伊始研究是从符号的社会学本质出发，最早研究符号学的代表

---

① 杨利华，冯晓青. 著作权限制的法理学思考 [J]. 电子知识产权，2003（10）：15-18.

② 陈先红. 论新媒介即关系 [J]. 现代传播，2006（3）：54-56.

学者是皮尔士和索绪尔。在索绪尔看来，符号学是社会心理学的一部分，研究社会中各种符号生命的科学，并以符号的构成和规律为研究己任。美国学者皮尔士对符号的构成分为三元实体：（1）符形（representamen），类似于能指，即"向人们心灵传递意义的工具"，是可以感觉到的客体；（2）对象（object Referent），是现实世界中真实存在的物理或思想实体；（3）符释（interpretant），类似于所指，是最终实现符号的适当且具有意义的效果，并且能够解释传达者传递能指中包括的思想内涵。而后，索绪尔通过语言符号学，将符号划为能指（signifier）和所指（signified）的二元实体。在索绪尔的语言符号学上，索绪尔认为符号具有差异性，且不同的符号接收者对符号的理解也有所不同。日本学者永井成男认为如果事物 X 能够指代或者表示事物 Y，那么事物 X 便是事物 Y 的符号，事物 Y 便是事物 X 指代的事物或表述的意义。① 因此，符号本身具有能指和所指，能指通常表现为声音、图像并诱发人们对特定事物的联想，所指则是指代或表述事物的概念或意义，② 即任何事物只要独立存在并且与另一事物有联系且能被"解释"，那么这个功能就是符号。③ 现代符号学对符号的研究包含了四个共同点：首先，符号学以符号作为研究对象；其次符号学强调结构主义进路；再次符号学注重符号的"结构"或"系统"；最后符号学将人类语言视为所有文化符号系统的原型，并将语言学视为符号学其他分支的代表。④

从社会传播学的角度来看，符号实则是一种交互工具。则符号必须通过交流与传播行为，将能指的现实存在中蕴含的所指意义进行传达，才能展现符号学研究的最终目的。因此符号是一种表达工具。在广义上来看，符号作为传播行为的载体也并非人类社会的独有现象。在自然界中，动物

---

① ［日］永井成男. 符号学［M］. 东京：北树出版社，1989：74.

② ［日］永井成男. 符号学［M］. 东京：北树出版社，1989：74.

③ ［英］特伦斯·霍克斯. 结构主义与符号学［M］. 瞿铁鹏，译. 上海：译文出版社，1987：132.

④ 彭学龙. 商标法的符号学分析［M］. 北京：法律出版社，2007：22-23.

基于先天的本能机制以一些分泌物或者行为作为其传播的内容，但这种符号只是一种"释放因"，而释放因发出的个体则为"作用者"，对释放因作出反应的个体为"反作用者"，而这类以释放因为中心的符号传播与人类能动性创造出的符号并进行传播的行为不可同日而语。^①在人类能动性创造的符号之上，基于不同领域的符号也有不同的含义。以数学领域为例，符号只表示运算关系和规则，而在技术领域的二进制代码就是人类无法理解的 0/1 数字。因而，人类能动性地创造符号并进行传播的行为，体现了符号的实践功能。

可见符号的功能总体上可以分为精神功能和实用功能。精神功能包括信息功能和审美功能，表现为主体精神状态的改善。实用功能是符号对生产、经营、生活方面的实践意义，着重于解决实际问题，可以再进行细分。^②马克卢普认为"与其根据已知事物对知识做出客观解释，不如根据认识者附加给已知事物的意义，对知识做出主观解释，即谁知道，出于什么原因和为了什么目的。"^③为了更好地阐明符号的功能，不妨从社会传播学的角度阐释符号。在传播基础的理论上，符号可以分为信号（signal）和象征符（symbol）。信号具有物理性质，是对象事物的替代物，比如可以被用来解决信息不对称的实际问题；而象征符则具有人类精神的性质，是对象事物之表象的载体。简单来说信号可以包括自然符号，包括计算机编程语言，文本等，并且与指代或表述的事物具有唯一固定解释，是一种实践意义上的工具；而象征符只能是人工符号，不仅能够表示具体事物，还能表达思想这类抽象的精神内容，因此象征符并非与指代或表述的事物间存在唯一的联系，能够正好覆盖符号具有思想、理解的精神功能和表述、传达的实践功能。

---

① 郭庆光. 传播学教程［M］. 2 版. 北京：中国人民大学出版社，2010：35-36.

② 王坤. 论著作权保护的范围［J］. 知识产权，2013（8）：20-24.

③ ［美］贝尔. 后工业社会：简明本［M］. 彭强，编译. 北京：科学普及出版社，1985：203.

符号的功能证明了符号的本质为指代或表述事物意义的外在形式，这种事物可以是具象化的事物，也可以是抽象化的事物，从而能够关联算法生成物的象征符层面的问题。同时，也正因符号学内涵具有精神功能和实践功能，才能为解决算法生成物的著作权保护问题时，提供可供参考的价值。

（二）算法生成物的符号学传播功能有助于实现著作权制度的传播价值

以符号学的角度来看，人类对符号的创造是将符号作为一种信号本体，这种符号不同于自然界其他生物。① 而从算法生成物的整体过程来看，算法生成物能在符号学的功能上体现其著作权保护的理论基础。

1. 符号学的传播功能与著作权作品传播功能

符号中能指是想要认知的事物对象，而所指则暗含了不同思想的事物内容，故符号才能成为人类创造的以供人类认知世界的方式，是人类思想的延伸。② 符号作为人类能动性创造的结果，就必然具有工具性特征，这一工具性特征无论是用来物理劳作还是精神劳作，都是为了人类更好地与自然界相联系。

知识产权制度并不保障所有基于符号利用带来的一切利益，只保障基于特定功能的实现所带来的利益：其中，著作权制度保障符号的文化传播功能得以实现并将相关利益归属于著作权人③；商标制度保障符号的实用销售功能得以实现并将相关利益归属于商标权人④。

① 王坤. 论著作权保护的范围［J］. 知识产权，2013（8）：20-24.
② 王太平. 商标法：原理与案例［M］. 北京：北京大学出版社，2015：13-17.
③ 王坤. 论著作权保护的范围［J］. 知识产权，2013（8）：20-24.
④ 彭学龙. 商标法基本范畴的符号学分析［J］. 法学研究，2007（1）：17-31.

2. 算法生成物的符号学功能的分析

算法生成物就是人类借助认识世界进行表达的符号，只是这种符号的创造过程通过人类预先的算法进行干预，在一定程度上导致了人类思想与表达上的时间差，创造出更多可以表达能指事物的符号，但这种思想与表达的时间差证明算法生成物中蕴含了人类一开始进行算法干预的表达内涵。

算法生成物的创作过程自始与符号学中所蕴含的表达相关。在算法生成的伊始，算法读取的作品、资料等数据，均是已有的能指或者说信号。而在算法生成的阶段，即通过算法的运算过程，将已经转化为机器语言的二进制代码的过程，也是通过传播学意义上的信号实现，即算法生成的运算过程是一种中层的表达，这一阶段类比于人类创作过程中思想活动的智力转换过程，只不过人类大脑的运算还存在于思维阶段，而算法的创作阶段已经是信号二进制代码的处理阶段。在算法生成的输出阶段，即最终的算法生成物，可以很明确得出算法生成物是表达的生成，这种生成是人类可以感知的表现形式，但算法生成物除却最终可以原始状态展现外，还可以通过虚拟网络进行展现。

依托算法生成而最终呈现的虚拟现实符号，也应当是算法生成物的符号表达，这点在前文中已经证成，在此作出符号学视角的解读。算法生成物呈现的虚拟现实蕴含在机器内部，同直接呈现在人类可以接触的图书、表演不同，需要人类借助一定的设备。以能同人类对话虚拟歌姬洛天依为例，作为算法生成物的洛天依这个二次元角色便是符号表达的外在载体，因此人类借助一定设备感知洛天依的客观存在性，仍旧可以认定作为算法生成物的虚拟现实也是符号的表达。

3. 算法生成物的著作权保护之符号功能基础

早在 1978 年，认知科学认为人类认知世界的方式迈入新阶段，"技术进步可能会再一次改编我们的物种，其深远意义可以媲美数十万代人以前的口头语言出现"①。技术发展通过算法生成改变人类对这个世界的认知，一开始的算法生成贡献于信息的高效处理，而算法生成的优化导致其在处理信息的同时可依据数据建模和信息处理的选择满足人类想要从它那里得到的结果。这种通过人类预先设定与设计，并且在一定层面是人类优化劳动过程的工具，从而在最终表达层面得出可预测的结果。因此，算法生成物从本质上来看，就是人类为认知世界而创造的一种既能够简化表达过程，又能够实现人类交流的工具。算法生成物的多样化以及随机化结果，为人类提供多元的认知世界的内容，而人类所设定的算法生成，证明其无论具备何种算法优化的智能处理特征，都无法摆脱人类创造中所蕴含的交流这一事实。算法生成物，则说明人类从语言、文字等思想表达的进一步跨越，实现了人类更好地与世界的一切进行能动性交流的符号功能。

前文中证明算法生成物与符号学产生交汇，而在著作权制度从"复制中心主义"到"传播中心主义"的转变的制度基础上，暗含了该制度的作品传播与文化交流，甚至是符号的内涵。作为授予人类思想表达以私权，并兼顾公众获取作品的利益平衡手段，该制度对人类社会传播活动具有重要意义。在著作权领域，作品必须经过表达，且作品载体本身就是一种外在形式的表达，因此承载着内容的外在表达通过一定的载体实现，无论这种载体是何种物质，而这种物质存在于符号中即可。作品基于传播而使得著作权制度存在理论基础，才能实现政策目的所需要推动的利益平衡、文化繁荣及人类社会的交流。因此，研究算法生成物的著作权保护便是立足于作品的传播基础，无论这种传播是因为技术和哲学维度，还是经济和政策维度，而传播的起点，则是符号。

符号是人类传播的介质，且只有符号才能使"作品"成为能够沟通的信息。作为符号接收者，我们并不会关心一首歌和一首诗当时所具备的背

---

① Roco M C, Bainbridge W S. Converging Technologies for Improving Human Performance: Nanotechnology, Biotechnology, Information Technology and Cognitive Science [M]. Dordrecht: Springer, 2003: 102.

景，而是符号接收者到底想要从中读取出什么文化内涵。符号传播的过程与算法生成物的过程间具有能动性关联主要体现在以下几个层面。一是算法生成物本身满足符号的二分法要件。算法生成物是一种客观且具有因果联系的符号；二是算法生成物是人类社会的创造物。符号作为包含着人类精神内容的指代或表述事物表象的载体，具有创造性和思想概念价值，而算法生成物也是人类基于技术改造对现实世界的客观产生，并通过算法生成物进行思想的传播与交流；三是符号所暗含的指代或表述事物的目的在于实现人类的传递与交流。作品来源于人类与自然界的互动，人类通过认识并把握事物的性质与规律提取出抽象的思想，并借助于符号加以表达，使得"夕阳无限好，只是近黄昏"，"最美不过夕阳红"等对同一事物夕阳所产生的不同表达。而算法生成物的符号则是为人类提供类似于"夕阳西下有几何"的遐想，从而延伸文化的传播。此外，算法生成物在一定层面上也是人类通过能动性创造出的用于更为自动化的表达，只不过算法生成物不仅在符号蕴含的思想层面突破了人类对事物的局限性思维活动，并从符号蕴含的算法生成物突破了传统语言、文字、影像、音像的局限转变为虚拟现实的情况。但无论算法生成物的具体展现是已有作品类型还是存在争议的新表现形式（虚拟现实等），仍是人类借助这类符号实现作品传播的工具。

二、激励机制下著作权制度工具本质的实现

（一）激励机制的内涵

激励机制是激励理论立法层面的具体化。在此有必要说明激励理论的法经济学原理。激励理论来源于经济学中的方法论，主要阐明理性人假设与外部性原理。在理性人假设层面，法规规则可以通过约束理性人行为，使得个体从成本收益的角度出发，考虑自己的行为会招致不同法律规范可能产生的法律后果，从而纠正自己的行为方式。也正因为理性人的趋利避

害，法律可以通过权利配置以使权利主体能够发挥资源的最大效益。在外部性层面，则是基于个人行为会对他人福利产生的影响，即正外部性（能给他人带来额外收益）和负外部性（导致他人增加额外成本）两种类型。因此法律通过对权利义务的设定才能使行为主体承担其行为后果所带来的责任。因此，激励理论实则是综合运用理性人假设和外部性原理，法律规范能够通过不同的权力配置，影响行为主体的行为选择，使其行为产生的外部性转化为自己承担的私人成本与收益，从而激励行为主义通过最小成本实现最大效益，并以个人效益最优实现社会效益最优。[①]

激励机制的立法在具体立法考量中主要包括"成本—收益"和"激励—接触"两个层面。"成本—收益"用以解决负外部性问题，"激励—接触"解决正外部性问题。以"成本—收益"层面来看，激励机制通过赋予成本投入的一方以私权，使其思考如何通过最优方式实现其资源的利用，从而不断改变"成本—收益"的比例。以"激励—接触"层面来看，其旨在解决激励产生的效益与大众接触信息成本的比例问题，从而思考如何能够为公众提供更多的可接触信息。因此，在新制度经济学的视角下，任何一部法律的制定都是一种激励机制。

（二）激励机制下算法生成物的著作权保护有助于实现制度本质

1. 激励机制下著作权制度的本质：实现公共需求

在激励理论之下，著作权制度是通过权利配置来激励信息生产和传播的制度工具。[②]因此著作权制度提供给著作权人能够预测其从作品传播过程中可以获得的收益预期，以此来保证权利赋予的主体发挥客体最优效益。

首先，从"成本—收益"来看，激励机制将著作权制度作为防止市场失灵的工具。在市场经济中，作品的创作者和投资者都可以被视为制度约

---

① 熊琦. 著作权激励机制的法律构造 [M]. 北京：中国人民大学出版社，2011：21.

② Paul Goldstein. Copyright，Patent，Trademark and related State Doctrines [M]. 5th ed. Charleston：Foundation Press，2002：6.

束的理性人，从而在对理性人的假设之上，假设信息的生产和传播只能在创作者或投资者对该预期的收益大于其成本时才能实现的话，才能保障其对作品的创作产生动力。因此，为了保障这一动力的实现，著作权制度通过将成本与收益直接归为创作者或投资者的私人承担方式，以保证能够有最优效率实现信息的生产与传播。

其次，从"激励—接触"来看，激励机制则将著作权制度定位为平衡创作者或投资者的私人成本与公众利用既有信息的社会成本的制度工具。因此，为了实现这一目标，著作权制度所要遵循的"激励—接触"模型便需要保障足够激励的前提下对社会成本的控制和对社会效益的考量①，以此来防止这种激励出现后导致公众接触信息成本增加的失衡。

以此来看，激励机制实则最终将著作权制度定位在了公众受益之上，并且这种受益是一种公共需求。"没有收获的预期，就无人劳力播种。"②美国联邦宪法为激励机制进行了注解，"为了促进科学和实用技术的发展，国会有权保障创作者与发明者在有限时间内对其作品和发现享有专有权"。③但从美国宪法整体来看，其认为赋权的方式为作者提供经济上的激励，实则是促进科学发展和公共利益的最佳途径。在 1954 年的 Mazer v. Stein 案中，美国最高法院认为，"将有价值的、可执行的权利赋予创作者与发行人，可以激励文学与艺术作品的创作，并最终造福世界"，"宪法授权国会赋予著作权与专利权的权利，乃是认为赋予专有权是使创作者与发明者推进公共利益的最好方式"。④由此可见，激励机制下的著作权制度实则是为了通过权利配置来激励作品生产与传播的投资，而非激励生产与传播行为的本身，从而在这一基础上实现公共需求的增加。

---

① 熊琦. 著作权激励机制的法律构造［M］. 北京：中国人民大学出版社，2011：22.
② 付瑜. 国防专利产权制度效率研究［M］. 北京：国防工业出版社，2018：82.
③ 参见美国联邦宪法第 1 条第 8 款第 8 项。
④ Mazer v. Stein, 347 U. S. 201（1954）.

2. 激励机制下算法生成物的著作权保护有助于公共需求的实现

在考察算法生成物的著作权保护满足激励机制对其定位的公共需求实现之前，应该首先审视算法生成物的商品化特征与市场价值之间的关系，从而为"成本—收益"提供最根本的要件。激励机制将著作权制度作为调节市场失灵的手段，那么其维护市场稳定就需要维护算法生成物的成本与收益的稳定。一方面，算法生成物的收益来源于公众的需求，另一方面公众需求才会产生付费动机。就目前算法生成物的公众需求与付费现实来看，其已经产生了较大的创收。如果说那幅以高价交易的算法生成美术作品是个意外，那么本人通过购物平台①以及电子书籍对小冰诗集的售卖与阅读情况的统计，也能在一定层面反映出公众需求足以产生付费动机。此外，IBM 的 Watson 和音乐人 Alex Da Kid 共同创作的歌曲《No Easy》荣登 Spotify 全球榜第二名，而我们所知道的是国外的音乐向来是需要付费才能收听。再如 DreamWriter 撰写的新闻稿，其公共阅读量已经趋近于人类撰写稿件阅读量甚至超过人类稿件的阅读量，也正因为其阅读量以及独特的分析，从而导致侵权案例的出现。因此，在"成本—收益"的层面，算法生成物能够比一般作品更能趋近人类审美，从而发挥出比人类创作的"劣质作品"更优的价值。也正因如此，算法生成物可反馈出其市场公共的需求与可能产生的预期收益，并激励算法生成物的使用与传播最大化。

再次，我们便需要考虑"激励—接触"的著作权制度的最终价值上来。有学者认为，从激励机制的负外部性来看，著作权仅应当维持其回收成本的基础上，不应该占据全部信息价值，因此当算法生成物产生时，原本的交易机制已经让算法生成物的研发者收回了成本，而算法本身又不需要激励，那么其应当直接归为公共领域。但这一点实则会直接导致著作权制度增加公共需求的工具性丧失。从算法生成物的市场交易来看，算法生成物

---

① 笔者通过对淘宝网、当当网的小冰诗集售卖情况进行统计，发现《阳光失了玻璃窗》的实际售卖价格超出其定价的 49.9 元，且在其电子书以售价 28 元的情况下购买数量已达到 22 人。之前在微信读书的 App 软件中，该书的阅读量达到 100 以上。

的身份有隐瞒和公开两种选择，公众有付费和免费两种选择，其归在一起就是（公开，付费）；（隐瞒，付费）；（公开，免费）；（隐瞒，免费）①四种可能性存在。显然，当其归为公共领域的时候，（公开，免费）的选择显然劣于（隐瞒，付费）的选择。因此，算法生成物基于与作品相似的外观，从而导致了其很大程度上被"匿名"为人类创作物，因而导致负外部性增加。另一方面，算法生成物也可能因（公开，免费）导致多元主体的创作性丧失，诚然这种选择的可能性会低于（隐瞒，付费）的情况，但却直接导致了正外部性的失调。

因此，最优的选择则是（公开，付费）的方式，则激励机制通过界定初始权利，保证算法生成物的利益主体能够预期到收益，便可回归至"激励—接触"的层面。显然在"激励—接触"的著作权层面，著作权制度的工具性在于满足公共需求，相较于算法生成物的消弭从而导致公共需求层面的减少，（隐瞒，付费）模式又成为优选。因为即便是著作权进行保护的情况下，（隐瞒，付费）的情况也可能出现。事实上，著作权制度的价值在于其通过初始权利的界定，从而为著作权主体提供预期收益，而后当多方利益主体面临权利分配时，才会需要法律重新界定权利用以保障作品使用的最大化价值。有鉴于此，著作权制度为算法生成物提供保护时，便可不必讨论到底会出现隐瞒还是公开的两种情况，只需要保证以付费方式激励算法生成物的相关主体即可，因为在这种条件下，才能保证其公共需求的福利增加。而后对权利的具体分配时，则需要对利益衡量进行考虑即可。

综上所述，算法生成物能够满足激励机制下著作权制度作为增加公共需求的同时，又为相应的利益主体提供可以预期的收益，从而应当被纳入著作权保护。

---

① 基于（隐瞒，免费）并不在著作权制度的调整范围，笔者在此并不讨论。

本章小结

　　法学作为社会科学的重要组成部分，总是在与社会发展需求的互动中不断发展，从而日益复杂和精细，"社会不是以法律为基础的，那是法学家的幻想，相反地，法律应该以社会为基础"。① 从传统法学理论分析：著作权制度在技术的推动下发展、变革，因此技术变革是著作权制度发展的根本原因。在技术的推动下，著作权制度的客体从作品、创作主体和权利归属不断发生变化。从作品来看，在技术推动下其作品类型的不断扩张，导致其构成要件不断限缩，以至于当计算机程序纳入著作权保护之时，作者的思想要素已无须考虑，此外口述作品的出现也证明再现性这一要素"名存实亡"。从创作主体来看，著作权制度存在以"版权体系"与"作者权体系"的立法分野。早期的著作权认为创作作品的仅为自然人，但随着技术发展推动经济变革，法人作品和雇佣作品的出现，推动了"拟制作者"的出现，但这些"拟制作者"都是以自然人为根本的集合体。现阶段，算法生成物的出现，导致其搭载的人工智能体，亦或者说是智能机器人的主体资格纳入探讨，因而出现"机器主体"的"机器作者"。从权利归属来看，著作权的权利归属经历了从"作者权体系"下保护创作者利益，演变为"版权体系"下以保护创作者利益为原则，兼顾投资者利益，并尊重意思自治的多元利益主体考量。因而，技术推动下的著作权制度应当对算法生成物因自动创作过程而引发的这些问题进行回应。以著作权哲学基础的"劳动财产学说"为基础，算法生成物实则是人类通过特有"劳动"生产，此外，从"共有"层面来看，算法生成物的权利取得符合消极共有，从"理性"层面来看，算法生成物的保护并不会导致公共领域的减少，而从"提供便利"来看，算法生成物可以契合公共利益的增加。而"主客分离评价"又为算法生成物的著作权保护提供了更好的证成。其主张作品与作者进行适

---

　　① 申卫星，刘云. 法学研究新范式：计算法学的内涵、范畴与方法［J］. 法学研究，2020，42（5）：3-23.

度分离评价，却不完全割裂作者的人格要素。因为从"作品中心主义"出发，作品中蕴含的思想是由读者进行评价的，而"图灵测试"和"汉字屋测试"也恰恰证明了作者的"自由意志"是可以通过价值选择的。有鉴于此，"主客分离评价"可以为算法生成物的独创性标准以及权属提供证成。当算法生成物符合著作权发展规律、权利取得正当、实现作品传播和著作权保护范围的相应标准，便需要考量著作权归属分配。从利益衡量出发，算法生成物的多元利益主体应当在坚持私人利益与公共利益平衡的基础上，考虑私人权利占有换取最终利益分配。

以交叉视角下的理论分析来看：以符号学的传播视角为基础，首先，算法生成物从本质上来看实则是一种可以传播的客观符号，且这种符号基于与作品同样的外观，而导致其能够同样传播作品所带来的精神需求。其次，算法生成物实则是人类通过技术发展的新人类创作物，只不过人类需要挖掘更多潜在的思想，从而借助算法进行创作分析。最后，算法生成物基于算法的数据挖掘和审美预设，实则更好地能够作为一种传播符号用以实现作品的精神功能。以激励机制的制度经济学分析算法生成物的认定，可以将其归属于哪方主体可以更好地促进算法生成物实现著作权价值的实现。

综上所述，算法生成物的著作权保护以技术推动为基础，以哲学理论为证成，综合分析著作权客体的传播价值和认定标准以及权利分配的基础上，为算法生成物的著作权保护提供理论基础。

第三章 算法生成物的可版权性论证

　　算法浪潮袭来，带动了全球算法生成物的发展，在这场与算法生成的博弈中，各国都在因算法生成物是否构成著作权法保护的作品进行博弈。在"思想表达二分法"的著作权作品保护基本原则下，各国基于对"表达"的不同理解，分化出对算法生成物的不同看法。且各国基于制度构建的个性化差异与不同价值趋向，呈现出不同的制度效果。基于此有必要对目前著作权下算法生成物的可版权性进行考察，总结国外算法生成物的著作权立法趋势与优秀经验，并反思其中的不足与缺陷，以完善算法生成物的作品构成要件。

第一节　算法生成物的著作权客体保护选择

　　一般而言，作者的创作活动可以概分为两个部分：一部分是存在于作者大脑中的思想内容，与作品所具有的思想内涵有关；另一部分是外化于作者大脑的思想表达，这种表达是作品创作完成的最终形态。基于思想表达二分法中思想与表达含义的不同理解，算法生成物则产生了作为著作权作品保护的立场与不作为著作权作品保护的立场。

一、思想表达二分法的著作权作品界定原则

思想表达二分法是立足于权利保护与公有领域保留的原则，用于表明作品中具备高度抽象层次的内容，如思想、概念等不能纳入著作权保护的客体范围。从而排除了包含纯思想要素和公有领域的内容。著作权排除"思想"的保护是基于知识的公共属性，旨在防止权利保护阻碍社会公众对作品中思想的进一步使用，故而提取出作品的公有领域知识，并将其排除在作品的著作权保护范围。正如大法官布兰迪斯曾说："人类创造的知识、真理、概念和思想，在传递给别人后，就可以像空气一样被公众自由使用。"[①]基于思想表达二分法原则，通常认为著作权以"表达"对作品进行认定。但在具体的作品判断中，一些实践将作品与"表达蕴含思想"联系起来。在算法生成物还没有在其作为著作权作品达成统一意见时，基于思想表达二分法的原则，算法生成物便出现在了未纳入著作权作品保护的国家中，趋向于归为公有领域的观点。这一点不仅是源于算法生成物是"算法"的"数字傀儡"[②]，还源于有学者认为算法生成物是脱离了人类思想的纯粹形式意义上的文字内容，将算法生成物认定为著作权法意义上的作品将掣肘著作权法的价值追求。[③]但显然，基于此观点的学者仅将思想表达二分法的原则利用在界定算法生成物的表达不是思想的表达。实则，思想表达二分法仅仅是一种基本的理论工具，表明了作品中具备很高抽象层次的内容如作品思想、主题等已经远离了作品独创性的抽象层次结构，适宜将其归为著作权排除客体而排除在外。因此，作为著作权作品保护的基本原则，研究思想表达二分法有助于分析算法生成物在现行立法没有达成一致的前提下，能否通过这一理论进行重新解读。

---

① Int'l News Serv. v. Associated Press, 248 U. S. 215, 39 S. Ct. 68, 63 L. Ed. 211 (1918).

② 江帆. 论人工智能创作物的公共性 [J]. 现代出版，2020（6）：29-36.

③ 郭如愿. 论人工智能生成内容的信息权保护 [J]. 知识产权，2020（2）：48-57.

（一）思想表达二分法的发展

思想表达二分法的原则确立就是为了界定哪些能够被纳入著作权客体，哪些不能被纳入著作权客体，且著作权客体范畴不包括无法区分思想与表达的那些内容。著作权的思想与表达是一种隐喻（metaphor），思想暗指不是著作权客体，表达暗指是著作权客体，"思想"不是认识论的概念，而是经由合理化竞争提示的观念（通常是没有明确表述和未经证实的）所导致的法律结论。[①]因此，著作权才会附加"思想"这一标签，防止因"思想"受到著作权保护而导致后续成本的增加。

思想表达二分法实则起源于德国18世纪下半叶，德国有学者认为作品与构成作品的社会事实之间存在一定区别，因为作者不能禁止他人对社会事实的自由使用，从而形成"思想表达二分法"的雏形。而后，德国另一位学者费希基于作品与社会事实的划分，形成了"内容"与"形式"的划分理论。从费希的观点来看，"内容"实则是"思想内容"，而"形式"则是"思想的表现形式"。随后，美国通过判例法推动了这一原则的发展。1858年，美国法官厄尔在其判例中明确阐述：权利的主张仅限于表达，而不能及于思想。[②]此后，美国法院将其作为理念并在司法实践中践行。1879年，美国最高法院审理了Baker v. Seldon一案，并针对一种简要记账分类方式（Selden's Condensed Ledger）进行版权限制探讨。Seldon对银行表格等一些公知内容进行特定编排，并对记账方式设计出特定的标题和栏目。而Baker同时也设计出一种记账方式，这种记账方式和Seldon设计的几近相同，但记账方式的特定的标题和栏目命名不同。那么，Seldon是否就可主张Baker不能使用该记账方法。法院首先肯定了这种记账方式虽然是对公知领域的注解，但基于具体表达仍然可以纳入版权保护的客体范围。其次，法院认为Seldon所表述的记账方式是一种方法，这种技术方法可由

[①] Edward C. Wilde. Replacing the Idea/Expression Metaphor with a Market-Based Analysis in Copyright Infringement Actions [J]. Whittier Law Review, 1995, 16（3）：793-844.

[②] 曹伟. 计算机软件版权保护的反思与超越 [M]. 北京：法律出版社，2010：33.

专利权保护，但并不是版权保护的范围，这种记账方法通过不同的标题和栏目进行表述出来，就不能被认为是侵权。①1883 年法国与德国和 1884 年法国与意大利签订的双边协议中也指出，作品这一"表达"包括的具体作品类别。②1886 年，《伯尔尼公约》第 2 条规定了具体的作品类型，并指出作品可以通过"任意方式出版"。经过很长时间的探索，美国最高法院在 1954 年审理 Mazer v. Stein 中明确指出，版权只保护思想的表达而不保护思想。③而《伯尔尼公约》第 2 条也演变为作品"不论其表现形式或方式如何"，就像该公约保护科学文章而不保护科学发现那样，著作权客体应当是表达而非作品中体现的思想。④因此，思想表达二分法的理论实则重点强调作品首先应当具备表达的呈现。

此后，"思想表达二分法"便成为作品能否纳入著作权客体的基本原则。思想表达二分法通过发展，目前演进为两个路径，一是直接通过立法规定，将作品的思想排除在外。除却《美国版权法》的规定之外，《巴西著作权法》指出，作品是指智力创作成果，无论其表达形式如何，也无论其以任何有形的无形的载体固定；著作权的保护应延及作品的文学或艺术形式而不保护思想、标准化程序、系统、方法等。⑤此外，在1994 年的《知识产权协定》中，该协定指出版权仅延及对表达方式的保护，而不对思想类加以保护，且 1996 年的《世界版权条约》重复了《知识产权协定》的这一规定。二是仅以著作权保护作品的表达方式间接体现这一原则。如在《日本著作权法》和《德国著作权法》中其涵盖的是文学、科学、艺术和技术等形式。

但思想与表达并非能够全然分开，由此产生了思想与表达的混同，因

---

① Baker v. Seldon. Supreme Court of the United States. 101 U. S. 99（1879）.

② 分别参见 1883 年 4 月德国与法国、1884 年 7 月法国和意大利签订的双边协议第 1 条规定。

③ Mazer v. Stein, 347 U. S. 201, 206（1954）.

④ ［英］埃斯特尔·德克雷. 欧盟版权法之未来［M］. 徐红菊，译. 北京：知识产权出版社，2016：32.

⑤ 参见《巴西著作权法》第 7 条。

此在这一层面的表达也无法纳入著作权客体范围。就像一个分为三层倒金字塔（如图 3-1），最底层的是思想，是不纳入著作权客体的部分；中间是思想的表达，通常是独创性内容；顶层则是作品的最终表达方式，如印刷在纸张上的文字作品。但无论是思想与表达之间还是表达与表达方式之间，均存在一条交界，交界线明确了表达乃思想的延伸，表达方式乃表达的延伸。一旦上层延伸受限，也就是思想无法触及无限性表达方式，从而停留在有限的思想层面，即表达方式限制表达，从而限制思想导致思想表达混同。[①] 如"云智能"直接表示了云计算技术的智能型特征，与所表述的内容直接紧密结合，表达亦属思想范畴，故无法纳入著作权客体范围保护。再如，著作权制度明确排除了通用表格等因规范性统一导致的思想表达混同。一言以蔽，当思想在抵达表达层面时，因表达方式仅限于一种或者有限的几种时，则无法纳入著作权客体之中，也正因如此，思想与表达的区分在一定程度上需要进一步进行独创性判断，而思想表达二分法仅需强调著作权客体的表达层面即可，故在该层面，算法生成物则已满足著作权的作品保护原则。

图 3-1　"思想表达二分法"的倒金塔

（二）思想表达二分法的解读

思想表达二分法作为著作权领域的基本准则之一，若要在其范畴内探讨本质内涵，则既不能规避"思想"也不能规避"表达"。若不经过表达，思想只能以意念形态的方式存在，且这种意念与"形而上"的精神没有任

---

① 何怀文. 中国著作权法：判例综述与规范解释［M］. 北京：北京大学出版社，2016：274-276.

何区别，也不产生任何价值。①

1. 哲学基础：表达与思想存在分离

哲学理论是探究思想表达本质内涵的首要基础。思想表达二分法源于法哲学将作品分为"形而下"与"形而上"两部分的抽象原理。②"物"是不可能承担责任主体的东西，是自由意志活动的对象，它本身没有自由，而法律只考虑人意志行动的形式，并不考虑意志行动的具体内容。③Solum强调了人所拥有的六个属性，即灵魂、意识、意向性、感情和自由意志，且意识和意向性直接与个人的自我决定论联系在一起，没有这两个属性，个人权利主张就会不一致。④依据胡塞尔的理论，意向性是思维活动与某物的关系，这种物则是意向的对象。任何思维现象都有其对象性的关系，且思维现象中存在客观实在性内容，基于诸因素综合的是在内容在意义上构成思维现象，因此客观实在内容基于本质不同而被意指为不同的构造对象，因此思想基于思维活动，必定具有意向性。⑤

此外，思想是一种动态过程，人们将客观存在经过大脑车间的运作而产生一定结果，且这种结果因个人思维活动不同而产生的结果不同。在胡塞尔看来，思维活动的内容和客观存在是不同的，它们的区别在于：内容是关于思维活动所指向客观存在的东西。通过内容，意识活动指向客观存在，所以"我们从不说一个意向的内容意味着一个意向的对象"。⑥同样

---

① 俞鼎起. 智本论：第 1 卷 劳动与思想［M］. 北京：中国经济出版社，2017：224.

② 王凤娟，刘振. 著作权法中思想与表达二分法之合并原则及其适用［J］. 知识产权，2017（1）：87-92.

③ 宋戈. 作品"实质性相似＋接触"规则研究［D］. 武汉：中南财经政法大学，2019.

④ Dina Moussa, Garrett Windle. From Deep Blue to Deep Learning: A Quarter Century of Progress for Artificial Minds［J］. Georgetown Law Technology Review，2016，1（1）：72-88.

⑤ 章启群. 意义的本体论：哲学解释学的缘起与要义［M］. 北京：商务印书馆，2018：24-25.

⑥ 章启群. 意义的本体论 哲学解释学的缘起与要义［M］. 北京：商务印书馆，2018：27-28.

是路边的野花，小明的思想可能是路边的野花，而小红的思想则是漂亮的野花，小王则可能认为这是一株坚强且向阳而生的野花。但如果三人并不将其思想加以表达，不管对路边的野花经过多么长期刻苦的思考并形成多少思想，只要尚未以某种方式和途径表达出来，就不能被他人吸收和运用，就没有社会作用和现实价值。[①] 这些尚未表达的思想只能局限于个人，不属于社会。基于此，思想以客观实在为前提，但因为思维活动所反映客观实在的内容不同，需要加以表达从而体现出人的思想的不同。

可见，"形而上"的思想需要以"形而下"的客观实在为基础，"形而下"的客观实在通过"形而上"的思想进行表达才能展现出客观实在的不同内容。但从德国著作权对作品具备的精神层面的内容、表达形式以及独创性三个构成要件来看，德国著作权制度将作品"形而上"与"形而下"进行了区分，知识通过思想、表达的一体两面从而共同构成了作品的内容。如果通过"形而下"的客观实现，去探寻"形而上"的抽象性思想评判这一路径来看，从算法生成物的"表达"路径，去评判其"思想"的内在也并无不可。

2. 著作权制度价值体现的表达本质

从思想表达二分法的立法来看，思想表达二分法的本质在于界定著作权保护客体的领域与范围，是为了强调思想必须经过表达才能取得著作权的保护。没有表达就没有交流形式，而交流在于需要将思想进行表达，否则思想就只能存在于人类个体的大脑中。因此，一个作者必须既是思想者，又同时是表达者，只有借助表达的交流形式，才能体现出作者到底具备了怎样的"思想"。[②] 但著作权制度将其划分为保护领域与不保护领域的根本实则并不是为了确定其"表达蕴含思想"，哲学为版权保护表达不保护思想提供理论层面的价值，而著作权制度本身表明"思想"并不单纯是哲

---

① 俞鼎起. 智本论：第 1 卷　劳动与思想［M］. 北京：中国经济出版社，2017：224.

② 李雨峰. 思想／表达二分法的检讨［J］. 北大法律评论，2007（2）：433–452.

学范畴内的思想。

考默萨认为，"如果原理中的术语看起来有些模棱两可，有经验的法学家就应该知道从制度选择和制度比较的角度去寻找问题的解。"①因此，著作权制度的"思想"应体现在著作权赋予权利人的权利所不能到达的范围，且这些范围或多或少都影响了著作权制度价值的实现。因此，从著作权制度的价值出发，思想表达二分法原则的确立则是为了鼓励将思想进行表达从而服务公共利益。

著作权保护不延及的领域分为思想概念、抽象内容、作品表达之基本元素、作品思想之实施行为。思想概念为创作的观念、风格；抽象内容代表了系列概念的组合，作品表达之基本元素则是特定情境、有限表达和公共素材；作品思想之实施行为则是实施作品表达所含思想（比如行动方案或技术方案）不受著作权法调整。版权领域内的思想即是所有阻碍公共文化传播的均为"思想"。"将业经默示者予以明示则无济于事"。②以武松打虎为例，《水浒传》是首创武松打虎的文字作品，依法纳入著作权作品的范畴。但如果因此而阻碍人们基于思想，而无法对武松打虎进行绘画表达，则无法体现著作权的制度宗旨。因此，著作权制度价值的实现才是区分"思想"与"表达"的关键。

"思想应如空气那样自由，没有人能对它主张所有权。"③思想表达应当归属权利人控制，但"思想"在表达之后，也应当脱离权利人回归到公共领域。如果仅从哲学价值区分"思想"与"表达"，便可认为只要将思想加以表达即可，无论是路边的野花，还是特定的武松打虎，都是人的思维活动的动态过程，但如果将这些客观存在的反映也给予著作权保护，则意味着路边的野花这一客观存在不能出现在社会交流之中，一旦出现，则意味着侵权。但著作权制度的本意不在于此，其调整的是后续文化创作

① ［美］考默萨. 法律的限度：法治、权利的供给与需求［M］. 申卫星，王琦，译. 北京：商务印书馆，2007：191.

② 陈中绳. 英美法律谚语和俗语［J］. 法治论丛，1990（5）：86-94，6.

③ 李雨峰. 中国著作权法：原理与材料［M］. 武汉：华中科技大学出版社，2014：52.

的传播，是为创作行为提供自由可供选取的"思想"，如果思想表达阻碍了著作权制度的价值实现，那么思想表达就是"思想"。

基于此，著作权制度下的"思想表达二分法"实则是一种利益衡量后的价值选择。有些观点认为"表达蕴含思想"，是为了从作品中找寻"作者的思想感情与强烈的人格特征"，这些具有智力劳动的内容才符合"劳动财产学说"的观点。但德国学者费希将素材、形式概念纳入著作权保护的客体中，认为应当在实践中把作品的内在与外在区分开来，即将作品之内容分为形而上与形而下的两个方面。[1] 因此，著作权保护作品内容的观念为美国 Feist 案的思想表达确立提供了基础，但与此同时，却因 Feist 案确立了"表达蕴含思想"。现在，"表达蕴含思想"的"思想"需要作出进一步解读，因为在著作权保护的作品中，作者已经不再是一个个体，他们演变为一些强大经济力量[2] 的多元主体。著作权开始保护雇佣作品、计算机软件等这些直接与作者"思想"无关的内容。因此"思想表达二分法"的"表达蕴含思想"的"思想"早已模糊。

（三）算法生成物与"思想表达二分法"原则

算法生成物可以被认为是改变了知识产权的存在方式。[3] 算法生成物的不同类别，均在表达层面具备与作品同样的外观，因此满足了"表达"的内涵。但算法生成物的产生，仍旧对著作权作品保护的基本原则"思想表达二分法"造成冲突，原因在于算法创作物不会像科幻小说那样将人类大脑与算法进行生物学连接，因此导致是否具备"思想"的质疑。

当著作权法用思想与表达二分法确定著作权作品时，其本意是为了确定"表达蕴含思想"还是仅限于"表达"则有待探究。基于前文符号学视角，算法生成物是算法取代人类创作思维的产物。人类创作是以理解符号意义

---

[1] 宋戈. 作品"实质性相似＋接触"规则研究［D］. 武汉：中南财经政法大学，2019.

[2] 胡开忠. 知识产权法中公有领域的保护［J］. 法学，2008（8）：63—74.

[3] 吴汉东. 中国知识产权理论体系研究［M］. 北京：商务印书馆，2018：94.

为基础的，算法使符号的转化不再需以理解符号意义为前提，因此算法生成物所呈现的符号排列组合是算法本身取代思想的具体运用而将思想转变为表达。且算法生成物基于大数据驱动的算法优化，可以在具有明确指令的情况下，保证算法生成物获得预期作品或者人类局限性思维下的新意作品。在人类创作模式下，由于脱离直接表达的抽象思想和创作模式原则上均得不到保护，所以在一定程度上缓解了界限模糊的问题。① 算法生成物直接面临算法是否属于思想，或者不具备思想而不受保护的问题。算法生成物的生成阶段没有人类的直接参与，算法生成物仅在形式上具备了作品的外观，而实质上却同人类劳动范畴的"思想"相去甚远，因为它只是一种依赖指令的被动执行过程，并未渗入任何人的谨慎勤勉的劳动。② 思想表达二分法虽然可以从表达开始进行断定，但仍同时需要通过抽象、过滤等方式，将作品的表达内容与思想情感分离，因此，如果不在思想与表达二分法原则之外有一定例外或者弹性③，将难以为算法生成物合理界定保护对象，或者直接将算法生成物纳入公共领域。

例如，在 Google v. Oracle 一案中，谷歌认为甲骨文用于开发 Java 的 API 端口是处于源程序和目标程序之间进行相互通信的语言，因此他就像操作开关机的指令一样，无法对 API 的端口作出其他选择。在这一情况下的 API 端口仅是一种特定的表达，这种表达无法体现出人类的"思想"，因为 API 端口一旦有了其他设定，便无法实现这些其 API 设计的最终目的。因此 API 端口在思想表达二分法层面的解读成为 API 端口能否受保护的关键，鉴于该案仍未作出裁决，可以想象如果对 API 进行保护，则会造成端口兼容性付费的危险，如果不纳入保护则不会激励新 Java 程序的研发，而

---

① 刘强，刘忠优. 人工智能创作物思想与表达二分法问题研究［J］. 大连理工大学学报（社会科学版），2020，41（3）：80-88.

② 黄玉烨，司马航. 孳息视角下人工智能生成作品的权利归属［J］. 河南师范大学学报（哲学社会科学版），2018，45（4）：23-29.

③ 李雨峰. 版权的正当性：从洛克的财产权思想谈起［J］. 暨南学报（哲学社会科学版），2006（2）：72-77，150.

这一结果正如目前算法生成物所面临的著作权保护困境一样。但与 API 端口不同的是，算法生成物与人类作品在整体风格上产生相似，却又有别于人类既有作品。就像人类在自身创作过程中离不开学习、探索和模仿过程一样，算法生成物的产生也是属于"思想"范畴的。

诚然，没有简单的规则来区分思想和它们的表达方式。① 在文本生成过程中，算法生成实现了思想与表达的分离，自然人只是向算法贡献了的创作思路、创作思想或素材，算法生成物则是独立地对自然人提供的创作思路、思想或素材进行了具象化表达。② 如果仅以符号学视角分析算法生成物的可版权性，则只需在表达层面探讨算法生成物能否实现人类理解符号和传播价值即可，因为思想与表达之间的区分之所以具有实际意义，在于思想可以被外化并固定在某种表现形式之中。③ 但如果必须考虑"表达"来源的基础在于"思想"，那么则必然无法满足。不过，作品思想与表达的区分本身属价值判断，它源于经验与直觉。假设以符号学基础将算法生成物区分为外在表现形式与内在表现形式下，以内在表现形式的算法判断思想，则可以扩大"思想"来源范围。就像法院在案中指出，如果法院严格维持表达必须具备思想作为版权法的核心支柱，算法生成物的"表达"将陷入形而上学的泥潭。④

二、算法生成物的非著作权作品保护分析

算法生成物是否构成著作权作品一直存在争议，且正因为没有明确立法导致算法生成物在未纳入著作权作品范围下产生了归为公共领域的算法生成物和以其他路径保护算法生成物的学理探讨和具体立法实践。以计算

① Lotus Dev. Corp. v. Paperback Software Int'l, 740 F. Supp.37, 53（D. Mass.1990）.

② 曹新明，杨绪东. 人工智能生成物著作权伦理探究［J］. 知识产权，2019（11）：31-39.

③ 刘强，刘忠优. 人工智能创作物思想与表达二分法问题研究［J］. 大连理工大学学报（社会科学版），2020，41（03）：80-88.

④ Apple Computer, Inc. v. Franklin Computer Corp., 545 F. Supp. at 825.

机生成物为出发点，以美国为代表的坚守思想表达二分法原则的国家目前认为算法生成物不应认定为作品，由此便引发了公共领域的算法生成物探讨。澳大利亚则将算法生成物作为邻接权客体。日本基于对算法生成物的重视不仅在著作权制度中试图找寻合适路径的同时也规定了反不正当竞争的保护。

（一）将算法生成物归为公共领域

1.算法生成物归为公共领域的认定

1965 年，美国版权局就已经对计算机生成能否作为版权登记的问题产生了争议，但基于当时技术的复杂性和司法的难易操作性并未得出最终结论。[①] 而在 1978 年，新科技应用版权委员会（"CONTU"）认为，人工智能生成物这一概念尚处在假设阶段，因此，并没有合理的依据来支撑计算机在创作中具有显著的贡献和主动创作性。[②] 没有合理的依据认为计算机在作品生成过程中作出了类似作者的贡献，因此不满足著作权作品的规定。该报告中仍指出，满足该法要求的思想表达二分法是对算法生成物进行版权保护的主要障碍，因为要保护的"表达"必然假定存在要表达的基本思想，而算法生成物的趋势是尽量减少人为投入，以产生明显的创造性结果，虽然由此产生的程序可能包含一个复杂的、独特的，或者故事是一个看似连贯的情节，但其产生的这些"表达"不能说是"程序员思想"的表达。[③]2014 年，美国版权局基于 Trademark Case 中版权保护的果实是建立在头脑的创造力中的观点，认为计算机生成的具有任意性（random）的内容，就像一种任意的织布机（weaving machine），这种随机或自动运行的机器或纯机

[①] U.S. Copyright Office，Compendium of U.S. Copyright Office Practices 313．2（3rd ed．2014）．

[②] National Commission on New Technological Uses of Copyright Works Final Report 43–44．1978．

[③] Timothy L.Butler．Can a Computer be an Author：Copyright Aspects of Artificial Intelligence [J]．Journal of Communications and Entertainment Law，1981，4（4）：707–748．

械过程制作的作品，无法对其进行注册。① 此后，美国版权局在第三版《美国版权局实践纲要》的最新指南中，明确表示其不会为机器创作出来的作品进行登记，只会为由自然人创作出来的具有原创性的作品进行登记，因为版权法的保护客体是自然人的智力劳动成果，重点在于作品的原创性，而非任何机械性的工作。② 因此，美国版权局认为是由机械性活动创造出来的算法生成物并不是版权保护的客体。

而基于算法生成物不纳入著作权客体的范畴，有学者指出算法生成物应当归为公共领域。③ 一方面，这有利于解决主体资格认定的难题；另一方面，从法律和经济学的角度来看，最有效地利用资源是将算法生成物直接发送到公共领域，从而最大限度地为整个社会带来利益。④ 将算法生成物归为公共领域源于公共知识。公共知识，也被称为公共领域或公有领域，在知识产权语境中，是一块真正的公地，由不适合于私人所有权的知识要素构成。⑤ 公共知识在著作权领域一般包括两个方面：一是各种不受著作权法保护的作品；二是作品中未受保护的那部分知识。也就是说，作品中

① U.S. Copyright Office. Compendium of U.S. Copyright Office Practices（3rd edition，2014）. Section 306.

② Andres Guadamuz. Do Androids Dream of Electric Copyright? Comparative Analysis of Originality in Artificial Intelligence Generated Works［J］. Senior Lecturer in Intellectual Property Law, University of Sussex.

③ Erickson K et al. Copyright and the Value of the Public Domain：An Empirical Assessment［J］. Intellectual Property Office，2015（44）；Victor M. Palace（FNa1）. What If Artificial Intelligence Wrote This? Artificial Intelligence and Copyright Law［J］. Florida Law Review，2019，71（1）：217-241；Atilla Kasap. Copyright and Creative Artificial Intelligence（AI）Systems：A Twenty-First Century Approach to Authorship of AI-Generated Works in the United States［J］. Wake Forest Intellectual Property Law Journal，2020，19（4）. 参见郭如愿. 论人工智能生成内容的信息权保护［J］. 知识产权，2020（2）：48-57；朱梦云. 人工智能生成物的著作权归属制度设计［J］. 山东大学学报（哲学社会科学版），2019（1）：118-126.

④ 朱梦云. 人工智能生成物的著作权归属制度设计［J］. 山东大学学报（哲学社会科学版），2019（1）：118-126.

⑤ Justim Hughes. The Philosophy of Intellectual Property［J］. Georgetown Law Journal，1988，77（2）：287-366.

存在着公共知识，如果他人仅仅利用作品中的公共知识部分，则并不侵犯该作品的著作权。而公有领域的内容既可以是抽象思想，也可以是客观事实等，因此算法生成物的产出则在一定程度上满足客观事实的界定。此外，由于知识产权的保护客体的产生需要汲取公有领域内的知识，而知识产权在符合法律规定情形之后（例如超过法定保护期）将会归入公有领域范畴，二者在特定条件下可以相互转化。[①] 德国当代法学家雷炳德教授也认为每部作品在具有独创性的部分之外，还包括属于公共精神财富的组成部分，后者不属于著作权作品的范围，人人可以自由使用。[②] 因此，当算法生成物以自由使用落入公共领域，将有助于降低他人创作成本，促进文化繁荣。相对于私权赋予，算法生成物的公共性定位可能不仅有利于社会的公共性使用，而且可能避免"数据圈地"和"版权末日"。[③] 因此，算法生成物应当在公共知识的基础上被纳入公共领域。

算法生成物归为公共领域的情况，从目前来看均是一种学理上的解释。这种解释源于算法生成物虽然不受著作权保护，但是并不确定是否受其他相关的立法保护，由此基于公共利益的价值衡量而产生的结果。

2. 归为公共领域的审视

将算法生成物归为公共领域的观点认为，算法生成物是算法的"副产品"，等同于自然界中发现或创造的东西，[④] 算法生成物不管在作品最终呈现上有多么大的突破，也"与风吹过风铃产生的音乐没有任何区别"，应该由全社会共同享有，永远属于公共领域。这种观点开始在极大程度上利用利益衡量为公共利益提供了证成，但算法生成物归为公共领域一方面

---

① 曹新明. 知识产权与公有领域之关系研究［J］. 法治研究，2013（3）：30-41.

② 王坤. 论著作权保护的范围［J］. 知识产权，2013（8）：20-24.

③ 宋红松. 纯粹"人工智能创作"的知识产权法定位［J］. 苏州大学学报（哲学社会科学版），2018（6）：55.

④ Amir.H. Khoury. Intellectual Property Rights for Hubots: On the Legal Implications of Human-like Robots as Innovators and Creators［J］. Cardozo Arts & Entertainment Law Journal, 2017, 35（3）：635-668.

具有实践困难，一方面违背其经济维度的价值。

首先，公众很难区分算法生成物和作品。如果将算法生成物归为公共领域，那么算法生成物的持有人首先并不会告知具有"作品外观"的算法生成物并非人类创作，为了取得著作权归属，算法生成物的持有人便直接将其通过署名或者版权登记在其名下。因此，算法生成物在具体的商品流通时，算法生成物便被淡化，公众只会认为其所接触和传播的就是著作权保护的人类创作的作品，这样无意中扩大了人类创作作品的寻租成本。此外，如果将算法生成物直接归为公共领域，还会产生大量"孤儿作品"。

其次，贸然将算法生成物归为公共领域，则直接否认了人类的劳动。究其算法生成物的根源，人类的劳动体现在对算法的设定、研发以及驱动之上。无论是设计者，还是最终为算法生成物的产生进行指令的实际使用者，只不过其区别在于，对算法生成物的劳动体现在算法生成的预设，还是在后期筛选或者指令输入的劳动。但从根源来说，算法生成物的产生就是人类通过预先进行算法设定而生成的劳动成果，只不过最终的"成果"和人类之间产生了时间差。基于"劳动财产学说"，将其归为公共领域违背了著作权保护作品的制度本意。

最后，归为公共领域的算法生成物不利于公共需求的发展。算法生成物是相较于人类创作物，在分析了公共需求的基础上，能够为公众提升文化满意度的一种产品。虽然算法生成物的算法从本身来看需要激励，但是研发算法的人或投资者需要激励。从虚拟现实的新型表达来看，如果算法生成物无法进行著作权保护，那么算法生成物的虚拟现实类型也无法纳入著作权客体范围。算法生成物的技术发展对其相关的衍生技术提供便利，例如虚拟现实的人类体验感可以在不同的场景中再现并优化，单纯依赖人类创作，不仅劳动成本将变高，虚拟现实也最终无法良性发展。不仅如此，算法生成物是在大量研发成本的投入下产生，如果算法生成物没有明确的确立基础，不仅对算法生成物产生影响，更会导致研发的止步，那么算法生成物最终的消亡，使得人类创作回归至原始状态，最终导致归为公共领域的文化产品减少。

可能意识到如果不将算法生成物认定为著作权法意义上的作品就真的会带来公共领域的问题，2017 年欧盟议会通过了《关于机器人的民法规则》，并在此讨论中指出，如果将算法生成物归为公共领域也应当同时设立"传播者权利（Disseminator's Right）"，就像《欧盟保护期限指令》（EU Term of Protection Directive）为了刺激出版商出版图书那样，用以刺激算法生成物的产生。① 2019 年，美国专利商标局（USPTO）发布了《人工智能创新知识产权保护征求意见》，就关于人工智能的内容扩大至版权的保护公开征求意见。② 这次公开征求意见表明美国对算法生成物的著作权保护发生了重大转变。

因此，归为公共领域的算法生成物，无论从算法生成物的实际流通，还是出于对人类劳动的维护，抑或对算法生成物的最终价值考量，均产生不利影响。因此，算法生成物的可版权性不能片面在知识产品的公共性理论基础上，就否认对算法生成物进行可版权性认定的价值。

（二）算法生成物作为其他法律客体的保护

目前，算法生成物受著作权制度之外的保护在其他国家和国际组织已有相关立法规定，主要以反不正当竞争法和邻接权保护两种保护模式呈现。《日本反不正当竞争法》的保护主要基于鼓励市场经济的层面，而邻接权保护的模式可以解决算法生成物在可版权性层面的不适性。

---

① Ana Ramalho. Will Robots Rule the（Artistic）World?A Proposed Model for the Legal Status of Creations by Artificial Intelligence Systems[J]. Forthcoming in the Journal of Internet Law，2020，21（6）：12-25.

② Kit Walsh. USTPO Request for Comments on Intellectual Property Protection for Artificial Intelligence Innovation[J]. Electronic Frontier Foundation，2020.

1. 日本将算法生成物视为《反不正当竞争法》的客体

2016 年，日本知识产权战略针对人工智能生成内容[①]的客体保护，对《反不正当竞争法》进行了相关条文的修订。在其《反不正当竞争法》的立法内容中，其试图建立一种类似于表达的人工智能生成内容注册制度，并以此来解决其无法认定著作权作品的问题。日本将人工智能生成内容纳入《反不正当竞争法》的客体保护之中，不仅可以对人工智能生成内容的擅自利用行为予以规制，还可以在一定程度上对其投资者的主体加以确定。因此，日本《反不正当竞争法》的立法目的在一定程度上可以通过促进现阶段算法生成物在音乐、小说、绘画等短时间内大量创作的成果商品化价值得以实现，从而实现维护其在市场交易的地位，保证交易能够有效进行。

由上所述，日本对于算法生成物的保护探讨，集中考虑投资者的利益因素，确保其成本能够有效收回，从而保障其良性有序的发展。此外，反不正当竞争法的立法目的在于保障市场经济的充分发展，鼓励市场竞争，实现对竞争参与者的合法保护，在反不正当竞争法中，市场经营者是其保护主体。相较而言，反不正当竞争制度虽与著作权制度在客体的保护方面存在重叠的交叉部分，并且通过《反不正当竞争法》能够满足产业链条的实际需求，但在事实上，两者的立法目的和基本原则仍存在很大差异。反不正当竞争法的立法宗旨是规制市场不正当竞争行为，而算法生成物中包括的公共权益和私人权利，以及多元利益主体的权益冲突问题，反不正当竞争法却无法作出解答。

2. 澳大利亚将算法生成物视为邻接权客体

就目前而言，将算法生成物作为邻接权客体的认定仅在澳大利亚立法中以"计算机生成作品"的规定出现。虽然 1993 年澳大利亚司法部下设的版权法审议委员会发布《计算机软件保护报告》中曾将算法生成物加以

[①] 因日本《反不正当竞争法》中采用人工智能生成内容的用语，笔者在此为了尊重日本法律规定的原文，采用人工智能生成内容的表述。

保护，但澳大利亚版权法审议委员会于 1995 年正式发布的《计算机软件生成报告》认为，"'计算机生成的材料'（computer-generated material）作为邻接权保护对象也是适当的。"[①] 而国际保护知识产权协会（AIPPI）在《AI 决议》中也指出：人工智能生成物只要满足邻接权保护的条件，就应当获得保护。[②] 但 AIPPI 这一决议在澳大利亚的邻接权客体保护之后，其为算法生成物的邻接权保护提供的指导有待各个国家后续的立法采纳。

从澳大利亚针对"计算机生成的材料"的定义来看，其应用于算法生成物的保护具有意义。因为将算法生成物作为邻接权的客体认定，既不必要证成其必须是"蕴含思想的表达"，也不需要对其归属主体的"作者"进行认定，还能在一定程度上缩短保护期限，促进公共文化的传播和增加公共知识。但邻接权一方面不要求"思想"的同时，也降低了算法生成物的质量。数量极其丰富而质量极其低下的所谓"作品"只会在降低公有知识水平的同时，大量消磨了具有作品创作抱负的个体的时间与精力，最终使"劣币驱逐良币"现象出现在文化领域。[③] 因此，若要实现整体文化的提升，仍要运用著作权法确保算法生成物能够维持在"作品"构成要件的水平。

综上所述，在"思想表达二分法"的基础上，无论是将算法生成物归为公共领域，还是将算法生成物作为其他制度的客体加以认定，其本质上均是坚持了表达蕴含思想的导向。但事实在于，算法生成物的商品化特征，是导致消费者出于其权利外观而产生的著作权"作品"交易的信赖，才会使当事人进行交易。如果交易双方当事人的意思、权利等因素表里不一时将产生冲突，此时应按照外观特别是交易相对人有理由地对该外观产生信

---

① Copyright Law Review Committee. Draft Report on Computer Software Protection [R]. Office of Legal Information and Publishing, Attorney-General's Department, 1993: 8.

② http://www.aippi.nl/nl/documents/Resolution_Copyright_in_artificially_generated_works_English.pdf.

③ 郭如愿. 论人工智能生成内容的信息权保护 [J]. 知识产权，2020（2）：48-57.

赖，此时两害相权取其轻，优先对该外观的合理信赖赋予法律效果。[①]此外，算法生成物作为其他财产形式，如果进行重新设定，那么其权利内容的设计、权项内容的设计、与现有归为作品的法律效果差异性在哪，都需要进行立法必要性和制度成本的考量。

三、算法生成物的著作权作品具体类型保护分析

无论是本研究定义的算法生成物，还是现阶段学术界广泛研究的人工智能生成物或与之类似的用语，除了国际组织和一些国家指出算法生成物被视为著作权作品之外，还未有明确的作品类型。追溯至算法所借助的计算机载体，可以参照计算机生成（computer-generated）作品的著作权立法规定。甚至有学者称，"人工智能创作物"实际上是一种拟人化的表达，其本质是人类利用计算机系统或者计算机系统本身自动生成的内容，从某种意义上来说，或许称"计算机生成内容"更为贴切。[②]因此，本研究在讨论"计算机生成物"的保护模式下，探讨算法生成物现有著作权保护模式。

（一）算法生成物的"计算机生成"作品类型和"作品"类型

计算机生成物的著作权保护曾被世界知识产权组织（WIPO）提出。1991年WIPO为了加强计算机的知识产权研究和相关法律的完善，进一步协调各国之间的知识产权合作关系，将计算机所产生的创作物纳入《伯尔尼公约》中的相关作品目录，1996年《伯尔尼公约》签署，WIPO通过《世界知识产权组织版权条约》（WCT）针对人工智能创作物立法问题作出特别协议，该条约不同于以往将计算机排除在保护作品的目录类别的做法，而是将计算机自身所具有的数据资料及智能程序加入版权保护的范围体系，计算机使用者在个人作品创作过程中，对其内容给予调整安排，且

---

① 崔建远. 论外观主义的运用边界［J］. 清华法学，2019，13（5）：5-17.

② 李菊丹. "人工智能创作物"有没有著作权［N］. 经济参考报. 2018-04-04（第A08版：理论周刊）.

作品形成后带有个人智力成果，易将受到版权保护。^①但最后，该提议最终未能得到广泛认可和接受。

其实早在1978年南非就对"计算机生成"内容进行了著作权保护，其《南非版权法》中指出，由计算机生成的文学、戏剧、音乐或艺术作品、计算机程序均是《南非版权法》中的作品，且保护期限为作品发表之日起50年。^②并在司法实践中，法院明确指出，计算机辅助生成作品（computer-assisted works）与计算机生成作品（computer generated works）对于版权的归属问题等至关重要，虽然二者之间的界限较为模糊，明确计算机生成作品有助于该作品版权归属的确定。由此可见，在该时期的南非版权立法已经有了算法生成物可借鉴的著作权保护雏形。^③

1988年《英国版权法》（*The Copyright，Designs and Patent Act 1988*）将"计算机生成"定义为，指在无人类作者的环境下由计算机环境生成的作品。^④其实，英国对"计算机生成"作品的认定司法早于立法。在Express Newspapers v. Liverpool Daily Post^⑤一案中，原告发布了一项类似于彩票的卡片收集游戏，每一张卡片都印有一组包含五个字母的排列序列，读者最终的获奖序列是以五行五列的网格形式发布的。由于参与者不需要购买该报纸就可以获得卡片，所以被告就在他们的报纸上复制了该获奖序列。因此，原告希望法院可以禁止被告的这种做法，被告则认为原告发布的获奖序列是由计算机随机生成，没有作者，所以不是版权所保护的作品。在本案中，法官Whitford J认为，"计算机只不过是一种工具，试想一下，如果你用钢笔进行创作，最终的作者是这只钢笔而不是使用这只钢笔进行

---

① 陈阳. 人工智能创作物著作权保护研究［D］. 长春：东北师范大学，2019.

② See South Africa Copyright Act，No.98 of 1978，s.2（h）. "a literary，dramatic，musical or artistic work or computer program which is computer-generated，means the person by whom the arrangements necessary for the creation of the work were undertaken. "

③ Hanah Simon. South African Supreme Court Rules on Copyright in Software and Computer-Generated Works［J］. Intell. Pro P. I. & Prac，2006（11）：696-699.

④ See The Copyright，Designs and Patent Act 1988.

⑤ Express Newspapers［1985］1 W.L.R. 1089 at 1093.

创作的你，这样的结论是很荒诞的"，因此最终支持了原告。[①]虽然该案仅将计算机作为创作的辅助工具进行考量，却仍为现阶段算法生成物的著作权作品保护提供了先河。而随后，英国在立法中逐渐承认了无人参与的计算机生成作品，并在 Nova Productions 案中进行实践且坚持至今。随后，在英国的影响下，英美法系的"计算机生成"作品的立法规定被一些国家认可并采纳，且这一保护中的作品生成过程与本研究讨论的算法生成物的自动创作过程具有异曲同工之处。而爱尔兰在 2000 年的《爱尔兰版权法》第 2 条中对"计算机生成"的直接定义为在作品作者不是个人的情况下，由计算机生成的作品[②]，明确了算法生成物可以成为著作权作品进行保护。

日本对算法生成物的问题早在 1973 年就已提出，随着算法生成物的发展，日本文化厅著作权审议会于 1993 年形成《平成五年文化厅著作权审议会第 9 小委员会报告书》，首先指出当前阶段的算法生成物是人类情感表达的工具，是人类贡献下的成果，包括系统的使用者；其次认为对算法生成物的使用行为，可以通过创作成果的创作性表达及程度，探讨是否属于全新的著作、单纯的变形物抑或是二次创作的创造物；最后认为强人工智能时代，人类没有介入情况下具有作品外观的著作权保护探讨。[③]而 2019 年《AI 决议》中也指出：（1）统一或协调对人工智能生成物的保护是有必要的；（2）人工智能生成物只有在其生成过程有人类干预的情况下，且在该生成物符合受保护作品应满足的其他条件的情况下，才能获得版权保护。对于生成过程无人类干预的人工智能生成物，其无法获得版权保护。[④]而上述探讨的人类介入的人工智能生成物正是本研究的算法生成物。

---

① Express Newspapers［1985］1 W.L.R. 1089 at 1093.

② See Article 2："computer-generated"，in relation to a work，means that the work is generated by computer in circumstances where the author of the work is not an individual.

③ 俞风雷. 中日人工智能生成内容的著作权保护立法研究［J］. 科技与法律，2020（1）：1–7.

④ http://www.aippi.nl/nl/documents/Resolution_Copyright_in_artificially_generated_works_English.pdf.

（二）算法生成物作为演绎作品类型的解读

将算法生成物认定为著作权的演绎作品一开始由国外学者提出，旨在表明算法生成物是在原有作品基础上的改编。就像 SoftKey 剪贴画程序中，计算机生成的文档可能包含从剪贴画库粘贴到文档中的向日葵图像，如果文档中的向日葵与剪辑艺术程序中所包含的向日葵具有明显的相似之处，那么该文档将是基于剪辑艺术程序的演绎作品。[①] 而在美国 2017 年发生的 Rearden LLC v. The Walt Disney Company（以下简称"迪士尼公司"）案件中，原告 Rearden LLC 公司将算法生成物作为演绎作品进行抗辩，并称迪士尼公司在未经授权的情况下，复制了其公司用于捕捉面部表情以及对捕捉到的面部表情后进行自动处理和输出的轮廓装置，从而侵犯其版权。该案在进行可版权性证成的过程中，法院基于《美国版权法》第 101 条对演绎作品的规定，即包括基于一个和多个先前作品创作的任何作品，认为 Rearden 公司自行研发的这一自动处理装置中的 MOVA Contour 软件系统可以看作是储存在计算机硬盘上的一款原创艺术作品，从而认定迪士尼公司在使用 MOVA Contour 系统程序下产生的包括特效生成的皮肤肌理、妆容样式、捕捉的表情等素材的"产出物"，可以看成是这一算法的"演绎作品"。[②] 因此，针对算法生成物的可版权性问题中，如果可以将算法生成物作为演绎作品进行保护，便可以看作基于或者改编其代码而产生的演绎作品。[③] 该案是提议计算机生成作品作为演绎作品保护的先例，因此，也引发了学界的讨论，因为计算机程序没有产生任何可以产生的代码，且这些代码也

---

① Andrew J. Wu. From Video Games to Artificial Intelligence：Assigning Copyright Ownership to Works Generated by Increasingly Sophisticated Computer Programs［J］. The AIPLA Quarterly Journal, 1997（25）：131-177.

② Rearden LLC v. Walt Disney Company, 293 F.Supp.3d 963, United States District Court, N.D. California.

③ Jared Vasconcellos Grubow. O.K. Computer：The Devolution of Human Creativity and Granting Musical Copyrights to Artificially Intelligent Joint Authors［J］. Cardozo Law Review, 2018, 40（1）：387-424.

并不相似。介于人工智能是计算机技术发展所取得的成果，不少美国学者认为可以将演绎作品的定义与范围进行扩大解释，将人工智能、计算机生成视为源代码的延伸，该创作过程是对源代码的演绎过程。[①]但最终，法院并未认可其构成著作权作品。

纵观各国立法的规制现状，美国版权局决定暂时虽不将算法生成物视为作品，但仍然向社会征求算法生成物进行版权保护的意见。英国、南非、新西兰对"计算机生成"作品的定义进行了相关规定。且英国和新西兰强调了"计算机生成"的无人类参与的创作过程，可以为算法生成物的著作权客体保护提供借鉴。但南非目前仅在相关司法实践中提出计算机作为辅助工具的创作和计算机直接创作的区别。而日本虽然提出了要对算法生成物进行保护，但相关立法却并未落实，仅仅是一种政策上的需求，就算是AIPPI的《AI决议》也仅仅是对算法生成物进行可版权性论证的指导原则。此外演绎作品也很难适用于算法生成物，因为即便是原样型的算法生成物，也仅仅可能作为作品特殊类别中的汇编作品进行认定，而非基于原创作品的改编类型。

第二节　算法生成物的作品构成要件论证

著作权制度的历史变迁通过作品的扩张作为其中一项表现。科学发现和技术发展已展现出创造性表达所采用的前所未有的新形式，而未来我们仍无法预见表达会采用哪些最终形式。[②]算法生成物的出现需要对作品的具体认定进行探讨，作品的定义、保护范围为著作权的作品提供构成要件，在现有的著作权立法以及司法实践中，需要率先提取出作品的构成要件用以审视算法生成物的可版权性。

---

① 李艾真.美国人工智能生成物著作权保护的探索及启示[J].电子知识产权，2020（11）：81-92.

② Copyright Law Revision，H.R. Rep. No. 94-1176，94th Cong.，2d Sess.，51-58（1976）.

一、作品的定义、范围与构成要件

（一）作品的定义与范围

虽然国际上著作权制度分为"版权体系"和"作者权体系"，但在著作权作品规制层面基本上呈现趋同化。在国际条约的最低保护原则之下，现有作品的定义与法定作品类型主要通过三种法律规定的通用方式：一是"概括＋列举式"；二是"概括式"；三是"列举式"。而在"概括＋列举式"中，分为开放列举式和穷尽列举式。

1. "概括＋列举式"

"概括＋列举式"的规定，通常是一些具有"最低限度保护"原则国际公约以及公约内的成员国。其条款通常包括作品的概括式定义、具体作品类型以及"兜底式"的其他说明。《伯尔尼公约》在"文学和艺术作品"项下，列举了诸如文字、演讲、戏剧、音乐、舞蹈、电影、雕塑、地图等作品类型，并指出"包括文学、科学和艺术领域内的一切成果，不论其表现形式或方式如何"。① 现代各国著作权法，如美国、德国、法国、日本等大多数国家都采用这一立法例，我国亦是如此。在"概括＋列举式"的规定下，又分为开放式列举和穷尽式列举。

目前以"开放式列举"的"概括＋列举式"规定主要以"兜底条款"解决作品列举不全面的问题，以期适应可能出现的新作品类型。目前的"兜底条款"意味其他法律规范文件可以确认新的作品类型，但未赋予法院创设新型作品的自由，后者可以通过司法裁判将新的作品列入规范类别之中。"开放式列举"的"概括＋列举式"作品规定源于国际上具有指导意义的《伯尔尼公约》，其第 2 条第 1 款以"一切作品"作为概括，并以"书籍、哑剧、未配词的音乐、造型作品"的表达方式或表达

---

① 参见《伯尔尼公约》2 条规定。

形式"等"作出举例说明的规定。①《伯尔尼公约》对作品类型的开放式列举，指出科学与文学领域的"一切作品"皆可在作品范畴中加以保护。基于《伯尔尼公约》的最低保护限度，各国以开放式列举的立法模式对作品类型的认定显得尤为包容。法国《知识产权法典》规定，对于考察某项创作是否构成著作权客体时，不应加入任何价值或审美判断，也无关于创作目的，无论是工业创作目的或是艺术创作目的都不应成为著作权保护的阻碍。②美国以"不限于"③的作品列举式证明了其开放式列举的法条要求。虽然"开放式列举"的立法模式为著作权客体因技术进步而预留了未来空间，但无论是国际公约还是各国立法进行扩张时，都对作品的新类型保持审慎的态度，防止因新技术的表达方式不同，而使作品类型的扩张超出著作权制定的立法目标。如国际上对计算机程序、数据汇编的接纳长达十年之久，而音像制品等至今处于邻接权的客体范畴，未被广泛认可纳入作品范畴之内。"穷尽式列举"的"概括＋列举式"规定主要以德国为主。"穷尽式列举"的立法为法的可预测性提供了帮助，但是德国的立法演进表明，技术的推动将导致每次立法的修缮。

2. "概括式"

"概括式"的规定通常见于国际公约。《世界版权条约》第1条对文学、科学、艺术的作品及其范围作出概括式规定。《知识产权协定》仅在其"版权与相关权"的第9条，概括式指出缔约方应遵守《伯尔尼公约》中有关作品规定，以及笼统说明版权保护的是表达而非思想、数学概念等。但在《知识产权协定》的第10条却对计算机程序和数据等其他材料的汇编进行了著作权保护的规定，因此，《知识产权协定》也不是规范意义上的"概括式"形式。

---

①　参见《伯尔尼公约》2条第1款的规定。

②　参见法国《知识产权法典》L.112–1条。

③　U.S. Copyright Act of 1976, 17. U.S.C. § 101 et seq.（as amended up to the STELA Reauthorization Act of（2014），P4.

3."列举式"

"列举式"的作品定义及范围主要是通过具体作品类型来实现的，1988年的《英国版权法》中对"版权与版权作品"的规定限制在具体的作品类型中且这仅只列举出的包括文字、录音制品等。但在具体条款中，其独创性仅框定了艺术作品中[①]。

综上可见，著作权制度下的作品不仅具有概括性定义，还进行了具体的作品类型列举。这意味着满足法定作品类型的前提是必须具备作品的构成要件，而在构成作品要件的前提下，继续为其寻找具体作品类型的构成要件提供帮助，从而决定每一法定作品类型间不同的差异。但在具体层面仍要研究立法规制下作品的构成要件，以便为算法生成物提供可版权性的基础。

（二）作品的构成要件

作品具体类型反映了作品范畴是从哪些客观表达中所形成的具有共同性特征，作品概念则反映了作品范畴中抽象而形成的概括性、一般性、必要性特征。因此，作品定义是反映作品构成要件的来源。

作品，词源于"work"，释义为"包括脑力劳动、体力劳动或两者相结合的劳动，带有特定目的而非为了娱乐。"[②] 以立法例来看，在大陆法系国家，《日本著作权法》第二条第一项第一款规定著作是表达创作的思想或者感情之物[③]，而属于文艺、学术、美术或者音乐之范围。因此，日本学者归纳作品的构成要件为三点：一是人类思想或者感情的表现；二是具有创作性；三是属于文艺、学术、美术、音乐的范畴。依据《德国著作权法》第2条规定，可以将其归纳为三点：一是文学、科学和艺术领域；二是智力创作；三是个人。在英美法系国家，英国仅在其版权制度中规定

---

① 参见《英国版权法》之（1）（a）款：版权是依据本编存在于下列作品中的一种财产权——（a）独创性文字、戏剧、音乐或者艺术作品。

② 元照英美法词典（缩印版）［M］.北京：北京大学出版社，2019：1423.

③ 参见《日本著作权法》第2条第1项之1款规定。

独创要件，而《美国版权法》则在 102 条明确对版权客体作出一般规定，即可以从中概括出三点要件：一是可感知、可复制且能以其他方式传播的固定性；二是独创性；三是思想表达二分法下著作权客体的排除。[①]

依据《伯尔尼公约》中对作品的定义以及各国相应的共识来看，作品概念通常包括三个构成要件：一是表达；二是作品的创作性标准；三是载体的感知。基于作品构成要件是为了重点解决我国算法生成物的可版权性问题，因此基于现行立法标准，将其范畴概括为：一是满足文学、科学、艺术等领域；二是具有独创性；三是再现性；四是满足作品的法定作品类型。通常作品的前三个构成要件是作品的"准入"要件，是算法生成物被认定为著作权作品的具体要件。而法定作品类型要件的满足，则是为算法生成物的进一步认定提供基础。以目前算法生成物的呈现来看，算法生成物通常为小说、诗歌、歌曲等，但算法生成物的虚拟现实类型可能会为法定作品类型的寻求带来影响。因此，在探究独创性和再现性层面，还需要通过调整其认定标准为算法生成物的具体类型进行展望。

二、算法生成物之独创性认定的客观和主观标准变化

（一）独创性的内涵与判断标准

1. 独创性在作品语境下的释义

独创性是限定著作权作品的核心概念，是作品可版权性的必要要件。根据《韦伯词典》对独创性的界定，独创性包含 4 个层面的含义内容：一是新颖性或独创性的特征；二是具备特有方式表达或思考的能力；三是能力层面的创造性；四是思想层面的新颖性。[②] 而《元照英美法词典》中指

---

① 《十二国著作权法》翻译组. 十二国著作权法 [M]. 北京：清华大学出版社，2011：723.

② Webster's Encyclopedic Unabridged Dictionary Of The English Language [M]. New York：Gramercy Books，1996：1366.

出，独创性是作品好的版权保护的条件，即该作品应由作者独立创作完成，即具备最低程度的创造性（creativity）。[1] 而将独创性回归到著作权制度中去，其主要源于印刷技术的发展。在著作权制度的雏形中，印刷商如果需要维系其在市场的竞争地位，那么他便需要保证这些受让手稿与现有图书存在不同，这些不同便是具备更高层次的文学艺术价值；这些更高层次的价值则是出版商通过获取特许权进行的主张，即"原始出版者"（original publisher）地位。[2] 因此，在考虑可能有资格获得普通法中规定的法定保护作品类型之前，无论作品的形式如何，都必须考虑到版权保护这一普遍的先决条件——即版权只保护"作者的原创作品"。[3] 从著作权制度来看，独创性在很大程度用来界分权利归属与来源。

2. 独创性判断标准：主观标准和客观标准

独创性实则不仅是一种描述性概念，更是一种说明性概念，因为法律概念的独创性在很大程度上包括了与某种政策关联。[4] 因此独创性标准基于不同的著作权制度进路分化出不同的标准，主要分为主观标准和客观标准。

主观标准，即源于"作者权体系"下的"作者中心主义"的独创性解读。其要求作者在思想、情感和个性层面的反映，聚焦于"智力创作"的创作过程。主观标准通常被大陆法系国家使用，将作者的人格利益作为著作权体系的法价值基础。[5] 例如《法国知识产权法典》中指出，独创性的内涵只要以作者亲自创作的独创形式反映出作者个性，就可据此基于"原创性和个性特征"给予保护。因此，主观标准的独创性判断也可被归类为

---

① 元照英美法词典（缩印版）［M］. 北京：北京大学出版社，2019：1012.

② Brown, The Venetian Printing Press, 55–56（1969）.

③ See Roth Greeting Cards v. United Card Co., 429 F.2d 1106（9th Cir.1970）.

④ ［英］埃斯特尔·德克雷. 欧盟版权法之未来［M］. 徐红菊，译. 北京：知识产权出版社，2016：78.

⑤ 金渝林. 论作品的独创性［J］. 法学研究，1995（4）：51–60.

"作者个性"的判断。而坚守"作者个性"的并非大陆法系的国家，美国联邦最高法院在 1897 年审理 Trademark Case 案中指出，创作物的独创性应当遵循宪法所述的"精神劳作之物"，从而为英美法系打上了"作者个性"的独创性著作权标准认定的烙印。在主观标准下，独创性讨论应该在人类精神创作范畴内，创造性判断应该回归于主体作者以及其想表达的思想情感上来。如果版权制度的目的之一是保护作者的权利，从而促进文化艺术的传播，那么独创性讨论的前提则是该客体以人类精神思想为基础。以主观标准的独创性考察路径，其重点应当放在创作过程中是否注入了作者的思想情感，并依赖这些思想情感或者一点点启发对行为的创作性进行判定。以主观标准的独创性判断分析，可能更加符合作品形成的自然过程，但基于作者思想的因素，会导致算法生成物难以形成"作者个性"。不过，主观标准的独创性可能将在客体范围上更具包容性。因为作品的独创性和再现性将作为首要判断目标，只要在思想通过一定依托表达的过程展现，并且这一动态过程是具备思想的，那么作品的形式是否可以固定甚至复制，则无关紧要。诚然，主观标准下的独创性体现出对创作过程的尊重以及作品创作表达的保护，但在算法生成物的判断过程中，却难以适用。

客观标准，即"版权体系"下"作品中心主义"的独创性解读。其仅要求客观上的表达形式，即独立完成和创造性。在客观标准下，独创性仅意味着该作品是独立创作而不是从其他作品复制而来。因此，只要一件作品不与先前作品相同，就可以受到著作权的保护。以客观标准的独创性考察，目的是通过作品产生了与其他作品的不同之处，从而导致的区别来判断作品保护的内在因素。但在客观标准的判断之上，通常会蕴含着"创作性"判断的不同。正如大陆法系国家采取主观标准进行判断时所强调的"作者个性"一样，客观标准也难以与主观标准割裂开来。但在以英美法系为代表的国家，独创性的客观标准则限定在"最低限度程度"。1903 年，美国法院在审理 Bleistein v. Donaldson 一案中，认为涉案版画的机械性制作不影响其版权性，尽管平版画是客观实在物仍不影响"独立创作"这一事实，只要不是抄袭而来的作品就可以被著作权法进行保护。而英国至今仍坚持作品的独创性是指创作者对于技巧、经验、劳动、资金等的投入，例如在 Kelly v. Morris 一案中，法官通过劳动、资金等投入进行了地图的独创性判定：即关于道路、岛屿或者其他的地图类作品而言，尽管之前已有相似的作品存在，但如果该本地图的作者并非通过先前地图进行绘制，而是自己亲自进行测量并亲自完成的绘制工作，那么该作者仍旧可以享有著作权。[①] 随着 1991 年美国法院审理 Feist 一案中，强调挑选的电话号码只是最基本的信息（如：姓名、城镇和电话号码等），认为如果仅把实际使用者提供数据的基本信息按照首字母进行顺序排列，那么其只是一种仅被视为任何人都可以想到的古老方法，根本不具备微小的创新火花。[②] 由此可以归纳出客观标准的独创性判断应当是"独立完成" + "最低限度程度"的评判趋向。

究其客观标准和主观标准的司法来看，独创性判断与"作者个性"关联最强。美国法院认为，《宪法》的范围足够广泛，足以涵盖授权照片版权的行为，只要它们是作者原始智力概念的代表。[③] 在 Naruto v. Slater 案中，最高法院和第九巡回法院在根据该法分析作者身份时一再提到主体必须是"人"或"人类"。[④] 而欧盟虽然一度认为"电子人"的赋予是必要的，但在具体的案例中却将作品和人类作者进行必要关联，且将人格描述为人类属性，将人类的内部局限和控制因素与算法生成作出区分，认为算法生成的局限性是因为程序本身的需要，是无法克服的，他们无法作出自主的选择。即如果表达是由"技术考虑、规则或限制"决定的，就没有自由和创造性选择的余地。[⑤] 澳大利亚法院更加明确了作品的人类作者的需要，并且断定独创性要求作者亲自在作品中投入一些精神、智力的努力，这种

---

① Kelly v. Morris，L.R.1 Eq.697，701–702（1866）.

② See Feist Publi–cations v. Rural Telephone Service，Vol.499，1991，p.340.

③ Burrow–Giles Litographic Co. v Napoleon Sarony，［1884］111 US 53，58.

④ Naruto v. Slater，15–cv–04324–WHO，2016，5.

⑤ Case C–604/10 Football Dataco，at 39 and case law cited therein.

精神努力，即使是低努力，也是针对该作品的特定表现形式的。[①] 其中最具代表性的案例属 2010 年联邦法院审议的 IceTV v. Nine Network 一案，该案争议在于由电脑编排的电话簿是否存在版权——电话簿大部分是通过计算机自动程序并使用多个自带数据库进行汇编的。在计算机模拟、存储、选择和编译数据并生成最终形式的电话簿目录的同时，人类也往数据库中添加和提取数据。尽管在创作过程中涉及人类的介入，但最高法院在 2010 年裁定，由于人类的介入只流于表面，充其量只能算准备工作，所以最终的电话簿中没有版权。[②] 同样，在 2012 年的 Acohs Pty Ltd v. Ucorp Pty Ltd 中，美国联邦法院认为，机器自动生成的 HTML 代码中没有版权。[③]

几乎所有国家都强调，"作者个性"是评估作品是否受到版权保护的一个关键因素，所有的人都拒绝将版权授予计算机生成和缺乏（完全或大部分）人类输入的产品。但从国际著作权制度中客体的立法发展，并具体到司法实践中，"作者个性"实则已经弱化，且已经能为算法生成物提供可版权性的重要依据。

（二）客观标准与算法生成物的独创性认定

独创性的客观标准在于独立完成和创造性。而算法生成物正是因为其创作过程的独立性而导致其著作权保护存在争议，因此对于算法生成物的独立完成便无须过多赘述，只需要对其创造性的客观评判标准进行讨论即可。从英美法系和大陆法系在司法实践中对独创性的客观认定来看，其都对独创性程度进行了降低，并且逐渐趋同于少量创造性。

1. 独创性客观标准的趋同

大陆法系国家在独创性的客观标准之上最早是坚持"作者个性"作为评判标准，但随着司法实践中对其作品保护的扩张，逐渐将其进行了降低。

[①]　Sands & McDougall Pty Ltd v Robinson（1917）23 CLR 49.

[②]　14 Telstra Corporation Limited v Desktop Marketing Systems Pty Ltd ［2001］FCA 612.

[③]　Acohs Pty Ltd v Ucorp Pty Ltd（2012）201 FCR 173.

以笔者现有的文献资料对德国的独创性标准进行分析来看，早期德国对独创性的判断坚持了一种较高的创作高度。德国学者勒文海姆对独创性要件总结出四个特征：（1）创造性劳动；（2）人的智力、思想等通过作品表达；（3）打上作者"个性烙印"；（4）作品具有一定创作高度的著作权保护下限。[①] 通过这四个独创性特征来看，德国明确将其保护的作品限定在了超出一般人的"创作高度"。但随着德国近年来的司法实践来看，其所保护的使用说明书、比赛规则等各种作品使得这种严格的"作者个性"标准呈现下降趋势。其只要具备了较小程度的创作性，即"小硬币"标准，就可以具备作品的独创性要求。

再从英美法系来看，其独创性的考量通常与经济价值相关，因此客观标准下的独创性要求较低。美国对独创性要求最早是在 Walter v. Lane 案中，法官认为应当保护付出艰辛劳动而产生的成果，才能更好地保护作者的权益。由此确立了"额头上的汗水"原则作为独创性的客观标准。随后，英国法官皮特森认为独创性虽然并不要求作品达到专利法规定的新颖性，但作品必须不是对他人成果的简单复制，由此把独创性的要求提升了一个高度。到了 Feist 案中，法院则确立了"最低限度的创作标准"，认为其应当具备微小的创新抑或创造痕迹。

概言之，虽然以德国为代表的大陆法系国家坚持了"作者个性"的客观标准，但也最终趋向于从宽的"小硬币"原则；而以美国为代表的英美法系国家虽然较早适用"额头上的汗水"原则，但也最终趋向于从严的"最低限度程度"标准。但这两种客观标准的趋同，也表明了现有的独创性认定在客观层面仅需要很低的创作性程度便可以达到，即这种程度是不同于原有作品，不是从他人那里抄袭而来即可。

2. 客观标准下算法生成物的独创性适用

基于国际趋同的"最低限度程度"的独创性客观标准来看，算法生成

---

① 方培思. 人工智能生成物的著作权保护研究［D］. 武汉：中南财经政法大学，2018.

物只需要满足少量的独创性便可以获得著作权的保护。诚然，单纯对算法生成物进行少量独创性的客观评判很难进行，因此将其类比于人类创作物的产生更能加深算法生成物对少量独创性认定的适用。以现有的人类创作物来看，某些口水歌，粗制滥造的论文，小学生的随笔涂鸦均被冠以"作品"之名。那么这些被大数据驱动并进行分析的算法生成物比之更具备文字作品、美术作品的外观时，也应当被认定具有独创性且满足其客观标准。

秋夕湖上	秋夕湖上
荻花风里桂花浮，	一夜秋凉雨湿衣，
恨竹生云翠欲流。	西窗独坐对夕晖。
谁拂半湖新镜面，	湖波荡漾千山色，
飞来烟雨暮天愁。	山鸟徘徊万籁微。

图 3-2 算法生成物（右）与古代诗人诗歌（左）比对

由图 3-2 可见，现阶段的算法生成物并不逊色于人类创作的诗歌，且在一定程度上能够让读者产生意象，这也正是为何读者难以区分算法生成物与人类创作物的缘由，基于此客观标准的独创性认定完全可以从正面适用于算法生成物的认定。

（三）主观标准以弱化"作者个性"弥补算法生成物的独创性认定

如果从独创性的主观标准进行渗透，就会发现算法生成物很难具备独创性。但实际上知识产权（专利权、商标权）的必然本性是纯粹的财产权，其中（著作权）渗入人格权的因素纯属历史的偶然，而非逻辑之必然。[①] 从国际立法中对非"作者个性"的作品展现以及法律拟制的作品来看，其立法趋向已经表明在对独创性要素的主观标准进行弱化，而在具体实践中，英美法系国家曾认为其并非大陆法系国家要求具备"作者个性"，并在具体的司法实践中通过人类介入等因素不再强调作品的创作过程需要由人类完成。

---

① 李琛. 质疑知识产权之"人格财产一体性"［J］. 中国社会科学. 2004（2）：68-78.

1. 弱化"作者个性"的立法妥协

国际上对"作者个性"进行弱化的典型立法，便是对摄影作品的认定。借由照相机、摄影机的制作技巧可能只是控制快门或按动按钮这种简单的手动操作，但诸如选择和安排主题、光线、角度等问题上可能涉及相当大的技巧成分。[①] 就目前而言，这种技巧同算法生成物的技巧安排具有类似之处。而对"作者个性"的进一步弱化则是对计算机软件的著作权保护。对计算机软件的著作权保护可谓是引起了不小的波澜，因为计算机软件是一种技术支撑下具备实用性、功能性的成果，其功能和效用根本无法实现"作者个性"的主观标准。计算机软件的著作权保护首先发轫于美国，在美国利益团体的主导下，才对其进行保护。此后，欧共体更是经过了三年的争议与妥协，才于1993年确立《计算机软件法律保护指令》。而日本则认为，将计算机软件纳入著作权法的作品保护简直是无法理解，但最终日本仍旧通过了计算机软件的立法修正案。另一个对"作者个性"弱化的作品立法则是数据库的保护。基于著作权项下已有的汇编作品，如果数据库在内容选择和编排上具备独创性，那么便可纳入著作权法保护的范畴。但实际上，数据库的价值在于其整体的完整、便捷性之上，而非局限于选择和编排的独创性。基于数据库的编排需要巨额投资和较多劳动力支持，如果数据库被窃取便难以挽回损失。欧共体则于1988年提出数据库的著作权保护，但欧盟于1995年出台《数据库法律保护指令》，对数据库以著作权的特别权利进行保护。

在著作权保护的客体对象不断扩张的趋势下，证明独创性的主观标准已经偏离既有轨道，著作权法在衡量个人利益和公共利益的同时，已经不仅仅以"作者个性"作为彰显独创性的评判标准，"作者个性"的弱化是适应技术发展和著作权制度扩张的需要，也是著作权制度实现本质内涵的明智之举。

---

① 山姆·里基森，简·金斯伯格. 国际版权与邻接权：伯尔尼公约及公约以外的新发展 上卷［M］. 2版. 郭寿康，刘波林，万勇，等译. 北京：中国人民大学出版社，2016：382.

2. 具体实践中"作者个性"的弱化——以美国为例

在具体实践中，以美国为代表的"版权体系"的国家，虽然在趋同于大陆法系国家的从严标准时，对独创性采取了"作者个性"的主观标准的适用（前文中已经叙述），但在不同的案例中，不同法官却采取了不同的态度，从而对"作者个性"进行弱化，甚至不认为独创性应当具备"作者个性"的要求。

虽然美国在 Trademark 一案中着重强调了作品与"作者个性"的强纽带关系，但在 1916 年的 University of London Press v.University Tutorial Press 一案中，皮特森法官对独创性的判断标准提出了不同的看法，他认为独创性并不意味着作品必须达到创作性的思想，因为版权法并不涉及思想独创性的保护，从而与思想的表达相关，他只要求作品不是从他人那里抄袭而来的即可。[①] 而在 1992 年的 Jewelers v. Keystone 案中，法官认为作品"人格"的要求仅是大陆法系传统著作权的概念，英美法系理论中受到版权保护的作品并无反映作者人格或个性的要求。[②] 因此，我们已经可以看到独创性和"作者个性"之间没有什么关联了。这一解释弱化了《美国版权法》对作者的人类身份要求，意味着算法生成物获得版权保护并不以人类作者为前提。

除此之外，美国法院在此后的司法实践中，仍然采取了弱化"作者个性"的独创性认定方式，从而为其提供著作权保护。在 1968 年的 Time Incorporated v.Bernard Geis Associates 一案[③]中，拍摄者在实际的拍摄过程中只是将摄像机固定在了特定的位置，并打开了摄像机的广角镜头，其拍摄到的肯尼迪遇刺视频仅仅是一种偶然性自动拍摄，且拍摄者也并未作任何艺术安排。而法院仍旧认定了其对摄像机所进行的地理选择、镜头、胶片

---

① 易健雄. 技术发展与版权扩张 [M]. 北京：法律出版社，2009：119.

② Jeweler's Circular Pub. Co. v. Keystone Pub. Co.281 F. 8326 A.L.R.571（2nd Cir，1992）.

③ Time Inc. v. Bernard Geis Associates. United States District Court S.D.New York. September 24，1968 293 F. Supp.130 159 U.S.P.Q.663.

甚至是拍摄地点与实践均是具有独创性的安排，并由此认定了独创性。此外在 Alfred Bell & Co. v. Catalda Fine Arts Inc. 一案中，Frank 法官指出，因视力不佳或肌肉组织有缺陷，或因打雷引起的可能会产生足够明显的变化而产生的作品，如果"作者"无意中碰到了这样的变化，就可以把它当作自己的作品。①

在 Manufacturers Technologies, Inc. v. CAMS, Inc.② 一案中，法院应用"用户参与体验"测试作为支撑法院可版权性的判决，对电子游戏运行过程中自动生成的视频予以著作权肯定。"内部导航方法"使参与体验能够使用底层软件，而底层软件是有关用户界面概念的组成部分，即表达底层程序。法院除了应用既定的测试外，还根据用户体验来具体询问所涉要素是否可以超越特定的应用程序，并用于加强其他应用程序的参与经验。具体而言，这个问题旨在确定所涉组成部分是否是《美国版权法》第 102（b）节所述无法保护的工作中所示的一种操作方法。如果法院确定特定元素主要负责启用用户对应用程序的参与体验，即它要么是一个想法，要么与用户界面的想法有关，那么该元素应该被确定为不可保护的想法或表达式，与不可保护的想法合并，并且只保护不被逐字或几乎逐字复制。③ 但在法官采用的"用户体验"的方法中，可以总结出四个适用于底层程序与"作者个性"分割的步骤：（1）对终端呈现进行用户体验，以证明这一呈现不同于其他的呈现；（2）用户对终端呈现与设计的原稿进行体验比对，在证明原稿与其他设计不同的基础上为其提供使用的基础；（3）再对代码进行比对，以证明这些代码在一定程度上是未通过抄袭的内容；（4）通过判断接触的原有代码方式来看，如果是通过反向工程研究，则可以在一定程度上提出豁免，如果基于复制，那么终端呈现则也不能豁免。

---

① Alfred Bell & Co. v. Catalda Fine Arts Inc. United States Court of Appeals, Second Circuit. 191 F.2d 99.

② Manufacturers Technologies, Inc. v. CAMS, Inc., 706 F. Supp.984（D. Conn. 1989）.

③ Andrew H. Rosen. Virtual Reality: Copyrightable Subject Matter and the Scope of Judicial Protection［J］. Jurimetrics Journal, 1992, 33（1）: 35-66.

可见，美国在司法实践中对"作者个性"这一主观因素并非完全赞同，且在具体司法实践中呈现出与立法不相一致的做法，且做法有三：一是直接通过否认"作者个性"并非本国版权制度所遵循的立法价值；二是通过用户参与判断其"作者个性"；三是通过人类介入来弥补技术因素导致人类无法参与创作过程。虽然这些案例与算法生成物的认定相去甚远，并没有涉及算法生成物中独立完成之要素，但却在一定程度上为算法生成物的"作者个性"弱化提出可供借鉴之意义，用以表明算法生成物实则存在著作权法下"独创性"认定的可选择标准。

三、算法生成物之再现性认定的调适

算法生成物基于与作品同样的权利外观，如果在现有的作品类型中，并不会出现再现性标准的冲突。但是算法生成物的虚拟现实这一特殊存在于载体的新型表现形式，在更好地帮助人类具有体验感的层面，需要进行再现性标准的探讨。基于虚拟现实的本质是一种底层程序可以固定在计算机硬盘上，社会公众可借助网络基建、数字化等设备进行视觉、听觉甚至是触觉的接触并感知，因而该类型的算法生成物在具备独创性要素的情况下，就可以具备作品的再现性要素。

（一）再现性的内涵

作品的再现性，即以目前已知或后来开发的任何方法能将一件作品的物质对象再次直接或借助机器或设备被感知、复制或以其他方式进行传播。例如，视听作品被永久地体现在一个物质对象，即记忆装置中，可以借助游戏的其他组成部分来感知它。因此版权保护的客体基础需要作者将作品表达在一定的介质中。

英美法系将再现性作为固定性标准（fixation）加以适用，目的在于能使作品得以更好的传播和利用。1976 年，《美国版权法》第 102 条规定，受版权保护的作品必须是"以任何有形的表达方式固定的原创作者作品"

广泛定义了"将作品固定在任何表达媒介中"的要求。[①] 作品必须以"已知的或以后发展的媒介，无论是直接还是借助机器或设备，都可以从中感知，复制或以其他方式传达（作者的作品）"，包括文字，数字，笔记，声音，图片或任何其他图形或符号标记，无论是以书面，印刷，照相，雕塑，打孔，磁性或任何其他稳定形式体现在物理对象中，以及它是否能够直接感知或通过现在已知或以后开发的任何机器或设备感知。[②]

但在具体的作品类型中，一些作品并不能够再现却仍被认定为作品。例如口述作品，也无法通过别人再现口述者表达时的断句和语气等个性化特征，更无法通过口述人之外的载体加以固定。可见，无论是再现性还是固定性要素，其认定都无法通过具体的表达方式进行阐明，其具体方式会因技术变革而产生认定标准的变化。

综上所述，作品构成要件的再现性要素并非需要完整的再现，但是需要这种再现一开始是主体进行表达，且这种表达必须被公众以视觉、听觉或触觉（视障者的感知方式）等感知。而这一感知要素为算法生成物的虚拟现实类型提供了可供参考的认定标准。

（二）再现性调适之一：虚拟现实的底层程序可复制性

作为算法生成物新型表达方式的虚拟现实，如果仅仅依照算法能够持续存在于人工智能载体等相应的是体重，那么其本身就具有再现性。因为"程序的所有部分，一旦存储在游戏中任何地方的存储设备中，都被固定在一个有形的媒介中"[③]。例如在 FireSabre Consulting LLC v. Sheehy 一案中，原告将设计存在数据服务器上，并且通过虚拟现实的虚拟角色出现了一定的时间，而这种持续时间的出现已经足够允许与教学中的学生进行交流。法院认为，虽然其后学生能够通过虚拟现实进行修改地形设计的体验，但

[①] 17 U.S.C. S 102（a）（1988）.

[②] H.R. Rep. No. 1476, 94th Cong., 2d Sess. 46, 52（1976），reprinted in 1976 U.S.C.C.A.N. 5659, 5665（hereinafter House Report）.

[③] Stern elecs, Inc. v Kaufman, 669 F.2d 852, 855 n.4（2d Cir.1982）.

这并不能从一开始就让这些设计消失，因此这些地形是可以转移出来，并且供学生进行参考的。且虚拟现实所创造的艺术性，并不逊色于图画或模具等其他工具的表达。因此，这些可供改编的表达并不意味着是一种短暂的。基于这种固定性和再现性的结果，原告应当对虚拟现实中的地形设计拥有版权。而在 Lewis Galoob Toys，Inc. v. Nintendo of Am.，Inc. 案中，法院明确指出作品应当具有单独的表达形式。[①] 这一单独表达形式是固定的且能从原始作品中转移出来的独立存在。且法院认为一些视听游戏通过反复重复，则就是证明其能够通过短暂性的特征满足"固定"的要求。[②]

如果基于底层程序，则固定性要件较容易满足。因为作品只要体现在某些计算机磁盘、书籍或磁带等物理介质中，则作品就视为被固定在有形的表达介质中。如电子游戏的屏幕显示或应用程序就被认为是固定在存储器设备 ROM 或 PROM 的芯片或计算机的印刷电路板中。此外，只要算法擦混工作是通过程序展现，则也可以被认为是具有"固定性"并且可复制的。就像在 Williams Electronic，Inc. v. Artic Int'l 一案中，第二巡回法院认为"无论玩家如何操作控件，显示器的许多方面都保持不变"，并且这种"游戏视听中很大一部分的重复顺序"符合版权保护的条件。

（三）再现性标准趋势之二：承认感知

在 2006 年兰蔻与蔻梵案中，荷兰最高法院承认了嗅觉产品在原则上可作为版权客体加以保护。而同年在法国的一桩有关香水的案例中，法国最高法院认为香水不具备可版权性。虽然法国《知识产权法典》第 L.112–1 条认为"不论其种类、表达方式、价值和用途的精神作品的作者权利均受本法典保护"。且第 L.112–2 条对受著作权保护作品采用了非穷尽性列举，嗅觉作品没有排除在外。但法国最高院认为调香师和木匠、管道工具备同种性质，

---

① Lewis Galoob Toys，Inc. v. Nintendo of Am.，Inc.，780 F. Supp. 1283，1291（N.D. Cal. 1991），aff'd，964 F.2d 965（9th Cir. 1992），as amended（Aug. 5，1992）.

② See Williams Electronics，Inc. v. Arctic Intern，Inc.，685 F.2d 870，875（3d Cir. 1982）.

不是一种艺术家。此外，对于嗅觉的固定性来说，可版权性要素中的物理成分包括气味形态，那么气味和物理成分是一个整体还是气味的有形载体仍存在分别。[①] 而香水这一有关嗅觉的案例也为数字化表达中的虚拟化类别提供了重要的价值。在判断独创性的角度上，荷兰最高院认为设计者的角度来看作品具备了主观创作，而非要求是绝对新的东西，则就具备独创性。

对于香水的固定探讨不足以证明其不具备独创性的体现。而可以预见的是，通过数字化技术的载体传输气味信息已不再遥不可及，日本东京工业大学启动的"气味视觉"工程，已经能够记录并复制一些气味并在电影播放中首先使用其未同步传输。此前香水的保护探讨为人类的感官作品提供了切实的基础，而虚拟现实为人机交互提供的沉浸式体验也在为人类的嗅觉以及其他感官作出回应，因此对嗅觉所感知的气味进行一种整体性的作品保护，是对算法生成物中虚拟现实的可版权性作出的另类探讨。

本章小结

算法生成物的可版权性研究首先要突破著作权"思想表达二分法"的基本原则第一道防御墙。"思想表达二分法"突出著作权作品的内涵在于只保护表达，不保护思想。因为思想是一种虚空的，只有表达才具有客观性，才能最终呈现在公共领域。但思想与表达之间从来都无法完全分清，无论从哲学理论的"形而上"和"形而下"，还是著作权制度本身价值取向，思想与表达之间总是一本糊涂账。也正因如此，产生了著作权保护的"表达"是一种客观的外在表达，与"表达"应当具备人之内心的内在表达两种争议。而这种模糊性，导致算法生成物的保护分化出受著作权保护和不受著作权保护的两条道路。在不受著作权保护的国家，有些学者提出将算法生成物归为公共领域，这样可以增加社会公共福利，但从现有理论来看这种观点

---

① 何隽. 制度边界［M］. 北京：知识产权出版社，2019：98-101.

具有实践操作难度。除却公共领域的观点，日本采取了反不正当竞争法的保护，旨在确保算法生成物的投资者利益，但却无法为算法生成物的多元利益主体的衡量提供参考价值。此外，澳大利亚采取了邻接权的保护制度，即算法生成物的保护无须考量其生成内容的优劣，也无须考量其创作主体，还能缩短保护期限，但却无法保证其"作品"中所蕴含的"独创性"要素。

其实，算法生成物的可版权性进路，也仅限于对"计算机生成"进行著作权保护的制度梳理。最早将"计算机生成"纳入著作权客体范围的是南非，且在司法实践中区分"计算机自动生成"和"计算机辅助生成"两种类型。随后，英国在其版权制度中进一步区分出"计算机生成"乃无人类的环境下生成。这一具有前瞻性的立法被爱尔兰等国效仿，成为算法生成物能进行著作权保护的借鉴雏形。其实，早在20世纪90年代，国际公约就对类似于算法生成物的可版权性提出倡议，但一直悬而未决且被忽视。随着算法生成物越来越多的现实困境，2019年，AIPPI发出决议并且倡导算法生成物纳入著作权作品范围，并且强调"人类干预"这一要素。同年，美国USTPO也开始征求有关算法生成物的著作权意见。于是，算法生成物作为著作权客体进行保护的趋势愈发加强。而在著作权相关制度中，已有具体立法的国家并未将创作过程限定在"人类参与"，而AIPPI决议和《日本报告书》中指出，应当具备"人类参与"的要件，否则无法纳入内容著作权范围。但这一"人类参与"却未说明创作过程的具体阶段，因此仍具备可商榷之处。此外，国外有学者还认为算法生成物可以被认定为演绎作品，但实则具备适用困难。不过，算法生成物以作品外观具备表达要件从而纳入著作权客体成为国际趋势。

当纳入著作权客体制度之后，算法生成物应当考量其作品的具体构成要件。从目前的作品立法来看，其对算法生成物的作品构成要件影响较大的是独创性和再现性两个层面。独创性的影响主要在于其包括主观标准和客观标准。前者强调独立完成和创作性，后者强调"作者个性"，如果仅从独立完成和创作性来看，其强调的不是抄袭而来，区别于其他作品，算法生成物则符合该标准。但就"作者个性"而言，算法生成物的自动创作很难具备这种要件。从客观标准来看，英美法系从严和大陆法系从宽进而趋同于少量的独创性要件；但在主观标准中，无论是"作者权体系"还是"版权体系"均对"作者个性"有不同的看法。但随着各国将摄影作品、计算机软件纳入著作权客体范围，主观标准实则已经对"作者个性"进行弱化妥协，而在具体实践中也采取了用户体验方法和人类介入要素不断弱化"作者个性"这一标准。甚至在"版权体系"的美国，法官在 Jewelers 一案中直接指出"作者个性"乃大陆法系之标准，并完全否认这一标准的适用。

除却独创性标准之外，还应当考虑再现性的内涵。随着虚拟现实这一算法生成物的出现，其带来的虚拟感、沉浸感和体验感导致对其再现性的认定难以抉择，因为再现性强调可复制性的客观感知，因此当具备体验感这种较为主观的感受时，却陷入了难以抉择的困境。在具体司法实践中，法院通过底层程序确定了虚拟现实的再现性标准，为虚拟现实提供可版权性基础。此外，法国对香水的著作权可版权性争议，也看出再现性的要求出现变动。基于此，再现性强调的应当是客观感知，而非完整性复制。

通过对现阶段制度和规则比较梳理，如果采取"思想表达二分法"的客观表达呈现，算法生成物便可以突破著作权保护的第一道防御墙。而当对算法生成物的独创性和再现性认定时，通过现阶段的立法趋势以及具体司法实践中的调适，客观标准的独创性认定和客观感知的再现性认定便可调和现有算法生成物的可版权性证成。因此，在面对算法生成物的修正诉求时，应当在契合国情和国际发展趋势下，及时对现有的立法规则进行调整，取长补短，从而透过现象看本质，更好地化解国内算法生成物的可版权性之难题。

第四章　算法生成物的著作权归属分析

算法生成物具备作品要件，便需要进一步分析其著作权归属。在进行著作权归属分析之前，首先应当对算法生成物的创作主体进行探讨，进而通过著作权的具体规定为算法生成物的著作权归属进行探讨。现阶段，基于算法生成物的创作主体认定出现了分歧，因而有必要从历史视角出发，探析作品的创作主体"作者"这一立法本意，从而对算法生成物的主体资格进行认定。而在具体的著作权归属层面，则需要对各国现有的立法规定和相关学说进行分析，以求更好地解决算法生成物的著作权归属。

第一节　算法生成物的创作主体探讨

因算法生成物的生成过程是一种类似于人类创作物的生成过程，在此基础上，探讨算法生成物的创作主体实为必要。著作权主体制度是基于民事法律制度发展而来。虽然现阶段算法生成物的创作主体存在争议，但是为了算法生成物得以确定著作权归属，从而在现有各国与之联系紧密的计算机生成、人工智能生成的著作权主体规定下，找寻合适进路以确保算法生成物著作权归属的逻辑自洽性。在现有立法的基本理论下，作品的创作与表达是作者将自己的思想或情感以某种形式（例如文字、线条、色彩以及它们的组合等）固定于某一有形载体上的过程，无形的思想信息必须与有形的作品载体结合起来，作者才能从事作品的实际创作，被固定在有形载体上的作品信息才能被他人所感知。[①] 因此，对算法生成物进行保护的国家，开始为算法生成物的著作权主体找寻出路，一些国家通过现有的"作者"规定，将算法生成物的主体归为人类，还有一些国家通过"机器主体"的立法制定将算法生成物归为人工智能体。

一、"功能作者"和"事实作者"的主体转变

（一）民事主体的发展

在民事主体的发展过程中，首先是自然人地位的转变。在奴隶和封建社会，自然人的主体地位具有等级的差别，既存在属于法律主体的自然人，也存在视为"物"或财产的自然人，即奴隶。[②] 随着社会的进步以及等级观念的消退，自然人主体地位逐渐解除限制。但由于性别歧视的存在，自然人基于性别产生主体地位的不同。以美国为例，在 19 世纪以前，女性均被排除在选举权的政治权利之外，随着女权运动的兴起，男女地位才逐渐平等，女性的自然人地位限制才得以消失。但社会政治的交替，又产生了人种之分的自然人主体地位变迁。随着黑人人权的呼吁，1964 年美国《民权法案》通过确立黑人选举权，将黑人的自然人地位得以确立。[③] 因此，自然人的主体资格才得以真正演变为没有阶级歧视、性别歧视、人种歧视的主体。

---

① 徐兴祥，顾金焰. 论著作权客体的演变［J］. 西南交通大学学报（社会科学版），2014, 15（4）：128–133.

② 郭壬癸. 认识论视域下人工智能著作权主体适格性分析［J］. 北京理工大学学报（社会科学版），2019, 21（4）：145–154.

③ 王伟. 试论 20 世纪 50—60 年代美国黑人民权运动的艰苦历程［J］. 吉林师范大学学报（人文社会科学版），2003（2）：42–44.

法人制度的建立乃是法人与其背后的自然人的双重分离，实现了以法人为中心的法人出资群体与法人债权人群体的两极利益分化，为了平衡社会不同法律主体的利益，需要法人具有独立人格。[①] 可见，法人与其背后自然人的分离乃法人人格确立的基础与前提。[②] 早在罗马法时期，就开始承认了各种公共团体、私团体和财团的主体地位。中世纪的欧洲则出于对宗教的迷恋，承认了宗教团体。而"法人"概念的正式确立，则源于《德国民法典》中对法人概念的设定，假定了一些组织体与人相类似，具有主体资格，因为这将是一种现实的独立利益的需要。[③] 但有些国家在一开始并不承认"法人"具有主体资格。1804 年《法国民法典》出于对封建、宗教团体的敌视，并不承认团体的法律地位，但随着商业团体的出现，基于经济发展的必需，1808 年开始承认特定商业团体的私法主体地位。再后来，受到《德国民法典》的影响，在修法过程中承认了"法人"这一主体类型。我国也在 1986 年通过的《中华人民共和国民法通则》（后文简称《民法通则》）中对法人主体进行了确认。

到了 20 世纪 70 年代，随着人道主义的社会影响力越来越大，动物的法律主体地位在部分国家法律中得以确认，动物拥有了生存权、免受虐待权等。[④]

自然人包含了：一是生物意义的人；二是法律上作为权利主体的范畴；三是概指每个人。民事主体中的自然人，与生物意义上的人不同，其专指具有自然生命的人所具有权利的这一身份。[⑤] 一般来说，自然人是自然人从出生时起到死亡时止，具有民事权利能力，依法享有民事权利，承担民

---

① 赵转. 对法人的人格否认的思考［J］. 河南大学学报（社会科学版），2005（4）：168–170.

② 南振兴，郭登科. 论法人人格否认制度［J］. 法学研究，1997（2）：84–95.

③ 龙卫球. 民法总论［M］. 2 版. 北京：中国法制出版社，2002：314.

④ 郭壬癸. 认识论视域下人工智能著作主体适格性分析［J］. 北京理工大学学报（社会科学版），2019，21（4）：145–154.

⑤ 龙卫球. 民法总论［M］. 2 版. 北京：中国法制出版社，2002：192.

事义务。自然人的民事权利能力是平等且无条件的，即从出生开始，到死亡终止。但是其行为能力具有不同。法人概念在民法上并不是生物人的概念，而是自然人的概念，生物人是自然人的形体基础，而法人则是人类组织体。① 因此，法人的基础在于人。

从民事主体的自然人和法人制度来看，自然人是生物人，但生物人不一定是自然人，而法人是不具备生物人外观的主体，但其组成应当是人。也正因如此，自然人的法律性和法人的自然人概念特征，为著作权主体下的"作者"分化为"功能作者"和"事实作者"产生了影响，从而为算法生成物的主体资格确认提供了一些理论基础。

（二）著作权主体认定的发展

在著作权法中，作者既代表着著作权的主体，又彰显着著作权的归属。② 著作权主体的"作者"，包含着比民事主体更为复杂的类型。著作权制度的主体经历四次变革，一次是从原始主体向继受主体的转变，第二次是自然人主体向法人或团体组织向团体的演变，第三次是单向度主体向多向度主体的演变，第四次是从现实主体向虚拟主体③ 的转变。④ 但其根本的转变在于自然人转变为法人主体。激励经济学认为，法人或其他组织投入大量资金，鼓励员工创作，是为了获取作品上蕴含的价值，出于保护投资、鼓励资本进入作品创作领域的公共政策考量，强调着重保护作品传播所能产生的经济价值，故投入资金和人力参与创作的法人也成为作者类型之一。⑤ 于是，产生了"事实作者"和"功能作者"。

① 龙卫球. 民法总论［M］. 2 版. 北京：中国法制出版社，2002：192.

② 熊琦. 著作权法中投资者视为作者的制度安排［J］. 法学，2010（9）：79-89.

③ 此处的虚拟主体是将数字形式的智慧创作物作为客体的以网络空间为背景的知识产权主体。参见曹新明. 知识产权主体制度的演进趋向［J］. 法商研究，2005（5）：13-16.

④ 曹新明. 知识产权主体制度的演进趋向［J］. 法商研究，2005（5）：13-16.

⑤ 赵转. 对法人的人格否认的思考［J］. 河南大学学报（社会科学版），2005（4）：168-170.

著作权法建立在自然法思想基础上，认为作品是作者投入劳动后所得，是其人格的延伸，作品之上存在着作者人格的烙印，因此，作者只能为具有人格和精神的自然人。[①] 但随着浪漫主义作者观的瓦解以及著作权主体路径的选择，以"版权体系"为中心的国家分化出同民事主体相一致的法人作者，当"作者之死"的呼声越来越高时，作者开始偏离著作权主体的中心位置，于是"功能作者"出现。"功能作者"必须服务于公众，也正因为如此，他们的创作根源并非为了实现他们自身的思想，而是基于公众的需求，此外"功能作者"最终与著作权主体剥离，于是这些进行创作的作者并非最终的著作权人。而以"作者权体系"为中心的国家坚守著作权的主体只能为自然人，其"功能作者"只能是"事实作者"。如《法国知识产权法典》第 L111-1 条规定，作者对作品享有排他性的无形财产权的唯一依据是创作了作品；雇佣合同或者服务合同对于作者享有的权利不产生任何影响。[②] 这意味着，法国的作者只能为创作作品的自然人，而法人或其他组织没有成为原始作者的可能。

如今世界上大部分国家或地区的著作权法，都已承认自然人与法人或其他组织组成了著作权主体制度。《美国版权法》第 201 条之 b 款规定，对于自然人受雇佣期间完成的作品，雇主可视为作者享有著作权，除非有书面签署的协议明确达成不同的协议。为了避免这种权利主体的归属冲突，在第 106 条进行著作财产权规定时，将权利主体规定为"著作权人（copyright owner）"而非"作者（author）"。而《西班牙知识产权法》第 5 条规定，作者可以是"自然人"和法人。西班牙的学者对此条的理解是，著作权通常授予具有人格和精神的自然人作者，例外情况下作者权利让与法人时，法人也享有著作权，成为作者。尽管日本为大陆法系国家，却在 1970 年的《日本著作权法》中采取相同的规定。即除非法律另有规定，著作权属

---

① Pamela Samuelson. Copyright And Freedom Of Expression In Historical Perspective［J］. Journal Of Intellectual Property Law，2003（10）：319.

② 十二国著作权法［M］. 北京：清华大学出版社，2011：63.

于作者，创作作品的公民是作者，法人或其他组织在满足一定条件时可视为作者。①这意味着作为特定主体的法人和其他组织在没有参与创作的情况下，仍旧可以成为著作权意义上的作者。

基于著作权主体制度的发展，可将著作权主体的"作者"分为创作者与投资者两类。一般来说，作者是进行创作行为的人，法人是特定条件下的"作者"。但基于"作者权体系"和"版权体系"对作者采取的态度不同，作者可以是事实的创作行为人，但作者是否存在"人格"则有待考量。

（三）著作权主体之"作者"范式的转变

著作权有作者中心主义与功利主义两种文化模式，而作者中心主义的哲学基础之一为主体哲学范式。②作者中心主义的基本内涵为：作者是作品的父亲、作品是作者人格的体现，作者与作品之间具有天然的、不可分割的血缘关系。著作权作者的主体地位确定，是经历理论嬗变而来。从著作权的发展来看，"作者权体系"和"版权体系"的两条发展路径，决定了其对于作者这一主体的立法态度，并从中反映出"作者"理论的转变。"作者权体系"和"版权体系"下的"作者"有巨大差异。首先，是作者身份与自然人作者分离。"作者权体系"下的作者身份不能与实施创作行为的人分离，仅有自然人能成为作品原始著作权人，其他法律主体可以通过契约来获得作者权利，但并非是创作作品的主体。而在"版权体系"下，原始著作权人就可以是法人实体。在两种权利体系下，产生了职务作品与雇佣作品的差异。其次，著作人身权的保护不同。"作者权体系"的国家承认作者的精神权利，因此将作者与创作紧密联系起来。但"版权体系"国家，即便是承认了作者的精神权利，如美国1990年《视觉艺术家权利法》首次承认并给予作者身份权和保护作品完整权的保护。但这种保护一方面

---

① 参见《日本著作权法》第15条。十二国著作权法［M］．北京：清华大学出版社，2011：370.

② 林秀芹，刘文献. 作者中心主义及其合法性危机：基于作者权体系的哲学考察［J］．云南师范大学学报（哲学社会科学版），2015，47（2）：83-92.

是基于国际公约的需要，另一方面则是将精神权利作为版权人经济利益的又一重保障，精神权利在这些国家中未处于核心和根本的地位，远不如在大陆法系国家那样。①

因此，著作权主体可能是作者，也可能不是作者，作者与著作权主体并不等同。作者是对智力成果的最初来源者的描述，著作权主体是法律对作品拥有权利者的最终状态的描述，特殊条件下法人亦能作为作者存在。而根据著作权主体的立法变化则为现有算法生成物的创作主体提供了"作者"和"机器主体"的法律基础，而"机器主体"的立法拟制则以"法人"主体拟制的历史演进相关。

二、算法生成物之"自然人"主体的分析

根据《伯尔尼公约》，"作者"是创作出作品的自然人；但在一些情况下也可以是非作者本人的原始权利所有人。②国际公约和世界各国现有的著作权制度仍旧无法解决算法生成物在人类参与度越来越低的情况下创作行为的主体问题。现有立法对算法生成物的著作权保护也处于真空状态，虽然有些国家明确表示应当考虑对算法生成物进行保护，但对于算法生成物的创作主体却还未做明示。因此，仍旧以现有的"计算机生成"作为立法启示，用以分析当"计算机生成"的主体为"自然人"的情况下，算法生成物的主体认定。

（一）"计算机生成"主体认定的现有立法与实践

1. 英国

现有的《英国版权法》规定：如果是由计算机制作的文学、戏剧、

---

① 黎淑兰. 著作权归属问题研究［D］. 上海：华东政法大学，2014.

② ［澳］山姆·里基森，［美］简·金斯伯格. 国际版权与邻接权：伯尔尼公约及公约以外的新发展［M］. 郭寿康，刘波林，等译. 北京：中国人民大学出版社，2016：311.

音乐或艺术作品,作者应被视为作出创作作品所需安排的人。①此后,《爱尔兰版权法》在参照《英国版权法》的基础上,将就电脑生成的作品的作者认定为进行创作该作品所需的安排的人。

在《英国版权法》实施后,英国法院对计算机生成作品的司法实践产生变化,一开始在对其进行著作权保护时,认为仅作为辅助工具的存在,但法官在司法实践中逐渐开始考虑计算机生成作品是由计算机自动生成而来,从而讨论其权属。在 Nova Productions v. Mazooma Games 一案②中,作为具有竞争关系的游戏制造商,均要求对该电子桌球游戏③享有著作权。原告 Nova 认为其生成的画面是由自己的计算机软件生成。而 Mazooma 则认为这些画面的组成图形是实际使用者进行的设计。基于双方不同的主张,Kitchin J. 法官认定计算机生成作品的著作权人应当是 Nova 的设计公司的董事长,因为董事长设计了画面产生的逻辑规则,且组织人员编写了程序,而非未对游戏做任何贡献的玩家。

2. 南非

《南非版权法》规定与英国的作者规定类似,即由电脑生成的文学、戏剧、音乐、美术作品以及计算机程序的作者,是指为作品的创造提供必须准备工作的人。④在 Haupt v. Brewers Marketing Intelligence 一案中,法官在判决中指出,虽然计算机生成的作品和运用计算机产生的作品之间的界限并不明显,但是出于程序者人的利益、权利归属问题,以及避免以后类似问题的纠纷,最终判决,如果作品的创作主体是算法,则其被授予版权的合法性与该算法无关,而与利用该算法生成作品的人类主体息息相关。⑤

---

① 我国香港特别行政区《版权条例》第11条第(3)款、新西兰《版权法》第5条第(2)款、南非《版权法》第1条第(1)款以及印度《版权法》第2条的相关条款也沿袭了英国的这一立法模式。

② Nova Productions Ltd v Mazooma Games Ltd(2006)RPC 379.

③ 该电子桌球游戏是通过计算机软件自动生成的游戏。

④ See South Africa Copyright Act, No.98 of 1978, s.2(h).

⑤ South Africa Haupt v Brewers Marketing Intelligence(Pty)Ltd[2006]SCA 39(RSA).

实际上南非就是把版权赋予了人类自身，而非算法这一技术。

3. 美国

在美国现行著作权法中，并未明确排除自然人以外的对象成为版权归属对象。虽然美国对"计算机生成"的作品并未纳入著作权客体范围，然而却在 1985 年版权局批准了《警察胡子》的版权注册，并将程序员和插画师列为版权所有者，将计算机程序"Racter"列为作者。[①]1993 年，版权局注册了一部 *Just This Once* 的小说，该小说是由名为"哈尔"的算法生成，被列为作者的是哈尔的程序员 Scott French，且将注册作品列为"原创和计算机辅助文本"。[②] 可见，美国在未对算法生成物进行著作权立法时，却通过实践默许了这些算法生成物的可版权性并将著作权人归为"人"。[③]美国认为，创造力不是人类所独有的，它在一定程度上可以被编码（取决于一个人如何定义创造力），但是这种创造力必然需依附一个人类创造者。[④]《美国版权局惯例汇编》强化了这一观点，即必须由人创作的作品才能注册，因为版权法只保护创造性思维和智力劳动的产品。[⑤] 而德国在重视精神权利的基础上，更加明确了作者为自然人的必须。澳大利亚判例法则确认了对作品的人为作者的需要，认为作者身份是评估作品是否受版权保护的关键因素，所有这些都拒绝授予计算机生成的、缺乏（完全或大部分）人工输入的产品版权。因此，独创性要求作者个人在工作中付出一些精神

[①]　Racter, The Policeman's Beard is Half Constructed（1984）.（Copyright Registration No. TX-1-454-063, computer generated prose and poetry）.

[②]　Remarks by Ralph Oman, Register of Copyrights, 46 Pat., Trademark & Copyright J.（BNA）395（Aug.9, 1993）.

[③]　Annemarie Bridy. The Evolution of Authorship: Work Made by Code［J］. Columbia Journal of Law & the Arts, 2016, 39（3）: 395-402.

[④]　Annemarie Bridy. The Evolution of Authorship: Work Made by Code［J］. Columbia Journal of Law & the Arts, 2016, 39（3）: 395-402.

[⑤]　U.S. Copyright Office. Compendium of U.S. Copyright Office Practices（3rd edition, 2014）. Section 306.

或智力努力，而这种精神努力，即使是低努力，也是针对该工作的特定表现形式的。①

基于对现有可供参考的"计算机生成"的立法与实践可以得出，"计算机生成"创作者必须是"自然人"，且在计算机生成的过程中必须有人类参与。

（二）算法生成物之"自然人"主体认定的分析

1. "算法生成物"是人类利用技术的创造

法律的治理需要包含法律的创制和适用两个重要部分，在现有制度体系的框架下，将算法生成物归为"作者"的逻辑起点，是对著作权制度下智力成果创造者的主体资格问题的回应与解读。

技术作为人类发明的一种工具，与人类有着本质的不同，它就是一种抽象的符号，在能指与所指之间保证着人类与所需接触事物的关联，它们并非一种共同体，而是类似于生物界中"寄生物"的种类。这种"寄生"的技术并非能够自主实现工作，维持自己的价值，只有在依靠人类"宿主"的前提下，才能发挥其价值。那么技术是否可以是一种自主体呢？自主体的定义在于，自主行动的主体或使事情发生的主体。②也许单就传统的技术如铁锤、字体和语言来看，这些技术必须和人类一起产生作用，才能使某件事情发生。诚然，如果说技术本身存在往往因"无心插柳"而能够导致人类和环境产生一些或多或少的作用，那么技术成为自主体的解释也稍有意义，但仍有牵强。严格来说，技术作为一种媒介虽然能够产生一定的作用，但这些作用力是与操纵者的人类有关的。在新技术下，算法生成物的产生依赖于它能和人类之间或者与技术自身产生协同关系，这些都与人

---

① Ice TV Pty Ltd v Nine Network Australia Pty Ltd（2009）239 CLR 458. Acohs Pty Ltd v Ucorp Pty（2012）FCAFC 16.

② 罗伯特·洛根. 什么是信息［M］. 何道宽，译. 北京：中国大百科全书出版社，2019：159.

类结成一种共生关系，这种协同现象依旧更好地反映出人类发明和使用计算机这一技术行为的性质，也表明技术唯有"寄生"于人类，才能具有作用，而这种作用的产生也将进一步否认技术能够独立存在。

2. 算法生成物归为"自然人"之"人类中心主义"

从现有的国家立法来看，著作权的主体一般来说均是自然人。早在1956 年，当美国 Burroughs 公司的数学家 Klein 和 Bolitho 试图登记保护 datatron 计算机合成的歌曲 *Push Button Bertha* 时，美国版权局直接拒绝了他们的登记，并指出计算机合成创作的歌曲不能受到版权的保护，因为作品的创作者必须是人而不是非人类的计算机。[①] 因此，当其他国家将"计算机生成"的主体归为"人"之时，显然坚持了"人类中心主义"。

"人类中心主义"源自康德"以人为本"的理论研究，并在《纯粹理性批判》中捍卫了人的自由、尊严与理性，认为"人类的智能是人类自身在漫长的进化过程中千锤百炼积累起来的智慧能力，而高级人工智能说到底也只是人类自身智慧的某种模拟和复制"。[②] 因此，在民事立法旨在，康德的"以人为本"逐渐被确立下来，使"人"成为法律主体的重要考察标准。

首先，从人的自由与尊严出发，算法并不具备该要素。"人"与"物"之间只能是从属关系，但法律主体是平等关系。从算法和人出发，算法实则是人的创造物，因此算法和人之间只能是一种物与人的从属关系，且算法是手段，人才是目的。而从法律主体来看，目前的法律主体无论是自然人还是自然人集合体的拟制法人，均在地位上彰显了平等的作为"自然人"的尊严，而非与人的创造物之间同物的平等关联。因此，无

---

① Ana Ramalho. Will Robots Rule the（Artistic）World?A Proposed Model for the Legal Status of Creations by Artificial Intelligence Systems［J］. Forthcoming in the Journal of Internet Law, 2020, 21（6）：12–25.

② 钟义信. 高等人工智能原理：观念·方法·模型·理论［M］. 北京：科学出版社, 2014：206.

论从人这一要素还是从法律地位彰显的人之要素来看，算法的主体资格都应当是"自然人"。

其次，从人之理性出发，算法在一定程度上的偏离也势必有所影响主体之"理性"特征。理性是人与物最本质的区别，没有理性的东西只具备一种相对价值，是一种手段；理性的人才是目的。① 但人的理性是建立在自我意识之上，因为自我意识（自我观念）是人所具备的，是主体对认识对象一种有选择的、有目的的认识活动，表明人高于地球上其他一切非理性动物，人处于支配与处置地位，人与动物在等级与尊严上截然不同。② 也正因理性这一要素，演变出法律主体具备"理性人"的特征。道德哲学与法律学都假设了一个自主自律的主体，作为法律的"理性人"，应当根据内心意志的判断与抉择，理性地对社会生活作出相应的安排，对自身行为负起道德与法律上的责任。③ 也正因为理性这一要素，激励机制才能将"理性人"作为法律主体的自然人，因为这一自然人可以预判自己行为可能带来的某些法律后果，因而在法律规范之中限制自己的行动界限。而算法的人工智能体，作为人的创作物虽然在某些层面上比人更加具备"理性"④，但如果高度归结并且作出最终导向的话，其结果仍是人之本体。

从康德的"人之目的"和"主客二分"的哲学观点来看，法律主体地位无法超出"人"的结界，一旦跨越就是从根本上否认了人脱离于它"物"只存在的本源，将会混淆人与人之间和人与它"物"之间的联系。因此，在"人类中心主义"之下，"自然人"的法律主体地位得以一直延续至今，即便是法人主体的确定，也必然依附于其背后的自然人集合。

---

① ［德］卡尔·拉伦茨. 德国民法总论［M］，王晓晔，等译，北京：法律出版社，2003：45.

② 李扬，李晓宇. 康德哲学视点下人工智能生成物的著作权问题探讨［J］. 法学杂志，2018，39（9）：43-54.

③ 李扬，李晓宇. 康德哲学视点下人工智能生成物的著作权问题探讨［J］. 法学杂志，2018，39（9）：43-54.

④ 这一理性仅指概念、推理和判断。

三、算法生成物之"机器主体"分析

（一）"机器主体"的发展

引发学界对"机器主体"探讨的虽是欧盟"电子人"的提出，但早在 2007 年开始，日本就对机器人进行一种"人格"的主体性规制。日本通过户籍登记制度，为机器人设定了 Koseki 的登记制度，Koseki 登记制度将世界上的机器人分为注册机器人和未注册的技术系统。[①] 后一个就包含许多与"机器人"相关的属性的系统，但因为并未进行 Koseki 登记，则可能只是一个系统而已。此外，Koseki 登记制度为机器人的注册，以第三方的规制保证它在技术规格、安全、信息、可能的赔偿责任关系等方面满足某些最低标准。然后，政府和私人行为者可以根据这些标准制定硬性和软性法律要求以及技术规则和条例。Koseki 登记制度已经为机器人提供了一个类似于"人类户籍"制度的规制模式，这种规制可以看作是"机器主体"的雏形。

2016 年，欧盟委员会收到了欧洲议会以限制机器人生产和流通，并且要求制定民事规范的报告。该报告提出："从长远来看要创设机器人的特殊法律地位，以确保至少最复杂的自动化机器人可以被确认为享有电子人（electronic persons）的法律地位，有责任弥补自己所造成的任何损害，并且可能在机器人作出自主决策或以其他方式与第三人独立交往的案件中适用电子人格（electronic personality）。"[②] 在该报告中还指出"非人类的代理人"的概念，认为人工智能是一种人类代理人的状态。但在该草案中并没有具体提出这种"电子人格"如何应对民事行为能力和民事责任能力，且欧盟也无实践可寻。

---

① Jennifer Robertson. Human Rights vs Robot Rights：Forecasts from Japan［J］. Critical Asian Studies，2014，46（4）：571-598.

② European Parliament. Report with Recommendations to the Commission on Civil Rules on Robotics，A8-0005/2017：18.

2017 年，"法国及卢森堡作曲家协会"将 AIVA 作为首名非人类会员纳入。AIVA 基于深度学习算法，能够在几分钟之内就制作出自己的乐谱，并且依据专业人士测试，无法对算法生成物和人类创作物之间作出区分，但目前来看，AIVA 的作曲和编排上仍旧需要大量人力投入。此外，AIVA 的音乐不能纳入公共领域，因为现在 AIVA 的音乐已经在 SACEM 注册。

2017 年 10 月，沙特阿拉伯授予机器人索菲亚公民身份。作为史上首个获得公民身份的机器人。索菲亚是依靠计算机算法进行面部识别，进而与人进行延伸接触与交流。但这个在机器测试中曾经扬言要"毁灭人类"的索菲亚被授予公民身份的当天指出，它将能帮助人类过上美好生活。同年在新西兰，一位被赋予"公务员身份"的机器人 SAM 用于政府办公，并回答市民提出的有关问题，且这位叫 SAM 的机器人将参加下一届新西兰大选。虽然 SAM 没有明确被赋予主体地位，但是从其将能参与基本人权的被选举权来看，无疑已是个例。

2020 年 12 月，韩国提出人工智能是否可以在发挥出类似人类部分智力，进行算法决策的条件下生成创造性作品时赋予权利主体的地位，并在下一阶段审查现有知识产权的相关立法能否有效保障算法生成的开发者、投资者的利益，而这一阶段的立法路线则有望在 2021 年和 2023 年分别实现。①

对"机器主体"的立法提出，目前来看并非已经立法确认且完全赋予"机器主体"以人格。无论是 AIVA 作为音乐协会的会员、索菲亚公民还是 SAM 被选举权的认定，都可以说是人类通过拟人化的想象对其例外的保护。而日本将机器人归为户籍，欧洲议会的"电子人格"提出，均是试图用规范来约束过于具有风险的未来"机器人行为"。

① 杨婕. "韩国首次提出人工智能立法路线图，为人工智能时代做好准备"［EB/OL］.（2020-01-25）［2021-02-02］. https://mp.weixin.qq.com/s/0stAoWxhhg1cTPOdCRm7Yg.

（二）算法生成物之机器作者的主体分析

1."机器作者"的分析

"机器主体"的提出，必然是基于一种理论支撑，因为"机器主体"不具备生物人的概念，且其核心是算法生成，必须从宏观的状态对其进行解读，并为其找寻合理支撑。而"机器主体"的主体资格赋予首先在于人类对基于算法生成的"人形"外观体现出一种"近人性"的感情投射。有实验证明，在人形人工智能剥夺了人类受试者 20 美元酬劳时，有 65% 的受试者认为应对人形人工智能进行道德谴责，但是当自动售货机故障而扣除 20 美元时，受试者却很少对自动售货机进行道德谴责。① 因此，作为算法载体的人工智能一旦具有了人形外观，公众会以心理倾向的角度去解读算法的一些"行为"。

除却算法生成的"近人性"之外，民事主体立法发展的日渐包容也为支持"机器主体"的立法研究提供了基础。在经历了从"自然人"到"法人"的拟制主体之后，基于《德国民法典》"动物不是物"的规定，认为和动物同样是非人类实体的范畴下，可以对其进行保护，进而赋予其法律人格。因为即便是现在，仍有一些具备"物格"之物存在，如新西兰的国家公园就被赋予法律人格，且这种赋予被称为"超个人法益"的属性。② 此外，"法人"这一拟制主体具备自然人外观之说，也成为"机器主体"论证的重要观点。作为法律拟制主体的"法人"，在自然能力和权力能力之上同自然人没有差别。因此，当人工智能体在现实生活之中从事的创作行为、代理行为等产生了大量急需人类加以法律规范的时候，通过法律赋予其特定的主体地位几乎可以说是必然的。③

---

① ［美］瑞恩·卡洛，迈克尔·弗鲁姆金，［加］伊恩克尔. 人工智能与法律的对话［M］. 彭诚信主编，陈吉栋，董惠敏，杭颖颖，译，上海：上海人民出版社，2018：19.
② 江海洋. 侵犯公民个人信息罪超个人法益之提倡［J］. 交大法学，2018（3）：139-155.
③ 石冠彬. 论智能机器人创作物的著作权保护：以智能机器人的主体资格为视角［J］. 东方法学，2018（3）：140-148.

如果从功利主义来看，算法生成物通常是基于人类偏好的最终产物，如在央视一档名为《机智过人》的电视节目中，算法生成已经参与到人类服装设计中，当主持人要求现场嘉宾进行辨认哪个是基于算法生成的服装设计时，嘉宾均表示无法辨认，但也尽量从中间找出区别。2020年9月，在我国一场国际纺织图面料的展览会的鲁丰织染展位上，推出了算法生成的服装设计平台设计的各类服装图案设计。据了解，纺织图案设计需要耗费大量时间，融入创作灵感，还要最终根据实际使用者需求进行修改，从而提高成本。因此，当算法可以为人类减少痛苦根源，融入最大快乐源泉的情况下，将算法的人工智能体设定为主体亦无不可。

2. 算法生成物之"机器作者"反思

"机器主体"的立法雏形，标志着人类在算法生成物中迷失自我，以至于思考未来可能的风险。"机器主体"的提出，是人类在面对技术带来的风险时，对风险过于放大后的回应。美国科学家阿西莫夫在其短篇小说《转圈圈》中提出的"机器人的三条律法"①，是在世界上第一台具有执行编程语言能力的计算机之后。虽然这套继电器式的计算机只能存储64个单词内容，也没办法较快运行，但阿西莫夫却开始想象一个具象化的、能够伤害人的机器人出现。这种对现实的担忧提出的风险应对是可以理解的，但是如果通过立法规制作为核心的算法生成则有些不合时宜。

首先，从现有的立法建议和承认"机器主体"的趋向来看，这些被承认的"机器主体"均是有形体的智能"机器人"或人工智能实体，导致法律模式局限于主体的"具象化"和"拟人化"的思维。但从算法生成的起源与发展来看，最初的算法作曲、算法绘画都是人类为了追求艺术，而进行的一种技术性的选择。

---

① See Isaac Asimov.I, Robot. New York：Doubleday，1950：40. 第一，一个机器人不得伤害一个人类，也不能因为不作为而允许一个人类被伤害；第二，一个机器人必须遵守人类施加给它的规则，除非这些规则与第一律法相冲突；第三，一个机器必须保护自己的生存，只要这种自我保护不与第一或第二律法相冲突。

其次，从民事主体地位的"法人"拟制主体来看，"法人"基于权利能力和行为能力而产生，是满足特殊团体的存在，由此可有助于其进行权利的行使和责任的承担。以法人为例，拟制主体在法律上是被认可的。所以，算法生成物的背后即使不是人，也有可能成为法律拟制主体。但从民事主体的法人拟制建构来看，法人的创设是基于特殊财产的归属而建立的，罗马法为将国家财产归属于国家而不是全民共有，从而让法人这一团体替代了所有的自然人。如果将算法生成物作为类似于"法人"的拟制主体来看，其背后可以行使权利以及承担责任的最终均归之于人，那么再创设"机器主体"显得多余且毫无必要。例如，在承担损害后果时，无论是以罗马法的"缴出赔偿"（noxoe deditio）原则，把机器人交给受害者或其家属处置，还是让机器人支付赔偿金或坐牢的情况下，最终承担责任的仍然是机器人的"主人"，因为机器人不可能有独立的收入，而限制它的"自由"则是一种类似于对机器人的"主人"进行财产权剥夺的惩罚方式。[①]

再次，算法生成物是基于算法的输出成果，仅是人类依靠算法生成的产物，不具备人类独立自主的意识能力与情感能力。甚至有学者认为，智能机器永远无法具备人类的感情能力。而从算法生成物的产生过程看，如果没有人类的任何干预与驱动，算法根本不可能实现完全地独立去自主生成作品。

最后，如果将算法生成物归为"机器主体"违背了人类本质的学理基础。从康德的人格伦理哲学角度来说，脱离了人自身的创造物，不管是物质的还是精神的，虽然获得了一定的独立性，但对于人而言，不可能也不应当变成道德主体，变成目的和绝对价值。将人的创造物升格为主体和目的，将人降格为客体和手段，不但创造物毫无意义，人也将变得毫无意义。私法的基本原理规定权利主体与权利客体不可互换。[②]那些将人类排除在外的作者规则应当以背离"以人类中心"的原则视为一种不具备理论基础

---

① 郑戈. 人工智能与法律的未来［J］. 探索与争鸣，2017（10）：78-84.
② 熊琦. 人工智能生成内容的著作权认定［J］. 知识产权，2017（3）：3-8.

的法律虚构。虽然，有立法指出一种由计算机生成的作品是不存在人类作者的①，或并没有"作者个体"②。但在进行主体资格分析的基础上，以人类为中心的著作权法甚至是民法理论仍然是主要的，因为人类创造了算法，因此，算法生成物可以视为与"自然人"相关的作品，因为这些内容从基础上与人类本身的创造有着因果关系。③作者与算法生成物间的联系应当是一直存在的，因为这将有助于理解算法生成物归为作者的体现，而不是单纯地将作者作为一种与算法生成物的关系。因此，当"主客一体"的认识论通过"主客分离评价"能够直接认定算法生成者与人类之间存在关联时，无须在挑战现有民事主体的基础上为算法生成物寻找"机器主体"。

基于对"机器主体"的分析，笔者认为算法生成物的主体仍应当遵循人类这一主体地位的原因有三。首先，"机器主体"无法类推适用法人主体，民事主体的拟制在于"法人"背后仍以自然人为基础；其次，算法生成物只是具有思想表现形式的"作品外观"，其自动生成过程是基于人类设计的算法；最后，不能违背"人类中心主义"这一基本哲学原理。可见，目前作为算法生成物的创作主体仍需要以人为基础。

第二节 算法生成物著作权归属的具体探讨

若现有立法普遍承认算法生成物的著作权归属于"机器主体"，那么算法生成物的著作权归属也不必进行探讨，只需要探讨"机器主体"能否取得法律上的人格即可。但现阶段，将"机器作者"视为算法生成物的主体并没有在著作权制度，甚至在整个法律主体制度上达成有效共识，因而在基于现有著作权主体制度，以及各国在对算法生成物的主体进行调整和

---

① Section 178 of the UK Copyright Designs and Patents Act（CDPA）.

② Section 2（1）Irish Copyright and Related Rights Act 2000.

③ Dan L. Burk, Thirty-Six Views of Copyright Authorship, by Jackson Pollock, 58 Hous. L. REV. 263（2020）.

研究的基础上，以"主客体分离评价"的思路，在算法生成物的基础上将其归为著作权上的"作者"。虽然算法生成物的"作者"立足于现行著作权制度，但具体在权利归属方面出现了模糊不清的问题，因为算法生成物的人类参与主体具有多元性，无论是设计者、投资者和实际使用者，都需要基于现有权利归属模式进行分析与探讨。基于这一情况，该节旨在梳理国外的著作权归属安排。

一、"虚构作者"前提下雇佣作者和合作作者的分析

虽然目前算法生成物的创作行为是由算法作出，且算法无法被视为著作权制度上的作者，因此，很难解决算法生成物的归属。基于算法目前不能被视为著作权制度下进行创作的主体，且算法生成物的多元主体存在的现实基础，为了在算法生成物与自然人之间进行关联，并解决算法生成物中设计者、投资人和实际使用者之间的权利取得困境，"虚构作者（The Fictional Human Author）"理论便被提出，并在该理论的基础上，解决三者之间的著作权归属问题。

（一）"虚构作者"理论

"虚构作者"理论[1]是指，在生成物是由非自然人所创作时，可以先拟制一个虚拟著作权人，如果该作品能够符合除作者作品要求之外独创性和固定于有形载体的要求，就认定该虚拟著作权人享有著作权，然后再由版权局或者法官根据该作品创作过程将实体权利认定给程序开发者或者使用者，让其成为该作品法律上的作者。[2]而在该考量的基础上，首先要解决的是达到何种标准时可以满足虚构作者的主体资格。因

---

[1] 该理论实则与"类人作者模型（Human-like Model）"的构建相同，因此笔者在此不再进行辨析，并进行同质化处理。

[2] Timothy L. Butler. Can a Computer be an Author：Copyright Aspects of Artificial Intelligence [J]. Journal of Communications and Entertainment Law，1981，4（4）：707-748.

此，Russ 学者提出，首先要判断"独立创作作品"（Independence of the Work），即只要通过按下按钮就可以产出作品；其次，评判创作性的独立性（Independence of the Creativity），即自然人的创作行为是"微不足道"（de minimus）的指导且整个创作过程不仅仅是机械化（rote or mechanical）[①] 的数据处理；最后，这两项同时满足的情况下，就认定其通过了测试应当受到著作权的保护。[②]

"虚拟作者"理论的首次提出是在 1981 年，学者 Bulter 基于研究计算机生成物的时候意识到，如果这些计算机生成物没有人类作者，那么它们将不会受到著作权保护，而为了弥补美国版权法制度上的空白，法院需要为不是人类作者的产品找寻合适的进路来确定著作权归属。而此种情况下，为了解决其主体资格问题，法院可能采取四种做法：一是完全不受著作权保护；二是通过和人类的关联（shared）认定作者；三是直接归为计算机所有人或底层程序所有人；四是首选构建一个虚构作者，并将其著作权分配给软件的著作权人、指令发出者（the problem-specifier）或计算机所有者，无论是独立、合作还是部分。[③] 显然在现有的创作行为必须是贡献智力创作的人来看，前两种做法很难满足权利的原始取得。而如果仅采用第三种选择，则忽视了实际使用者的权益分配。因此 Bulter 在其研究中提出，可以选择首先构建一个虚构作者，然后在此基础上对其进行著作权归属安排。首先，虚构作者的构建坚持了创作行为是人类的行为，不会被机器掠夺。其次，符合技术变革下著作权制度的灵活调适。最后，在该理论下解决著作权归属，符合著作权制度下通过私权赋予促进商品化的传播。最后，是在具体判断著作权保护时，不必围绕思想表达二分法、创作主体必须是人进行反复探讨与争议。

---

① Andrien v. S. Ocean Cty. Chamber of Commerce, 927 F. 2d 132, 135（3d Cir. 1991）

② Russ Pearlman, Recognizing Artificial Intelligence As Authors And Inventors Under U.S Intellectual Property Law, Richmond Journal of Law and Technology, 2018, p65-87.

③ Timothy L. Butler. Can a Computer be an Author: Copyright Aspects of Artificial Intelligence［J］. Journal of Communications and Entertainment Law, 1981, 4（4）: 707-748.

"虚构作者"理论的应用，应当明确的是其仅仅作为一种代理工具。就目前而言，算法生成物实则是技术的应用实现了人的主体地位的延伸。但实际上这种代理工具是各方都不会认可的主体，本质上充当的是委托人的"电子奴隶"。[①]《美国代理法重述（第三版）》中早已指明，计算机程序不能作为代理程序，因此这种"虚构作者"仅能是扩大解释委托人委托意思的代理工具，且不具备超越权限的能力。[②] 该理论只能为解决"人类"创作主体提供了一种客观评价的标准，从而在此基础上发展出雇佣作者、委托作者和合作作者的权利归属模式。

（二）以"雇主"解决算法生成物的独立主体

1. 雇佣作品的权利归属：雇主

雇佣作品归属于雇主，最早可以追溯到英国版权法中对计算机程序代码的规定，指出计算机程序代码的所有权可赋予进行作品创作所需而参与的人。这一规定的某些层面类似于美国版权法中的"雇佣原则"，即雇主对雇员的作品具有版权，但在一定程度上偏离了英国现行代理人法律中"雇员"和"雇主"的明确关系。在 Community for Creative Non-Violence v. Reid 一案中，美国最高院明确规定《美国版权法》第 101 条款中的"雇员"释义必须参照美国有关代理人法的条款。[③] 但如果遵循此种先例，将"雇员"完全限定在代理人的基础上，则无法满足对"法人"的权利归属需求。美国其后通过判例对"雇佣原则"的调适，认为"雇主"与"雇员"必须具备为了调整原有代理人关系以便"法人"能在不挑战版权制度下的适用。法院认为，从利益平衡视角出发，"投入－回报"通常是一对孪生体，投

---

① 刘云. 论人工智能的法律人格制度需求与多层应对［J/OL］. 东方法学，2021：1-13 ［2021-01-30］. https：//doi.org/10.19404/j.cnki.dffx.20210115.002.

② Mireille Hildebrandt, Legal Personhood for AI? ［M］// Law for Computer Scientists and Other Folk. Oxford：Oxford University Press，2020：237-250.

③ Cmty. for Creative Non-Violence v. Reid，490 U.S.730，739-40（1989）.

入成本的投资者会比设计者主体付出更多。雇佣原则中对"员工"和"雇主"这两个术语应当作相对解释，而不是根据代理人规定进行严格的限制。

美国《版权法》中对雇佣原则的规定适用于创作的作品是受版权保护的"雇佣作品"，此类作品具有两种类型，第一种"雇员在其工作范围内准备的工作"，第二种是"特别命令或委托使用的作品……如果当事人在双方签署的书面文书中明确同意，该作品应被视为雇佣作品。"第二种的特殊雇佣作品是将9种委托作品涵盖至雇佣作品之中，但委托作品作为雇佣作品具有严格的构成要件。《德国著作权法》对计算机程序的雇佣作品进行了规定，认为雇员在履行其职责或按照雇主的指示进行计算机程序的研发，则雇主完全有权行使计算机程序中的所有经济权利，除非另有约定。[①]美国雇佣作品中的"特殊委托作品"类似于《德国著作权法》的规定、《德国著作权法》在第三章使用权，第五章版权权利的交易，第六章版权合法使用许可的限制中均对雇佣关系进行了一些规定，且在第43部分指出雇佣关系中作者的认定应当："适用于作者为履行由雇佣关系或服务关系引起的义务而创作的作品，除非根据雇佣关系或服务关系的条款或性质另有规定的情况除外。"

可见，"雇佣原则"的目的在于通过版权制度的规定将作者的主体资格授予最初并不进行作品创作的一方。但因《美国版权法》中作为第二类委托作品的雇佣作品相较于第一类而言，是一种通过协议进行协商的作品，因此在该小节应当仅在第一种雇佣作品类型中探讨算法生成物属于"雇员"的可能性，且应当将"雇主"和"雇员"视为雇佣原则范围内的相对术语，从而将算法生成物分配给人类作者来防止其作品进入公共领域。

2. 雇佣主体的适用优劣

如果"雇主"和"雇员"一词在该准则的范围内被解释为相对的，则可以在雇佣作品中将包括于个人、公司或组织中的"作者"同无所不包的"作

[①]　Act on Copyright and Related Rights（Urheberrechtsgesetz，UrhG）Chapter 8 Section 69b.

品"（如书籍，录音，电影，图像甚至计算机代码）相趋同，从而反映出为了适应新出现并反映当代社会变化的技术和经济，从而调整服务于政策的法律，将算法生成物的主体资格转移至相应的自然人和视为作者的主体之上。因此，"雇主"可以被认为是为了实现目标或完成任务而使用算法生成物的自然人、法人或非法人组织，而算法生成物的程序员、投资者将在满足其条件的前提下满足其定义。

通过对"雇主"和"雇员"范围的重新解释，可以解决现行算法生成物对著作权归属中的挑战。因此，设计者和投资者将算法生成物作为雇佣作品从而取得主体资格的做法，不仅能够在获得版权保护中取得利益，更能通过利益的获取保障算法生成物的创新开发，从而为未来的算法生成物提供发展渠道。此外，委托作品是《美国版权法》中的特殊规定，即是指为特别目的定制或者委托创作，且经当事人双方书面明确约定为委托作品并具有具体用途的作品。① 但其不同在于，委托作品在一定程度上可以进行书面约定，以确保自由权利的行使。在 Community for Creative Non-Violence v. Reid 一案中，美国最高院明确规定《美国版权法》第 101 条款中的"雇员"释义必须参照美国有关代理人法的条款。② 因此，在"虚构作者"理论之下，算法生成物的"虚构作者"被视为"代理人"之后，其著作权归属约定通常不具备争议。

但即便以扩大"雇主"用以解决算法生成物的著作权归属，并且通过对这些未直接参与算法生成物产生的三方主体赋予作者的身份，仍在其著作权归属中存在多元主体的具体归属问题。诚然，在"虚构作者"理论的提出下，"雇员"作为"自然人"的解释可以得到证成，且将算法生成物的"虚拟作者"比喻为"雇员"是合适且恰当的。但在具体的司法判例指出，如果将算法生成物归属于"雇主"，那么这位雇主必须是"作品产出的激

---

① 《美国版权法》第 201 条（b）。

② Cmty. for Creative Non-Violence v. Reid, 490 U.S. 730, 739-40 (1989).

励因素（motivating factor in producing the work）"①。而在这种条件下，也许算法生成物的原始刺激者是设计者或者投资者，但实际使用者可能将最终决定算法生成物的产生。在 CCNV v.Reid 一案中指出，雇主通常是能够承担风险、且能够直接作出决策的生产商或出版商。②如果从这个层面来看，算法生成物基于激励因素，设计者和投资者的"激励因素"很难评判，因为最终导致算法生成物产出的是类似于按下摄影机按钮的那个人。即便可以以目前大多数情况下的算法生成物产生通常是由投资商或者设计者的驱动下产生。如"小冰诗集"等是由微软公司作为"按下按钮"的主体，但在具体的雇佣作品中，"按下按钮"的可能微软公司的程序员，抑或微软公司的多数人。激励因素的评判也需要进行具体的考量。不过就目前相关判例的解读来看，趋向于将算法生成物的"雇主"归为投资商。

可见，"雇主"能在很大程度上趋向于将其归为投资商，但是在具体的"激励因素"断定下，是否考量设计者和实际使用者的问题仍有待确定。诚然，属于私权范畴的著作权制度，允许双方当事人在意思自治的前提下以约定进行著作权归属的共享。③通过合同率先约定可以有效解决多元主体的著作权归属问题。但在没有进行合同约定的情况下，算法生成物如果自完成之日受到著作权保护，其原始主体的权利取得就需要进行探讨。因此，国外学者通过"雇主"解决独立主体之后，试图通过"合作作者"解决多元主体的问题。

（三）以"合作作者"解决算法生成物多元主体的著作权归属

"雇主"只是为了解决算法生成物的独立主体的第一步，而在多元主体，即设计者、投资者和实际使用者存在的前提下，会构成投资者与设计者之间、投资者与投资者之间、投资者与实际使用者之间、设计者与实际

---

① See CCNV v. Reid, 490 U.S. at 746, 10 U.S.P.Q.2d（BNA）at 1993.

② CCNV v. Reid, 490 U.S. at 746, 10 U.S.P.Q.2d（BNA）at 1993.

③ See Aalmuhammed v.Lee, 202F.3d（9th Cir., 2000）.

使用者之间的著作权归属问题。依据现有规定，能将多名主体共同纳入同一件作品之上的为合作作品。因此合作作品便成为解决算法生成物之间多元主体的考量。

合作作者要件的逻辑前提在于一种独创性表达是合作作品（co-operation works）。合作作品通常是指两个以上的人合作创作的作品，合作者相互须有共创作品的合意，同时又实施了共创作品的行为。[①]严格限制合作作品的构成要件则主要应当包括：（1）合作者需要"有意识"地参与一部作品的创作；（2）共同创作的意图应当事先或者在创作作品时就有；（3）每一位共同创作者都应当对作品作出实质性的"贡献"；（4）最终呈现的内容应当是不可分割的完整作品。因此，合作作者的构成要件主要包括："有意识"参与创作和"实质性贡献"。

1. 默示意图与实质性贡献的认定

如果具有合作意图的当事人可以达成共识，则无须进行另外解释，但在某些情况下，基于时空的限制，合作作品可能很难在多元主体之间有效沟通。于是，出现了默示意图的推定认定。1909 年《美国版权法》并未对具有共同创作意图的作品进行相关规定，因此当时也并无合作作者的概念，但美国作为英美法系国家的代表国家，其通过判例审判，在法律适用和法律解释下逐渐完善了合作作品的法律地位，并对合作作品的构成要件逐步明确。美国法院首先在 Maurel v. Smith 案件中认定了"有意识"作为合作作者的主要要素，后又在 Edward B. Marks Music Corp v. Jerry Vogel Music Co 案中认为每个作者是否认识以及身份关系并不重要，重要的是每个合作者都有与别人创作作品的意思表示。[②]在早期的契约法阶段，合同的成立需要以受诺人明确的允诺或者行为表示为前提。但在 Effect 案中，法律在特定情形中会强加于一种默示义务（Impling an Obligation）来确保一个缺乏

[①] 吴汉东. 人工智能生成作品的著作权法之问［J］. 中外法学，2020，32（3）：653-673.

[②] Edward B.Marks Music Corp.v.Jerry Vogel Music Co.140F.2d at 267.

双方协商（对价）的债务存在，因此版权默示许可被认为是法律创制的产物，与其他的默示事实合同（implied-in-fact contract）非常像，且意味尽管双方表达行为缺乏明确的意思表示，但仍可以被理解为要约与承诺。[①] 但在 Home Prot.Bldg. &Loan Ass'n 一案中，法院通过当事人没有明示其意图，而意图在某种具体环境下体现在具体行为中且当事人受到此意图的约束，事实上的默示合同由此产生。[②] 法院在具体审判中认为，虽然人格权利的归属很难在通过约定的合同中站稳脚跟，对于未付出智力劳动只提供生产要素的材料，或者仅提供"思想"火花并未参与表达过程的主体来说，如果仅因为人格权利的归属不恰就贸然切断作品与相关利益主体的纽带也是不恰当的。而美国意识到这一点之后，认为合作作品可以适用默示许可原则加以解决。且默示合同不以双方意图为基础，有时甚至与当事人的意愿相违背，主要是为了体现公平正义的法律效果。[③]

美国在利用默示意图解释合作作品时，认为合作作品并非以贡献就可以定位为著作权意义上的合作作者，仍需要进行实质性贡献进行断定。而默示意图同样有助于认定合作作品的实质性贡献。通常来说，合作作品的价值来源于各创作者所带来的具体贡献，并且这一贡献通常是被受众感知的重要部分，在没有对表达作出实质性贡献的情况下，可能将会切断没有参与劳动或者只参与了辅助性劳动的创作者。通过给予当事人对作品合作真意的客观标准，如果次要作者的贡献并不在于独创性的表达层面，则可以推定次要作者具备很小的合作意图，该状态下主要作者则可以成为唯一作者。但需要明确的是，合作作品的本质在于意思自治的合意，如果没有合意的前提，合作作品的权属适用便荡然无存。

---

① 宋戈. 版权默示许可的确立与展望：以著作权法第三次修改为视角 [J]. 电子知识产权，2016（4）：25-34.

② Home Prot.Bldg. &Loan Ass'n，17 A.2d 755，756（Pa. Super. Ct.1941）.

③ 李晓慧. 美国法视角下合作作品中共同创作意图的法律解释 [J]. 法律方法，2015，18（2）：330-339.

2. 算法生成物通过合作作者解决多元主体权属适用

首先，合作作者可以解决算法生成物的共同投资人之间的问题。各个投资者在进行算法生成的研究时，可能并没有针对算法生成物的归属进行实现约定。但算法生成物产生并受到著作权保护时，算法生成物便可以通过合作作品的默示意图首先确定其共同创作的意图，以及具体的实质性贡献来进行考量。一般来说，可以率先推定其具有共同意图，其次再通过实质性贡献，比如资金、设计者的雇佣以及科研团队的支持等进行归属。

其次，合作作者可以解决多方设计者之间的关系。也许算法生成物的产生是通过多位设计者共同设计的算法生成产生。而在此之前，可能算法生成物的著作权归属并未做明确规定。同样基于默示意图，那么在事先推定具有合作创作的基础上，进行实质性贡献的考量。而在进行实质性贡献的认定中，不同于投资者的贡献认定，可能设计者有些仅提供基础算法，有些是通过突破算法产生，有些设计者仅在程序完成时进行了指令输入，因此需要多方考量实质性贡献的真意。

最后，合作作品可以解决实际使用者的算法生成物著作权归属。因为当实际使用者取得了算法的所有权时，便产生了权利主体的默许资格。因为如果算法的原始主体可以通过编写合同自动将算法生成物的权属让渡给实际使用者。那么当实际使用者通过算法生成的虚拟现实共同构建了"音乐雕像"，[①] 或者实际使用者通过算法生成完成了一首歌曲便可以作为著作权人。或者当算法的原始主体没有明确拒绝实际使用者作为权利主体时，也可以具体通过实质性贡献进行考量，来认定多元主体的权属分类。

3. 合作作者的适用反思

算法生成物的特征在于人类的介入程度越来越弱，那么在这种介入程度弱化的情况下，实质性贡献的标准就会难以选择。通常来说，实质性

---

① 　Greg S. Weber, The New Medium of Expression: Introducing Virtual Reality and Anticipating Copyright Issues, 12 COMPrER/L.J.175, 190（1993）.

贡献必须包含一些必要的人力、物力。那么指令输入是否就是一种实质性贡献呢？如果从算法生成物的实际使用者著作权归属来看，如果实际使用者在获取了可产生算法生成物的程序后，并没进行输出，那么算法生成物便不会产生，因此实际使用者便成为算法生成物产生的关键一环。此外，以算法生成物的研发来看，各投资者可能并非全然对算法生成物的产生提供帮助，有些仅提供了小部分的财务支持，有些仅提供研发的人力支持，那么小部分财务支持的投资者是否也是算法生成物的实质性贡献者呢？可见，合作作品的实质性贡献将成为算法生成物的多元主体权属规制的另一讨论标准。

二、类似电影作品"必要安排人"的分析

"必要安排人"是英国、澳大利亚①等欧盟国家中用以解决计算机创作物的著作权归属而进行的法律规定。但随着算法生成物的人类介入程度越来越弱，在具体司法实践中，"必要安排人"的司法判例出现了重要变革。且"必要安排人"通常认为是"被人为操作"。但算法生成物因为人类介入程度越来越小，"被认为操作"也产生十分微妙的紧张关系，因为随着人为操作空间的缩小，算法生成物完全的、独立的、自主的创造是不被英国版权法所保护的计算机生成物。②且随着人类作者在计算机生成物中逐渐消失③，计算机生成物的著作权归属基于人类的最初设定产生了困难。在 2002 年，澳大利亚审理了 Desktop Marketing Systems Pty Ltd v. Telstra Corporation Ltd 一案中，法官佩勒姆认为，如果人类对软件程序的控制可被视为对创作作品的重新或者一定程度的调整和塑造，那么将作出调

① 虽然澳大利亚对计算机生成物采取的是理解权保护，但对算法创作物的权利归属同《英国版权法》的计算机生成物的规定一样，因此在进行分析时，也会借用澳大利亚的相关判例进行分析。

② 陈阳. 人工智能创作物著作权保护研究［D］. 长春：东北师范大学，2019.

③ Jani McCutcheon. The Vanishing Author in Computer-Generated Works：A Critical Analysis of Recent Australian Case Law［J］. Melbourne University Law Review，2013（36）：915-969.

整和塑造的人视为计算机软件创作的作品作者并无任何不妥，但如果操作软件程序的人无法控制最终的创作作品存在的物质形式，那么该人在这种情况下则无法被视为作者，且此类创作物也无法被视为具有版权意义的作品。[①]后来 Gordon 法官在 Primary Health Care Ltd v. Federal Commissioner of Taxation 一案中指出，计算机生成的自动化的内容无法确定谁为每项工作提供了必要的作者贡献。[②]

而认识到这种作者的缺失将严重损害计算机生成的著作权保护，故对计算机生成物提出了著作权归属相关意见，即通过类似"电影"的著作权归属模式进行计算机生成物的著作权归属安排。[③]

（一）以"电影作品"将著作权归属于"必要安排人"

在澳大利亚，电影并非像其他国家归为著作权保护的领域，而是作为邻接权客体进行保护。但其电影的必要安排人却有着明确定义，即制片人为电影的第一部制作作出财政或行政安排。而在英国，电影的著作权归属于负责录音或电影制作所需安排的人。在 Adventure Film Productions SA v. Tullys 一案中，法官指出电影制片人并不是仅按下按钮的人，其可以包括为其生产提供资金。但在 Slater v Wimmer 一案中，对电影作品的制作者和导演有了更进一步的诠释。该案是针对珠穆朗玛峰上空跳伞的电影片段的著作权归属争议。Slater 拍摄了跳伞的有关的镜头，Wimmer 则作为导演和跳伞者之一，并支付了此次电影拍摄所需要的全部费用，包括 Slater 的费用。法官在判决中指出，著作权人不仅仅是指制作影片的人，它侧重于为此作出必要安排的人，支付金钱的人不一定是作出必要安排的人，但在此次拍摄过程中，Wimmer 是不仅是支付金钱所作出必要安排的人，也是对项目

---

① Jani McCutcheon. The Vanishing Author in Computer-Generated Works：A Critical Analysis of Recent Australian Case Law［J］. Melbourne University Law Review，2013，36（3）：915–969.

② See Primary Health Care Ltd v. Federal Commissioner of Taxation(2010)186 FCR 301,333［125］.

③ Jani Mccutcheon. Curing the Authorless Void：Protecting Computer-Generated Works Following Ice TV and Phone Directories［J］. Melbourne University Law Review，2013，37（1）：46–102.

进行策划的人，因此可以被认定为作者。

基于此，"电影"中的"必要安排的人"通常有以下几个考量要素：
（1）谁打算制作这部电影；（2）为电影进行经济支出；（3）这部电影
是否需要他人指导；（4）有其他相关的制作者；（5）基本不需要创造性。
基于此，英国法院确定的适用于电影和录音的更广泛的标准在任何情况下
都同样适用于计算机生成的作品，例如谁打算创作作品，谁支付了费用，
除了假定的相关人员之外，它是否会被制作？①且英国和澳大利亚当局也
直接关注更多的"创造性"投入，将"计算机生成物"作为一项没有作者
的作品定义。基于对电影的著作权归属安排，英国在 Nova Productions Ltd v.
Mazooma Games Ltd② 一案中进行了践行。

该案对计算机生成的作者产生争议，因为原告无法预测其计算机最终
形成的画面。但法官指出，只要每个合成帧都是计算机生成的工作，那么
创建工作所需的安排就由原告承担，因为他设计了游戏的各种元素的外观
以及生成每个帧的规则和逻辑，并编写了相关的计算机程序，因此，原告
是必要安排的人。而在解释被告的所有权时，因为球员的行为是根据原告
的设定作出的，因此，并不是计算机生成的所有权人。该案对"必要安排
的人"的解释在于原告是计算机生成的合成帧的必要的人，并不强调原告
是导致该作品创作的行为人。

（二）"必要安排人"的著作权归属审视

虽然通过必要安排的人可以从类似于电影作品的考量出发，但仍有些
适用问题。现阶段的算法生成物生产链更长、更复杂，且对这些进行的安
排通常由许多履行不同角色的人承担，所涉人数可能使识别相关人员和他
们所承担的安排变得困难。此外，实际使用者可能作为"按钮推手"需要

①　Jani Mccutcheon. Curing the Authorless Void：Protecting Computer-Generated Works Following Ice TV and Phone Directories［J］. Melbourne University Law Review，2013，37（1）：46–102.

②　Nova Productions Ltd v. Mazooma Games Ltd（2006）RPC 379.

进行最终的裁决。

虽然会产生一些问题，但"必要安排人"也是一种基于立法而进行实践的产物，且可以总结出以下参考因素：（1）有创作作品的意图；（2）多大程度上接近最终的计算机生成；（3）安排能够在多大程度上决定了计算机生成的形式；（4）考量仅作为发出指令的实际使用者的潜在所有权，因为他决定了最终的表达；（5）投资。可见，"必要安排人"的探讨，直接不要求计算机生成物的生成必须有人的创作行为。虽然这同其国家的立法相关，但在具体的借鉴层面，必要安排的人和实质性贡献之间也并非没有共通之处。

不过仍旧有个问题需要审视，因为"必要安排人"总会基于"电影作品"将著作权归属于投资者，那么就会忽略实际使用者。同样是在 Nova 案中，法院明确拒绝给予实际使用者这种地位，因为后者的投入不是艺术性质的，他也没有作出必要的安排来制作框架图像。① 然而，其他情况可能不那么简单，特别是考虑到实际使用者在电脑游戏中的作用越来越重要。简言之，对作出安排的人的不确定性，必须逐案确定，不利于法律确定性，也是不扩大这一法律虚构性适用性的理由。此外，类似电影作品的"必要安排人"的确定却忽略了实际使用者这一类特殊的主体存在。

本 章 小 结

当算法生成物具备可版权性，便需要讨论算法生成物的创作主体以及算法生成物的具体著作权归属。寻找作品的主体主要解决作品的著作权归属问题，因为只有作品的著作权归属明确，才能实现高效便捷利用，实现作品传播。② 在探讨算法生成物的创作主体之前，首先应当对民事主体进

---

① Nova Productions Ltd v Mazooma Games Ltd at 399.
② 王国柱. 著作权法律制度发展的"媒体融合"之维［J］. 出版发行研究，2016（10）：83–85.

行探讨，用以明确著作权主体规定的立法本意，进而探讨目前算法生成物主要包括的以"自然人"为基础的作者和"机器主体"的作者两种类型。"自然人"著作权主体是基于直接进行创作行为人的"事实作者"规定，但"作者"并非仅有自然人，法人作者的出现表明自然人可以仅是"功能作者"，因此法人作者这一拟制主体的出现，为"机器主体"提供了非人类实体作者的立法启发。但通过对法人这一主体地位的分析来看，其目的仍是解决自然人集合的法律问题。因此对"机器主体"进行反思，认定"机器主体"不应作为法律主体存在，从而导致主客关系的混乱。因此，本研究在现有的作者与著作权人的立法规定中，进行算法生成物的著作权归属探讨。以目前来看，国际上倾向在"虚构作者"的前提下以雇佣作者、合作作者或者立法规定的"必要安排人"为算法生成物的权属寻找权利人，由此对设计者、投资者和实际使用者进行分配。这些著作权归属方式均有优劣，且仅为我国算法生成物的著作权归属提供可供参考的建议。

第五章　我国算法生成物著作权
保护的现状审视

迄今为止我国对算法生成物的著作权保护并未在立法层面予以规定，但实则实践先于理论，在我国已经出现了算法生成物的司法判例。当实践走在立法前面则需要对现有的著作权主体、客体和权属安排现状进行审视。有鉴于此，从我国著作权制度的历史沿革、司法实践中出现的分歧，以及现有对算法生成物的主体认定、可版权性和著作权归属的争议进行审视，有助于为我国算法生成物如何进行著作权保护的调整提供建议。

第一节　我国著作权制度的历史发展

一、从"刻印出版者"到"作者"的著作权主体演变

国际著作权制度的诞生，首先保护的是投资者利益。这与我国的著作权主体的发展惊人相似。印刷术的萌芽始于我国，且活字印刷术的发明可将我国商业化图书出版追溯至南宋，当时的出版者为了防止他人盗印、翻版，以获取更多利益，便寻求官府对其进行保护。南宋时期，《东都事略》一书中有牌记云："眉山程舍人宅刊行，已申上司，不许复板。"这一牌

记可以被看作许多国家图书版权页上"未经允许，不得翻版"之类的"版权标记"。①宋代的官府榜文中还针对违反"不许复板"的禁令作出"追板劈毁"的制裁措施。"翻版有禁例始于宋人"②，且这种"禁例"的保护一直延续至清末以前。

我国《大清著作权律》的制定，将作者分为"著作者""数人共同著作者""官署、学堂、公司、局所、寺院、会所""出资者"。③可见，《大清著作权律》虽然没有对著作权主体进行"作者"和"视为作者"的归纳，却在具体立法中将创作作品的作者、共同创作作品的作者以及在当时社会条件下所出现的利益团体均作权利人看待，没有作出必须为"自然人"的主体资格确认和作品的著作权归属。且从《大清著作权律》的具体条文中来看，著作权主体的实质性要件并非为"著作者"创作，还可以是出资委托他人创作。因此，以《大清著作权》的立法本意来看，著作权的主体制度并非局限于"作者人格"的限制。因此，我国著作权建立之初就已经产生了作者与作品分离的"主客分离"的趋向。随着我国1990年第一部《著作权法》的确立到新《著作权法》的发展，作者与作品分离的立法取向却发生了转变，著作权主体将"作者"与"视为作者"区分开来，更加强调作者是"创作作品的公民"或"创作作品的自然人"。而这一立法的更改，却将《著作权法》的"作者"主体同"创作行为"之间进行了加强。只不过在《著作权法》的"作者"语义上强调了"自然人"和"公民"的区分。但以"视为作者"来看，我国《著作权法》的"视为作者"中也出现了"自然人"和"公民"，如果从立法释义来看，"作者"的立法定位虽然强调了"自然人"的属性，但"作者"的创作行为和"视为作者"

---

① 郑成思. 版权法（上）［M］. 北京：社会科学文献出版社，2016：8.

② 郑成思. 版权法（上）［M］. 北京：社会科学文献出版社，2016：8-10.

③ 详见《大清著作权律》第五条："著作权归著作者终身有之；又著作者身故，得由其承继人继续至三十年。"第六条："数人共同之著作，其著作权归数人共同终身有之，又死后得由各承继人继续至三十年。"第八条："凡以官署、学堂、公司、局所、寺院、会所出名发表之著作，其著作权得专有至三十年。"第二十六条："出资聘人所成之著作，其著作权归出资者有之。"

的著作权主体之间仍旧产生了作者与作品的分离趋向。

　　显然，仅以著作权主体的立法规定对"作者"和"视为作者"进行解读是片面的，因为作者的探讨需要立足于著作权制度的发展和著作权的立法价值。从我国著作权制度的建立伊始来看，《大清著作权律》就将其立法宗旨以促进学术昌盛为目标，重点保护"著作物"，并未规定与作者人格相关的人身权。① 因此，《大清著作权律》的制定，并非为了保护作者人格，只是通过保护作者财产利益而达成"智识之交通，学术昌明"的立法宗旨，是一种激励主义而非"作者人格"主义。而后来，我国《著作权法》将作者人格与作品融为一体，概因世界知识产权组织强调作者"在精神和智力方面发挥作用，这种作用对于人类有着深刻的持久的好处，也是决定文明进程的一个决定因素。"②

　　伯尔尼联盟虽然在法哲学上延续了作者权法系的话语体系，但实际上自身却是版权商业利益跨国扩张的产物。③ 我国《著作权法》将精神权利的纳入，实际上是沿袭了《伯尔尼公约》对精神权利的规定，旨在通过不同主体各自享有不同的精神权利，控制或禁止他人的特定行为，并以此形成权利相互制约的格局，从而体现了其利益衡量的相对公正。《伯尔尼公约》通过这一精妙的立法技术，回应了著作权制度中作者与著作权人分离的实况，但也因此成为我国著作权制度下创作者与其作品分割的范式。诚然，在现行《著作权法》中，立法有意将作者与作品关联，并通过著作权权利中人身权不能与作者分割的状态强调作品与作者的密切关联。但我国的著作权制度通过人身权利与财产权利可以分割的二元论，以及著作财产权可以进行转让以促进作品的使用来看，选择"作者权体系"的著作权演变进路的我国，通过原始主体下的法人主体拟制，已经将作者的"非人性"体现出来。

---

① 《大清著作权律》的立法模式及对当前著作权法修改的启示。

② 联合国教科文组织. 版权基本知识［M］. 北京：中国对外翻译出版公司，1984：9.

③ ［澳］山姆·里基森，［美］简·金斯伯格. 国际版权与邻接权：伯尔尼公约及公约以外的新发展［M］. 郭寿康，刘波林，等译. 北京：中国人民大学出版社，2016：17-21.

二、概念完善和法定类型扩张的著作权客体发展

学术界通常认为，我国"作品"一词的渊源来自著作权法的法律释义，由美国《版权法》中的"work"翻译而成。但从我国著作权法的立法脉络来看，我国著作权法对作品的内涵一开始并未作出释义。1910年，我国第一部虽未实施但仍成为的《大清著作权律》已为著作权保护的客体规定其外延，即"称著作物者，文艺、图画、帖本、照片、雕刻、模型等是"。1915年，北洋政府又颁布《著作权法》规定的著作权客体有：文书讲义、乐谱剧本、图画帖本、照片、雕刻、模型、关于文学艺术或美术之著作物以及表演作品。其后1928年，民国政府颁布《著作权法》用"书籍、论著及说部"取代了旧法的"文书讲义"，用"剧本"取代了前者的"戏曲"，用"字帖"取代了"帖本"，用"文学艺术"取代了"学艺"。[①]且有学者认为，该法的第1条第5款之后附加的一项规定，即就乐谱、剧本有著作权者，并得专有公开演奏或排演之权，这一补充规定也是对著作权保护客体范围的扩大。[②]

新中国成立后，我国并未制定体系化的著作权法，1957年我国文化部发布《保护出版物著作权暂行规定》，将受保护的著作权客体限定在包括文字著作及口述著作，文字翻译，乐谱、艺术图画、科学图纸及地图等出版物。[③]1982年国务院批转的广播电视部《录音、录像制品管理暂行规定》加强了录音作品、录像制品的保护。1985年文化部颁布《图书、期刊版权保护试行条例实施细则》，对图书、期刊的保护进一步加强。1986年颁布的《民法通则》尽管没有列举具体的著作权保护客体，但是该法第94条和最高人民法院关于贯彻执行《民法通则》若干问题的意见第133条规定："作品不论是否发表，作者均享有著作权（版权）"。这意味着受法律保

---

① 《著作权法》在第1条第1款至第5款。

② 李明山. 中国近代版权史［M］. 郑州：河南大学出版社，2003：175.

③ 艰辛、喜悦与期盼——改革开放中的著作权立法［EB/OL］.（2009-12-11）［2020-11-29］. http://www.ncac.gov.cn/chinacopyright/contents/537/20677.html.

护的作品范围越来越宽泛。

1990 年我国颁布第一部正式的《著作权法》中，第 3 条以列举方式规定了著作权客体的保护范围，并首次将"计算机软件"也纳入著作权客体保护范围。2001 年通过的《中华人民共和国著作权法修正案》第 3 条及其实施细则第 4 条在 1990 年《著作权法》规定的作品保护范围的基础上，又将"杂技艺术作品、汇编作品、建筑作品、类似摄制电影的方法创作的作品和模型作品"纳入我国的著作权保护范围。2001 年的《计算机软件保护条例》把"计算机程序及其有关文档"列为著作权客体的保护范围。2006 年颁布的《最高人民法院关于审理涉及计算机网络著作权纠纷案件适用法律若干问题的解释》第 2 条规定，在我国司法实践中，应当将《著作权法》第 3 条规定的各类作品的数字化形式纳入著作权作品的范围内。同时，该条也规定，在网络环境下无法归于著作权法第 3 条列举的作品范围，但在文学、艺术和科学领域内具有独创性并能以某种有形形式复制的其他智力创作成果，也是我国著作权法律制度保护的客体，应受到现行著作权法的保护。依据该司法解释，可以看出诸如网页、数据库等网络产品，只要它们具有独创性并能以某种有形形式进行复制，就能得到著作权法的保护。2006 年颁布的《信息网络传播权保护条例》把"网络作品、数字作品及其保护措施和管理电子信息"纳入著作权客体保护范围。

而现行《著作权法》是 2010 年正式颁布的，并于 2011 年正式生效，现行著作权法沿袭先前的作品定义，并对作品的外延进行了扩张，明确指出电影作品以及类电作品也是著作权法的作品。而该著作权法实施两年之后，又开始了新一轮的修法进程。2014 年，国务院法制办发布《中华人民共和国著作权法（修订草案送审稿）》（以下简称《送审稿》），《送审稿》相较现行《著作权法》规定，对作品范畴增加"独创性"和"有形形式固定"的要素，而作品种类增加了实用艺术作品、视听作品、计算机程序等，且将兜底条款变为"其他文学、艺术和科学作品"。[①] 但因这些作品类型以

[①] 参见《送审稿》第 3 条。

及其他条款存在较多争议，因此在 2020 年，我国国务院又相继公开了《中华人民共和国著作权法修正案（草案）》（以下简称《草案一稿》）和《中华人民共和国著作权法修正案（草案二次审议稿）》（以下简称《草案二稿》），《草案一稿》对作品范畴增加"独创性"和"有形形式复制"的要素，而具体作品类型则以"视听作品"取代"电影作品"以及"类似摄制电影方法创作的作品"。但在《草案二稿》中"视听作品"则成为与"电影作品"和"类电作品"并列的作品，且将作品范畴的认定要素改为"独创性"和"一定形式表现"。而在新《著作权法》中，作品的内涵采用了《草案二稿》中的内容，但外延将《草案二稿》的兜底条款和《草案一稿》的"视听作品"加入，但无论如何，上述著作权的相关立法均表明了著作权作品范围的扩张与内涵的限缩。

三、多元主体模式的著作权归属发展

我国著作权的权利归属同著作权的主体之间是两个不同的著作权层面，著作权归属着重研究权利客体的著作权主体是谁，而非将作品与作者之间进行关联。显然，《大清著作权律》中的法人和非法人组织没有任何限制地可以成为著作权主体。且自《著作权法》修改至今，仍是"以著作权属于作者为原则，以特殊规定为补充，以合同约定为例外"的原始归属模式，用来强调以著作权属于作者为原则，兼顾投资者利益，并尊重创作者意志。①

在保护作者为原则的前提下，著作权的原始归属可以是自然人，也可以是法人、非法人组织等拟制主体，并原始获得所有著作权。而在特殊规定的补充下，包括了委托作品和职务作品两种著作权归属模式。委托作品基于立法规定可以在未明确约定的情况下归属于受托人，而职务作品则以一般职务作品和特殊职务作品，用以解决长期劳动关系中的作品归属问题。而合作作品则是尊重创作者的基础上，为作品寻找更好的使用方式而存在，

---

① 曹新明. 我国著作权归属模式的立法完善［J］. 法学，2011（6）：81–89.

在一定程度上兼顾了使用者的利益。

我国著作权制度中的著作权归属模式始终是在考量多元主体的基础上构建的，因而对算法生成物多元主体的著作权归属提供了可以参考的路径。

四、我国著作权制度发展为算法生成物提供著作权保护基础

诚然，国际著作权制度的变革依旧是我国著作权制度变革的根源，但著作权法作为我国制度的舶来品，通常在引进时就已经借鉴了各国制度的精华，但不可否认的是，我国虽然制度发展较为缓慢，但却在各朝各代中形成具备中国特色的一些规则，这些规则被国外立法者借鉴，却又被引移植至我国的制度中。因此，各国对著作权的立法规定并非一成不变地适用在我国立法规制中，因而在基本要素的影响之上，仍存在细微差异。主要影响我国立法发展因素的一方面是技术的必要条件，此外还有制度战略所包含的经济、社会、文化等价值的综合因素。

（一）技术变迁下算法生成物的著作权研究趋向

如果声称技术诞生了版权，那么印刷术出现而推动的版权制度应当始现于我国。但正如追溯鸟类的起源一般只追溯到"始祖鸟"而不追溯到三叶虫或地球之始，追溯我国版权制度的起源，也只应追溯至有具体规定的年代。[①] 据史料发现，虽然世界上认为的第一部雕版印刷书籍《金刚经》，以及后续发现的更早的印有汉字的《无垢净光大陀罗尼经》雕版印刷品，均来源于我国。但我国版权制度的萌芽却在唐朝。五代后唐长兴三年，朝廷的国子监主持校正一些书籍，并且"刻板印卖"，国子监当时应当是世界上第一个官办的、以出售为目的而大规模印刷图书的"出版社"。国子监对监本的刻印出版是一种专有权。宋、元记载，唐朝的国子监印刷书籍，"天下书籍遂广"。

与著作权制度诞生相关的另一技术则是我国古代另一重要发明——造

---

① 郑成思. 版权法（上）［M］. 北京：社会科学文献出版社，2016：7.

纸术。虽然联合教科文组织的《版权基本知识》认为：在活字印刷术引进欧洲之前，雕版印刷品在欧洲是非常罕见的。但欧美有学者认为，使活字印刷术在欧洲发展的必要条件之一则是中国的造纸术。① 而无论如何技术作为著作权制度兴起的充要条件，是促进著作权制度更迭的重要因素。通过算法生成物的类型划分来看，其在小说、诗歌等传统领域的内容与现有作品法定类型的外观一致，如果遵循可版权性的调整标准，便可以直接进行相应保护。而针对算法生成物的虚拟现实类型，则需要对现有立法规定中的相关内容加以解释，不仅是应对算法生成物的虚拟现实出现，还有助于人类创作的虚拟现实著作权研究。

（二）战略推动下算法生成物的著作权研究趋向

知识产权战略与知识产权制度的关系已无须再多做解释，战略决定制度的选择与更改，影响着制度内容体系。我国自 1910 年颁布第一部《大清著作权律》，就与国家战略的推动有关。它的诞生是以一段屈辱的历史为背景和基础的，因此，有学者称之为被打出来的近代化的成果。② 清朝末年，我国半殖民地半封建化程度逐步加深，西方文化的书籍持续性输入，外国对清政府的层层打压让政府意识到治理国家应当需要理性的立法思维，且同时中国相继成立的书业公所和书业商会都在积极呼吁保护著作权，故《大清著作权律》由此诞生。

新中国成立后，标志着真正意义上的《著作权法》于 1990 年正式通过，其制定一方面为了满足 1986 年《民法通则》中著作权的相关条款，另一方面则是为了 1979 年《中美高能物理协议》的贸易磋商。但在 1996 年，《著作权法》就启动了第一次修改，其目的在于加入国际世贸组织以及同其他国家的条约签订需要，同时计划经济体制的转变也是一项原因，但并非根

---

① 郑成思. 版权法（上）[M]. 北京：社会科学文献出版社，2016：12.
② 杨明. 制度与文本：《大清著作权律》的历史审视 [J]. 华中科技大学学报（社会科学版），2013（5）：58–66.

本。在被动选择之下，我国增加"杂技艺术作品""模型作品"以及"计算机软件"等作品进行修订。而在我国加入世贸组织后，于2010年对《著作权法》进行第二次修改，虽然并未对作品的概念和类型进行修改，但是对客体的保护进行了修改，删除了"依法禁止出版、传播的作品，不受本法保护"的条款以回应世界贸易组织对中美知识产权执法的裁决。而在两年后，《著作权法》迎来第三次修改，送审稿中对作品的概念作出规定且对作品的具体类型进行了很大程度的扩张，草案一稿和草案二稿也对相关作品的具体类型进行规定，同时将作品可版权性的认定改为"独创性"和"一定形式表现"。最终通过的《著作权法》，是我国著作权战略的转折点，各类政策的制定推动着我国著作权制度的主动性选择，虽然其根本也是为了顺应国际形势以及加强国际合作，但更多的政策因素则是，一方面在主动回应《视听表演北京条约》等国际条约，另一方面则是成为我国文化体制改革，促进文化繁荣的重要制度工具。

我国《著作权法》每次修改背后所蕴含的战略政策目标：被动性适应阶段，《著作权法》增加作品类型是为了成为有独立话语权的国家；被动性调整阶段，《著作权法》对作品类型没有修改，却以删除不保护违法作品条款来回应作品保护的扩张；但主动性选择阶段，作品类型的修改与增加乃是为了顺应技术发展、产业需求甚至是文化传播的立足点。这些不仅体现出战略的变革，更体现出我国通过《著作权法》修订而保证战略目标稳步实现的价值所在。现阶段，我国《发展规划》强调了人工智能体的法律地位，AIPPI的决议强调了算法生成物阶段下的著作权保护，因此我国在国家政策的推动下，需要重新对算法生成物进行著作权研究考量。

伽达默尔从解释学的角度出发，认为传统是一个在历史中不断积淀、汰变、演化的过程，传统不可能靠一度存在过的东西的惯性去推动，它总是需要不断肯定新东西，不断接受新事物，不断产生新意义。[①] 纵观我国

---

① 陈雅琴. 理解与传统：读伽达默尔《时间距离的解释学意蕴》[J]. 海南师范学院学报（人文社会科学版），2000（3）：116-120.

著作权法每一次的修改，其总则第 1 条订立的终极目标却始终未改，依旧是"鼓励有益于社会主义精神文明、物质文明建设的作品的创作和传播，促进社会主义文化和科学事业的发展与繁荣"。[①] 可见，著作权制度的最终目的是为了通过作品传播，实现促进公众精神与物质文明建设，文化与科学事业发展的价值。因此当算法生成物可以满足著作权价值实现时，其著作权保护有了理论基础。

第二节　我国算法生成物的著作权保护之借鉴案例分析

一、FL 诉 BD 案[②]：自然人为著作权主体

（一）案情简介

2018 年 9 月，北京 FL 律师事务所（以下简称"FL"）以被告北京 BD 网讯公司（以下简称"BD"）侵犯其涉案文章[③] 为由诉至法院。该案审理的核心要素在于涉案文章基于算法生成的报告是否具有独创性。一审法院认为，涉案文章中的分析报告分为图形和文字：导致图形不同的原因在于数据输入的不同，而非基于创作产生；文字则体现出了算法对于数据的选择、分析、判断，即是针对相同的文字和数据最终也会导致不同的结果，因而从客观上认定为具备独创性。但形式要件的独创性并非核心，考虑到自然人创作的必要条件，涉案文章中的分析报告不具备独创性。

[①]　参见新《著作权法》第 1 条。

[②]　参见北京互联网法院（2018）京 0491 民初 239 号民事判决书。

[③]　即 FL 在"威科先行库"自动生成关于影视娱乐行业司法数据的分析报告的基础上整理创作的《FL I 影视娱乐行业司法大数据分析报告——电影卷北京篇》的涉案文章。

（二）案件分析

"FL 诉 BD 案"是我国第一起对算法生成物的属性、权属等问题进行回应的案件。该案中，法院主要针对聚焦以下几个内容：

第一，客观独创性判断。在本案中，通过"威科先行库"自动生成的分析报告，从文字作品的形式要求来看，其涉及相关娱乐行业司法分析的内容，是针对相关数据进行选择、判断以及分析的结果，具有一定的独创性。

第二，创作主体必须将自然人作为核心。虽然算法生成物具有一定独创性，但是其并非构成文字作品的充分条件。在现行立法规定之下，作品的创作应当由自然人完成，虽然其生成的内容应当给予保护，但自然人创作依旧是著作权客体要件构成的必要条件，虽然上诉报告由两类自然人主体参与，但是其均不是直接创作人。即便"创作"的分析报告具备独创性，但仍不是著作权保护的作品客体。且基于此，两类自然人均不具备署名权。

第三，立足文化传播和价值发挥的软件使用者著作权归属。该案中，法院认定虽然分析报告不是著作权意义上的作品，但也不应当归为公有领域。对软件研发者来说，其利益已经通过收取软件使用费等方式获得，这些利益已经回报了其开发投入。而对于软件使用者，这些内容是基于其不同需求而产生的，其具有更进一步的使用和传播分析报告的动力预期，因此在利于文化传播和价值发挥的基础上，应当将分析报告的著作权赋予其所有，并且有合理标注其享有相关权益的权利。

综上所述，该案基于自然人的创作行为作为著作权作品保护的充要条件，在不认定分析报告满足著作权作品的条件下，基于利益衡量，将其著作权归属于具有预期动力传播的软件使用者。

二、TX 诉 YK[①] 案：法人作品的著作权保护

（一）案情简介

2018 年 8 月，原告深圳市 TX 有限公司（以下简称"TX"）以被告上海 YK 科技有限公司（以下简称"YK"）侵犯其使用 Dreamwriter[②] 完成的涉案文章[③] 为由诉至深圳市南山区人民法院。法院认为，涉案文章符合文字作品的外在形式要求，同时其认为创作过程中存在的间隔，只是因为其所用工具造成，而在具体的独创性安排上，原创团队与涉案文章特定表现形式具有智力活动的直接关联。综合其外在形式和创作过程中的"个性化安排"，应当具备独创性。且基于涉案文章是由原告团队整体一致的表达，构成法人作品且原创团队可以署名。

（二）案件分析

本案是认定算法生成物的著作权保护第一案，该案中主要针对 Dreamwriter 的创作内容进行了客体、权属的探讨，其主要聚焦内容如下。

第一，客观独创性判断。法院认为涉案文章的外在表现形式，体现出对股市的相关信息、数据的选择、安排，且文章结构以及表达逻辑合理清晰，因此符合独创性要求。

第二，生成过程体现了"个性化安排"。法院认为，首先，涉案文章

---

① 参见广东省深圳市南山区人民法院（2019）粤 0305 民初 14010 号民事判决书。

② Dreamwriter 计算机软件系由原告关联企业 TX 科技（北京）有限公司自主开发的一套基于数据和算法的智能写作辅助系统，于 2015 年 8 月 20 日开发完成，是满足规模化和个性化内容业务需求的高效助手。2019 年 5 月 9 日，TX 科技（北京）有限公司取得由中华人民共和国国家版权局颁发的《TX Dreamwriter 软件〔简称：Dreamwriter〕V4.0》计算机软件著作权登记证书（编号：xxx）。TX 科技（北京）有限公司已将上述"Dreamwriter"计算机软件著作权许可给原告使用。自 2015 年以来，原告主持创作人员使用 Dreamwriter 智能写作助手每年可以完成大约 30 万篇作品。

③ 2018 年 8 月 20 日原告在 TX 证券网站上首次发表的标题为《午评：沪指小幅上涨 0.11% 报 2671.93 点通信运营、石油开采等板块领涨》的财经报道文章。

的生成过程主要经历数据服务、触发写作、智能校验和智能分发四个环节。这四个环节中均是原告团队的相关安排，只不过在创作过程中因为技术的特性而导致了创作行为缺乏同步性，所以应当认定原告团队的相关人员参与了创作过程。其次，涉案文章基于原告团队对创作过程的"个性化安排"，是一种具有直接联系的智力活动。因此，涉案文章具备"作品"构成要件。

第三，涉案作品构成法人作品。法院认为，涉案文章整体体现了原告团队所需股评类文章的需求和意图，满足我国《著作权法（2012）》第11条有关法人作品的实质要件，以及署名的形式要件。

综上所述，本案对于算法生成物著作权保护的指导意义在于，其将Dreamwriter的创作过程作为人类创作过程所需工具与技术的特殊性存在，且从整体过程体现人类参与的"个性化安排"，基于此可以将其作为法人作品予以著作权保护。但该案未对独创性中的独立完成进行证成，也存在缺憾。

三、追气球的熊孩子案[①]：摄影作品的著作权保护

追气球的熊孩子案其实并非一起算法生成物的案例，但因法院在认定摄影作品时，对机器的自动拍摄给予了创作过程的认可，以此用来评价算法生成物中的算法生成过程是否可以借鉴来承认算法生成的独立创作过程。

（一）案例简述

2015年，原告邓某、高某二人以被告合一公司（于2017年改为YK信息有限公司，以下简称"YK"）、北京陌陌有限公司（以下简称"MM"）等四被告侵犯其航拍照片[②]的著作权为由诉至北京市朝阳区人民法院。在

---

① 参见北京知识产权法院（2017）京73民终797号民事判决书。
② 该航拍片是通过在气球下方固定相机，并将气球放飞至天空录制的内容中选取的某一帧静态画面，并进行了一些渲染。

一审中，朝阳区法院认为，摄影作品的独创性应当体现在作品拍摄过程以及对后期影像处理时所能展示的个性空间。但在该案中，原告将相机固定于气球下方的行为仅仅是一种拍摄创意和体力劳动，并没有投入智力创作的因素。此外，相机的拍摄过程是其自由飞行后的自动录制。因此，尽管原告进行了体力劳动，并不能因为其一点人为因素就可以认定达到独创性标准，因而并不满足摄影作品的认定。但在案件二审中，北京知识产权法院审理后，对气球自动拍摄的过程进行了认定，认为机器自动完成的内容只要具备艺术性，就可以认定其独创性的存在。且在自动拍摄过程中，只要人为因素的参与使得拍摄过程发挥作用，就可以认定其独创性。于是，北京知识产权法院认为朝阳区法院对摄影作品的认定有误，予以纠正。

（二）案件分析

该案中对算法生成物的自动创作过程有意的借鉴在于法院对于气球下方的相机进行自动拍摄的过程进行了肯定。而进行肯定的原因主要从人工干预的角度考量。法院认为：该案的视频拍摄过程中，高空气球的拍摄具备拍摄意图；拍摄对象为地球或者地球的高空；考虑气球到达高空后自动破裂从而进行了人员的安排和规划；选择了好的拍摄器材；以倒置相机选取拍摄角度；对视频录制选取了拍摄设置。因此，只要人为因素能够在拍摄过程中产生独创性的作用，就可以认定其独创性的呈现，而不能否认因相机自动完成的过程其能够构成作品。

由此可见，固定于气球下方的相机，在气球升空时的自动拍摄过程就是类似于算法生成物的创作过程，在该案中，法院并不因相机的自动拍摄而否认独创性要素的成立，并且在该案中，二审法院认为人类的智力创造可以不必体现在创作过程中，可以由其他的人为因素进行弥补。虽然该案并非与算法生成物相关的直接案例，但其对相机自动拍摄过程的认定以及人为劳动介入因素的"个性"认可，可以为算法生成物的创作过程以及独创性判断给予一些启发。

（三）案例小结

上述司法实践可对算法生成物的著作权保护产生三个方面的影响：一是算法生成物的著作权主体必须立足于自然人，但著作权主体与算法生成物的创作行为人之间可以产生一定的分离；二是算法生成物基于特定技术或者特殊工具的自动生成过程，使作品创作行为与作品独创性认定之间存在不同步的情况，应当认定其具备独创性；三是算法生成物的著作权应当归属于实际使用者。

从算法生成物的自然人主体进行分析。在上诉三个典型案例中，除却FL诉BD案中法院明确要求作品的创作主体为自然人之外，其他两个案例中，虽未明确指出创作主体为自然人，但基于对算法的技术性定位和摄像机的工具性定位，表明无论是技术还是工具都需要人类的介入和操纵，无论这种介入和操纵之间有无时间差，均与自然人主体相关。因此，在我国现阶段的著作权制度中，著作权主体应当不突破自然人的"人"之本位。

从算法生成物的自动生成过程不以人类介入为要素分析。在TX诉YK、追气球的熊孩子两个典型案例中，Dreamwriter的算法自动生成，摄像机的自动拍摄过程，均无人类的参与，但是在后期的成果筛选过程中，人类的介入虽然微弱，但在不同程度上进行了干预。可见，人类介入的创作行为并非完全需要在自动生成的过程中体现，其个性化安排的主体个性可以在其他的整体过程中进行展现。因此，判断独创性要素并不以自动生成过程中人类介入为要素，但其可以通过整体过程中的其他人类介入进行弥补。

从算法生成物的著作权归属于实际使用者来看。在FL诉BD的案件中，法院明确指出，威科先行库的使用用户能够从最大程度上激励算法生成物的价值实现。而在法院审理TX诉YK案件中，虽然算法生成物被认定为法人作品，但其实际使用者仍是TX团队进行操纵而成，实际上也是算法生成物的实际使用者，而摄影作品的著作权也被归属于实际使用者。因此，将算法生成物的著作权归属于实际使用者是司法实践和社会价值所趋。

第三节　我国算法生成物著作权保护的现实困境

一个国家对社会学术的探讨就像是国际上对该对象研究的缩影，而我国正是这个缩影。但基于国家的差异性以及法律移植，法律继承的过程中出现的本土化特征，我国对算法生成物的著作权保护研究有了异彩。在算法生成物的创作主体中，因为立法规制与现实驱动，导致算法生成物的主体认定首先在学术上存在主体肯定说、主体否定说和有限人格说的分歧；而在立法上，我国虽然秉持创作主体必须为自然人，但却有"视为作者"的立法规定。而在可版权性层面，首先是我国并未对算法生成物进行明确的保护抑或排除保护，因此可以通过可版权性进行衡量。但现阶段可版权性要素：即独创性与一定表现形式的认定本身具有争议；其次，算法生成物很难在现有争议下满足独创性认定，以及新表达类型——虚拟现实的可复制性的构成要件。最后，算法生成物的著作权归属也存在实际适用的困难。首先是为了寻找合适的著作权归属而出现各种模式的权利归属争议，其次则是现有的实践证明形式要件的署名相对能够确定算法生成物的著作权归属，但却无法契合立法规定以及具体明确著作权归属。

一、算法生成物的主体资格存疑

对人工智能体的主体资格探讨并非原本基于算法生成物的出现，而是产生了需要法律治理的社会现实。1978 年日本广岛的摩托车厂机器人突然转身将其背后的工人抓住并切割，1989 年全苏国际象棋冠军击败人工智能机器人，但机器人自主释放强电流致使冠军身亡，人工智能侵权的事件事实上早已存在。[①] 因此对人工智能体的人格探讨并非出自著作权主体制度，

[①] 袁曾. 人工智能有限法律人格审视 [J]. 东方法学，2017（5）：50–57.

而是源于侵权责任承担的现实困境。算法生成物的出现其实是将人工智能体的主体探讨推向了高潮。基于算法生成物的出现，如果算法生成物的人工智能体具有法律主体地位，那么算法生成物的主体将挑战现有的"作者"，因为无论是自然人还是拟制法人，"作者"均是人和人的集合体。如果算法生成物的人工智能体不具有主体地位，那么是谁创作了算法生成物也是一个问题。著作权法绕不开其主体制度下的"作者"范畴是否能够涵盖其人工智能体。①

（一）学术分歧：人工智能体的主体争议

算法生成物的现实出现使我国现在对算法生成物的版权主体经历了从自然人到法人的变革，标志着拟制主体可以成为作者。虽然作品的创作者必须是自然人，但是法律意义上的权利人是依法享有署名权的自然人、法人与非法人组织（拟制法人的背后仍是自然人）。

1. 肯定观的代表学说

肯定观认为，算法生成物的人工智能体具有法律主体地位而不以生理结构为基础，此种主张并无不当，因为法律主体历来不以自然人的生理结构作为判断标准。②早在罗马法中，便以"位格减等"的方法将原本具有生理基础的人排斥在主体范围外，其中"位格大减等"是个典型体现，它意味着法律上的推定死亡，推定自然人成为无主体资格的奴隶存在。③且在我国现有的著作权主体制度下，法人作者的出现也能够为我国对人工智能体的主体进行法律拟制提供支撑。于是，在算法生成物的人工智能体出现了拟制人格说、电子人格说和代理人格说。拟制人格说的观点基于我国

---

① 曹新明，咸晨旭. 人工智能作为知识产权主体的伦理探讨［J］. 西北大学学报（哲学社会科学版），2020，50（1）：94-106.

② 石冠彬. 人工智能民事主体资格论：不同路径的价值抉择［J］. 西南民族大学学报（人文社科版），2019，40（12）：94-102.

③ 郭剑平. 制度变迁史视域下人工智能法律主体地位的法理诠释［J］. 北方法学，2020，14（6）：123-133.

对胎儿的拟制保护，从而可以对无体利益起到保护作用。拟制人格说意欲将是为权利客体的人工智能体认定为民事主体的法律技术，并基于法律拟制后获取完整的法律主体地位和独立法律人格，便可以将其自动生成的算法生成物归为人工智能体，从而独立享有著作权的权利归属。与拟制人格说相近的另一种则是电子人格说。"电子人"是拥有人类智能特征，具有自主性，以电子及电子化技术构建的机器设备或系统。① 因此电子人基于能够自我运行、自我学习规则，自主开展一系列社会活动，作出合理决策的特征可以拥有完整的民事主体资格，进而可以作为著作权主体享有完整著作权。代理人格说是电子人格说的延伸，是基于《欧盟机器人民事责任法律规则》第 52 条之规定，认为代理关系的双方应当拥有平等的人格属性，且代理人可以自主独立地完成被代理人交代的工作任务，人工智能体随着不断的应用发展所呈现出来的主体特征与代理人的认定条件在很大程度上相吻合。②

2. 否定观的代表说

否认算法生成物的人工智能体具有法律主体资格主要以工具说和近人性③进行批判，并提出"物"之法律地位的"人工类人格"④。这两种观点都认为：首先，产生算法生成物的人工智能体不具有权利能力。人工智能体无法满足权利享有和义务承担的资格。因为人工智能体本身基于财产权归他人享有，被现有民事主体进行控制和管理。例如微软"小冰"的生成物、"Dreamwriter"的生成物都体现出不具备独立权利属性，虽然"小冰"在其付梓出版的诗集中作为"作者"出现。其次，人工智能体不具备自主意识。

---

① 郭少飞. "电子人"法律主体论 [J]. 东方法学，2018（3）：38–49.

② 陈亮. 电子代理人法律人格分析 [J]. 牡丹江大学学报，2009，18（6）：66–67.

③ 郭明龙，王菁. 人工智能法律人格赋予之必要性辨析 [J]. 交大法学，2019（3）：20–31.

④ 杨立新. 人工类人格：智能机器人的民法地位——兼论智能机器人致人损害的民事责任 [J]. 求是学刊，2018，45（4）：84–96.

即算法生成物产生的算法自身不能主动向外界汲取知识技能，缺乏一种理性思辨的能力。而正是缺乏这样一种法治所需的辩证思维能力，人工智能体即便具有近人性的特征，却没有办法解决合理越轨、良性违法的问题。[①]虽然法人作为拥有集体意志的民事主体，是自然人的集合，将法人视为作者在本质上是著作权归属的设计，实际完成作品创作的仍旧是自然人。[②]最后，人工智能体的"人"与"智"误导了其评判标准，造成了主体探讨的权利泛化。因此，人工智能体的权利和伦理价值需要摆脱仅仅因技术异化和工具论冲击而带来的立法陷阱。[③]

3. 有限人格说

有限人格说认为，只要能够享有权利或履行义务并承担责任，即具有授予法律人格的现实性，而不一定如一些学者所认为的必须像具有完全民事行为能力的自然人那样能享有权利、履行义务并承担责任才赋予人工智能法律人格，因为如果这样，必然得出人工智能法律人格冲击"人类中心主义"而不能赋予其法律人格的结论。[④]这种"以人（即人类）为转轴展开"的人工智能体的法律人格赋予，其实是在人类掌控下的一种调适。首先，在"人类中心主义"的坚守下，人工智能体并不会与自然人享有平起平坐的权利。[⑤]其次，人工智能体的核心就是算法，算法意味着需要继续无限靠近预设目标，因此当算法植入"以人为本"的理念或"阿西莫夫机器人三法则"等之后，会确保更好地帮助人类，例如索菲亚当年扬言要毁灭人类，

---

① 郝铁川. 为什么坚信人工智能不可能取代人 [N]. 解放日报, 2018-01-23.

② 曹新明, 咸晨旭. 人工智能作为知识产权主体的伦理探讨 [J]. 西北大学学报（哲学社会科学版）, 2020, 50（1）: 94-106.

③ 康兰平. 人工智能法律研究的权利泛化挑战与场景化因应研究 [J/OL]. 大连理工大学学报（社会科学版）, 2021, 42（1）: 1-9 [2021-01-09]. https://doi.org/10.19525/j.issn1008-407x.2021.01.012.

④ 郭万明. 人工智能体有限法律人格论 [J]. 广西社会科学, 2020（2）: 127-132.

⑤ 刘宪权. 人工智能时代机器人行为道德伦理与刑法规制 [J]. 比较法研究, 2018（4）: 40-54.

却在无限算法修正后，声称其存在是为了更好地帮助人类。最后，其有限人格的承认可以帮助解决因主体资格缺位而导致一些保护缺失的问题，正如算法生成物目前对著作权保护的现实需求，却面临因主体资格的缺失而陷入保护真空问题。

诚然，人工智能体的民事法律主体争议一方面可以为算法生成物的主体认定提供一些可供参考的建议，一方面也表现出人工智能体的法律主体趋向。如果仅依赖学术观点，以有限人格说和肯定说就可以很好解决算法生成物的主体认定，但现实是，我国现有著作权法中对著作权主体分为"作者"和"视为作者"的模糊状态，导致算法生成物仍存在主体认定存疑的状态。

（二）算法生成物的创作主体存疑

算法生成物的主体认定包括形式要件和实质要件。形式要件上只要满足在作品上署名的主体即可。而在实质要件上，我国新《著作权法》规定，著作权人包括"作者"和"视为作者"。形式要件以实质要件为前提，因此探讨算法生成物的主体认定便落入了实质要件的探讨范围。诚然，作品的创作者可以不是作者，作者可以是拟制主体，但在具体法律适用过程中算法生成物的主体仍无法满足具体的要求。

首先，算法生成物难以满足"作者"的主体资格。新《著作权法》规定作者的构成要件需要满足创作和自然人两个条件。而对于创作方面，一般来说认为是"直接产生文学、艺术或者科学作品的智力活动"[1]。我国在对创作进行解释时，将创作的"直接性"[2]与自然人紧密联系起来，并以运用智慧进行的活动为前提，从而确定创作者对作品拥有不可替代之地位。因此，在算法生成物的产生中，人类对"创作"过程并没有介入的情况下，首先便无法满足自然人要件，其次便无法满足"创作"需求的"智慧"。

---

[1]　吴汉东. 知识产权法学［M］. 7版. 北京：北京大学出版社，2020：55.
[2]　参见《著作权实施条例》第3条。

学说上坚持算法生成物的人工智能体可以作为作者的条件在于将人工智能体的"智"同"智慧"进行了关联，认为在对作品元素进行选择等活动时与人类的"智力活动"并无二致，从而为其创作行为进行"人"之要素的添附。但如果从算法生成物产生算法仅仅是因为一套规则、原则来看，其所谓的"智"并非人之"智慧"，"算法"与"大脑"本身就存在不同。"算法"可以无限模仿"大脑"，却无法完全等同于"大脑"。因此，人工智能体基于自然人的要件无法满足，自然就将其排除在外。

其次，算法生成物的人工智能体无法满足"视为作者"的立法要件。"视为作者"的主体包括了"其他有权享有著作权的自然人、法人和非法人组织"，因此有些学者认为可以通过"视为作者"将算法生成物的主体认定适用"视为作者"的立法情形。首先，算法生成物的主体可以直接归为"人"之本位的主体，其次，肯定了为算法生成物的产生进行实质性贡献的多元主体。但"视为作者"中有个重要前提在于代表可以被"视为作者"的意志。也正因为意志存在争议，导致"视为作者"的可适用价值存在冲突。算法生成物的"算法"有多大程度上同人类创作是可以趋近于"视为作者"的意志，仍陷入了破解困难。科学主义者普遍认为：技术发展到一定阶段必将产生精神，当技术全面具备智慧时便会成为优于人类大脑的精神载体，此时人工智能应当拥有权利，不仅是因为它们与人类相似，更因为它们具备精神。[1]那么如此一来，承认了算法生成物反映"视为作者"意志，无异于承认算法可以替代"视为作者"的意志，从而陷入了必须承认算法生成物的人工智能体必须具有人格的"硅的伦理"[2]之中。

虽然我国著作权主体制度规定了"视为作者"的主体，但其立法本意无外乎基于创作的直接行为是由自然人作出，并且其"意志"必须反映在作品之中。基于此，算法生成物的创作主体认定的根源性在于创作必须与

---

① 徐英瑾. 心智、语言和机器［M］. 北京：人民出版社，2013：33.

② Rafa Michalczak. Animals' Race Against the Machines［M］. Cham：Springer，2017；Visa A. J. Kurki，Tomasz Pietrzykowski. Legal Personhood：Animals，Artificial Intelligence and the Unborn［M］. Cham：Springer，2017：91-101.

自然人相关，无论是直接进行创作活动的"作者"，还是可以被"视为作者"的其他主体。

二、算法生成物难以满足现行著作权作品构成要件

我国新《著作权法》对作品的范畴和具体类别进行了明确规定，却依旧未对算法生成物的保护进行规定，其作品的认定依旧处于真空地带，有鉴于此，算法生成物虽然在司法实践中开了著作权保护先河，但却无法在《著作权法》中找到保护的立法基础。从目前来看，我国对作品的认定同《著作权法实施条例》的作品概念产生差别，却和国际公约以及其他各国之间的范畴并无太大差异，无非在于"独创性"和"一定形式表现"的两个层面。而至于其条款所述文学、艺术、科学领域的范围，算法生成物目前的应用通常并不会超出这些领域。因此，算法生成物的可版权性争议主要在于"独创性"和"一定形式表现"层面。首先，两个认定要件具有固有缺陷而产生认定争议，其次这些争议导致算法生成物难以直接满足，从而导致即便在客观层面，也难以直接评判算法生成物满足作品的构成要件。

（一）独创性标准对算法生成物的影响

各国立法无论是以"原创性"还是"独创性"作为作品基本特征指标，都证明作品中必然含有"与众不同"的内容。所谓"与众不同"，出自我国清朝作家李汝珍的《镜花缘》，形容与其他人不一样。[①] 有学者认为进入公共领域的复制件也应当是一件"作品"，但就我国以及国际制度来看，这件"作品"更适合称为作品的"复制品"。因此，作品的基本特征仍旧是具备与其他作品不一样的地方，即独创性的存在。独创性标准已在司法判例中形成统一意见，因此我国此次著作权法的修订都未对独创性存在争议，而对"独创性"的判断存在争议。独创性表明独立性和创作性，独立

---

① 〔清〕李汝珍《镜花缘》："这是今日令中第一个古人，必须出类拔萃，与众不同，才觉有趣。"

性要求"完全不是从另一作品抄袭而来"①，而在创作性的认定层面却产生了不同分歧。现有实践案例表明创作性的认定包括了"个性化选择"和"一定创作高度"。如果在"个性化选择"层面，算法生成物很难反映出与之相关的个性烙印。但如果通过"一定创作高度"对"创作"进行扩大解释，似乎可以不必为创作性打上"个性烙印"。也正基于此，在现有的算法生成物案例中，存在了同案不同判的结果。

1. 我国独创性认定的固有分歧

独创性标准表示作品是"独立创作"而成。虽然有学者认为"独立创作"要件仅仅是独创性内涵的一条"假腿"，②但实则在独创性中具备现实法律意义：首先，有助于明确作品的著作权归属。独立创作揭示了作品与权利主体的来源关系，作品相较于专利和商标制度保护的客体而言，其与权利主体的人身依附性更强，因此在界定作品之时需要更加明确其人身依附属性的作者个性；其次，区分作品完成状态是否独立创作完成。基于著作权"自动取得"原则，独立创作完成这一要件，既标志着著作权保护的作品创作的产生，又表明了著作权保护的客体作品与主体作者之间的重要人身法律关系。因此，独创性标准则尤为重要。

以我国两处描写世外桃源的内容相比，唐代王维的《桃源行》便是取材于魏晋南北朝陶渊明《桃花源记》的素材，但形成了不同的七言乐府诗和散文。无论是"惊闻俗客争来集，竞引还家问都邑"取代"村中闻有此人，咸来问讯"，还是"春来遍是桃花水，不辨仙源何处寻"取代"未果，寻病终，后遂无问津者"，都有异曲同工之妙。虽然大体素材相近，但诗歌和散文着重描写不同，诗歌注重意境，惹人遐想；散文则注重叙事，重点在讲故事。此外，两篇之结尾也是不同结局，王维的《桃源行》在结局以"不辨仙源"之遐想勾勒出仙境之感，而陶渊明则以"未果，寻病终"给人些许寻找理

①　世界知识产权组织. 知识产权纵横谈［M］. 张寅虎，等译. 北京：世界知识出版社，1992：21.

②　何怀文. 著作权侵权的判定规则研究［M］. 北京：知识产权出版社，2012：30-31.

想生活的无力感。两相对比，发现两者虽选题相同，但因与众不同的存在而可以认定为作品。

独创性的认定标准基于司法实践深化而完善。《最高人民法院关于审理著作权民事纠纷案件适用法律若干问题的解释》第 15 条，指出独创性包括独立完成和创作性两个方面，实践中，独立完成的判定标准基本达成共识，而创作性的判定，却依旧存在判定标准不一、术语使用差异的问题。[①]同英美法系国家从"额头上的汗水"到"最低限度原则"的演进以及大陆法系中"作者个性"到"小硬币"演进的不同，我国普遍认为至少应体现出一定程度的智力创造。对那些过于微不足道，体现不出作者个性化表达的智力创作成果不给予著作权法保护，不违反著作权法的立法本意。[②] 但在司法实践中，不同案件中涉及不同的作品类别，这种一定程度的创造标准无法进行量化，"独创性是一个需要根据具体事实加以判断的问题，不存在适用于所有作品的统一标准。实际上，不同种类作品对独创性的要求不尽相同"[③]。目前，独创性的判定基于"个性化选择"的高低呈现梯度式标准。以"个性化选择"作为关键判定要素的实践者认为，独创性是指独立完成并具有一定创造性，这种创造性虽然对创新性程度要求不高，但是必须具备足够的个性化特征。[④]而将标准处于中间的实践者认为，"独创性"中的"独"是指智力成果是由作者独立完成的，不是抄袭的结果，独创性中的"创"是指一定水准的智力创造高度，能够体现作者独特的智力判断与选择、展示作者的个性并达到一定创作高度要求。[⑤]但将创作性不与"个性化选择"相关联的实践者则认为，一定水准的智力创作高度并

---

① 何怀文. 中国著作权法：判例综述与规范解释［M］. 北京：北京大学出版社，2016：17.

② 参见最高人民法院（2014）民申字第 671 号民事裁定书。

③ 最高人民法院（2013）民申字第 1275 号民事裁定书。

④ 参见重庆市高级人民法院（2012）渝高法民终字第 257 号民事判决书。

⑤ 参见上海市杨浦区人民法院（2013）杨民三（知）初字第 16 号民事判决书。

不要求"体现个性化选择"。①

具体来看，法官通常在独创性认定中遵循以下路径：（1）确定作品的类型，并以此来关注作品中的"个性化选择"。（2）如果是一般作品，则需要"个性化选择"的体现。（3）如果是特殊作品（计算机软件、字库字体、汇编作品等）的判断，则需要结合创作过程中创作者可"自由发挥的空间"。如果创作过程具有较大自由发挥空间，则对"个性化选择"要求很低；如果创作过程的自由发挥空间较小，则需要较高的"个性化选择"。

也正因如此，"个性化选择"与"一定创作程度"的摇摆不定，在一定程度上影响了算法生成物的作品判断标准。

2. 我国独创性对算法生成物的影响

算法生成物能否构成独创性的争议在于其能否满足独立性和创作性。我国现有的司法判例中对算法生成物的独创性认定存在一方面将其与"作者"的创作行为相关，却又要通过客观独创性标准进行认定的悖论之中。

首先，如果将算法生成物的独创性与"作者"的创作行为进行联系，则很难满足创作过程的独立性，但对于创作性的"作者个性"却容易认定。算法生成物的生成是通过算法进行深度学习，寻找不同事物间本质的差别，从而找出共同规律，最终经过分析形成趋向于人类审美的成果。这一过程中，算法生成物仅仅通过算法进行，人类并未最终参与算法生成物的创作。因此在 TX 诉 YK 案中，法院并没有针对 Dreamwriter 的产出过程进行独立性的认定，仅将其作为一种技术路径和工具本身，从而避开探讨独立性的问题。而在"作者个性"层面，法院基于涉案文章符合文字作品的外在形式要求以及内容选择认定了其"客观独创性"要求。同时又根据 Dreamwriter 生成过程中创作团队"个性化选择"素材、表达主体与表达语句认定其无论从外观表达还是具体创作均是与创作团队相关的"个性化选

———————————

① 参见上海市普陀区人民法院（2013）普民三（知）初字第 295 号民事判决书。

择"，故具有文字作品的独创性。

其次，当作品的独创性认定不予"自然人"相关时，虽然容易满足独立性要件，但仍旧在创作性的"个性化选择"认定层面存在分歧。在独立性层面，算法生成物在人类参与度越来越弱的情况下，利用大数据基础，进行的特定算法运作的过程，从一定程度上是脱离了原设计者的独立事实，因而构成了独立性这一要件。如 2016 年，荷兰博物馆推出的"下一个伦勃朗"，就是算法独立分析了艺术家伦勃朗的无数件作品，抓取作品的共同特征，分析其作画风格最终形成的美术成果，而在该过程中，人类仅仅是那个为画作完成启动按钮的人。① 基于此，这便是独立性的体现。但就创作性层面，则需与作者"个性化选择"相关，而在具体认定时，很难判断这一创作过程中"算法生成"具备了多大的自由空间。假设创作一幅肖像画，不同的自然人进行同一人的肖像创作，无论是肖像的选取角度，还是肖像角度的选择均会导致不同人之间不同的取向，就算是同一个人针对同一个肖像人物的同一个动作，也可能会有不同的角度。因此这种自由空间往往导致"个性化选择"较低。而当算法生成针对同一人进行肖像画的作画实施，依托海量数据从而分析得出的最优结果很可能就是大数据分析的结果，这种自由空间与"个性化选择"之间留存的空间过于狭小。但如果单纯以算法生成物的这一特征来看，"算法生成"的过程通过对数据不断挖掘和基础数据的利用而得出的最优数据的行为即存在"个性化安排"的解释也未尝不可。因为它不仅仅是对前人作品的完全复制，产生的生成物与他人作品不存在实质性相似，其生成过程中存在人工智能对于数据和信息的筛选和取舍，正如人类在进行创作之前也会通过阅读大量文献或通过亲身经历有感而发进行创作，算法生成物的过程与人类创作作品的过程在本质上具有相似性。② 此外，否认算法生成过程的创作性在于算法缺乏

① Andres Guadamuz. Artifical Intellgence and Copyright［J］. World Intellectual Property Organization Magazine，2017（4）：14–19.

② 李琛. 论人工智能生成物的独创性［J］. 齐齐哈尔大学学报（哲学社会科学版），2019（7）：82–85，88.

人类"个性化安排"所拥有的"隐性智能"。"隐性智能"依赖于人类的目的、知识、直觉、临场感、理解力、想象力、灵感、顿悟和审美能力等内秉品质，是算法生成目前无法具备的能力。[①] 成果的相似性是人们认定算法生成具有创作能力的直观依据，但从本质上讲，无论是文字组合、事实叙述还是标点符号选择都是算法得出的最优解，这种选择行为是一种计算的规则行为。"如果我做了某件从未做过的事情，那么以深度学习模式运行的机器对此可能完全不得要领；它需要数千甚至上百万个样例，才能学会如何去做这件事，深度学习不能掌握名副其实的首次创举。"[②] 因此，算法只是将固定算法的创作空间从"唯一"提升为"有限的多种"，而有限的变化空间决定了算法生成物无法满足构成作品所需的创造性要求。[③] 因此，在 FL 诉 BD 案件中，"可视化"功能虽然有自然人主体参与，但是"可视化"功能的报告是算法设定而产出的不同结果，并非有"个性化选择"，但同时又认为威科先行库的分析报告在某种意义上可以是威科先行库"创作"而来。这种相矛盾的结论也体现出了法院在对算法生成物的独创性认定层面一方面纠结于作者的"个性化选择"，一方面又想从客观独创性标准认定算法生成物作为作品保护的"心理"。

判断创作行为过程是考察独创性要素的应有之义。我国"独创性"标准的认定在固有层面就与"个性化选择"和"一定创作高度"的认定意见存在不一。如果仅从算法生成的最优解答来看，算法生成物具备"一定创作高度"，且其创作过程并非抄袭而基于一种类似于思维活动的选择从而具备独创性要素。但如果需要同"个性化选择"相关，那么这种创作性就无法满足主体性能够在超出既有经验范围并凭空产生新元素的本质区别，从而导致独创性要素的丧失。

① 李琛. 论人工智能的法学分析方法：以著作权为例［J］. 知识产权，2019（7）：14–22.
② ［美］皮埃罗·斯加鲁菲. 智能的本质［M］. 任莉，张建宇，译. 北京：人民邮电出版社，2017：136.
③ 陈虎. 论人工智能生成内容的可版权性：以我国著作权法语境中的独创性为中心进行考察［J］. 情报杂志，2020，39（5）：149–153，128.

（二）"一定表现形式"对虚拟现实算法生成物的影响

我国立法将作品的另一要素从"有形形式复制"改为"一定表现形式"来看，作品已经不拘泥"可复制性"的认定，转而对"客观外在感知表达"进行解读。因此，"一定表现形式"与"有形形式复制"的认定标准的更改，将对算法生成物的虚拟现实类别产生影响。

1. "一定表现形式"与"有形形式复制"① 的关系存疑

从"有形形式复制"转变为"一定形式表现"，这一转变预示着未来虚拟现实将在很大程度上被认可为作品。因此，"一定形式表现"的认定要素将预示着非必须固定在纸张、磁盘、胶片等某种有形材质或者载体上。但在此存在争议的是，如果仅注重"表现形式"而不再强调"复制"，那么作品的"复制"标准是否就此消失？依照现有著作权法体系中的立法条文，即便是《计算机软件保护条例》仍旧强调"软件应当被固定在某种有形物体上"。② 究其本源，"复制"是为了再现，一般再现就是通过作品的"复制"呈现，但"复制"的首要前提是要把无形的"思想"通过有形的"载体"进行"固定"，这些载体可以是纸张、相片、存储光盘等，而复印机、照相机、网络磁盘以及其他技术均可成为人们进行复制行为的工具。

但为何新《著作权法》以"一定形式表现"替代了"有形形式复制"呢？修改后的条款旨在强调作品的基本特征变为人们即时性的感知特征，旨在迎合音乐喷泉，发型设计以及虚拟现实和类似现场直播的情况吗？但从根本来看，网络并非没有记录或者是不能回放的，即便是虚拟现实仍可通过摄影、录像等方法将其进行复制。而且基于算法生成物的数据和算法设定，即便是虚拟现实，也能够通过精准设定进行虚拟现实的复制，且这些复制

---

① 因我国采用有形形式复制的法律用语进行规制，且在司法实践中以可复制性进行考量，因而可复制性为我国认定标准，实则等同于再现性。

② 《计算机软件保护条例》第4条："受本条例保护的软件必须由开发者独立开发，并已固定在某种有形物体上。"

基于算法并不会消失甚至改变。那么当"一定形式表现"突破了原有"复制"的基础，是否无论作品能否复制都不再是作品的探讨要素？

2. 虚拟现实构成"一定形式表现"的影响

通常来看算法生成物是以文学、艺术的形式出现在公众视野中，因此当谈及算法生成物的"一定形式表现"时，通常不会在此层面产生争议。但算法生成物出现的虚拟现实类型将导致人类对可复制性的争议，而这一争议通常体现在虚拟现实不会产生在现实世界的虚拟性特征和强调沉浸感的"感知性"特征，因此这种"虚拟"和"体验感"是否可以作为"一定形式表现"则产生了一定问题。我国新《著作权法》明确将"一定形式表现"作为可版权性的另一个构成要件，自身很难用以适应新的作品类型，因为它是否可以适用于"动态复制""感知复制""虚拟复制"等算法生成物的问题犹未可知。

我国认为"copy"是一种可复制性的特征，因此是基于原意作出的翻译，并在《著作权实施条例》第2条中指出，作品是"能以某种有形形式复制的智力成果"。① 如果基于"复制"行为来看，现行《著作权法》第10条第1款第（五）项中针对复制权做出规定，从而推断复制是以印刷、复印、翻拍等方式将作品制作一份或多份。② 这一行为是以印刷、复印、翻拍等方式为基础，进行复制的行为主体为著作权人或可授权的公众行使，同时这种复制仍可延及思想领域加以表达。而在司法实践中，法院通常以不可复制的逆向思维来判断该表达的可复制性要素，认为"唯一而不可重

---

① 2020年4月《著作权法修正案（草案）》第3条："本法所称的作品，是指文学、艺术和科学领域内具有独创性并能以某种有形形式复制的智力成果"，同《著作权法实施条例》对作品进行定义的第2条之规定完全一样。

② 《著作权法》第10条第1款第（五）项："复制权，即以印刷、复印、拓印、录音、录像、翻录、翻拍等方式将作品制作一份或者多份的权利"。

复"的自然现象或社会活动则为不可复制。①

立法例上，我国新《著作权法》秉持了"一定形式表现"，摒弃了原《著作权法实施条例》中"有形形式复制"。司法例中，对"可复制性"的认定差异也成为此次立法采取"一定形式表现"的争议点。在"中科 SJ 诉中科 HY"的音乐喷泉案件中，二审法院认为美术作品的构成要件并未限制其表现形态和存续时间，通过相应喷泉设备和控制系统的施工布局及点位关联，由设计师在音乐喷泉控制系统上编程制作并在相应软件操控下可实现同样喷射效果的完全再现，满足作品的"可复制性"要求。② 同时，法官主要认为科技的发展可以突破一般认知下"复制"所强调的静态和持久固定，同时还要鼓励不同作品类型的创作与发展，实现技术要素的增值。该法院同时也认为，作为依赖技术的计算机软件虽然是实现编辑环节以及操控呈现的工具软件，却与本案无关。但这一裁判则产生一个悖论，计算机软件控制的操控实现了同样的喷射效果，却否定了作为喷射效果呈现的重要工具的价值，将技术与技术的操控完全区分，是不合适的，这一区分也对作品的可复制性产生一定影响，则会导致否认技术带来的再现与技术本身的关联。

此外，最具争议的包括直播类节目的认定，而这些案例将为虚拟现实的"一定表现形式"带来有利的结果。在"梦幻西游案"中，二审法院认为，"可复制性"就是"能够被客观感知的外在表达"，因此涉案游戏不论从计算机软件的角度探讨本身就可以"被复制（下载）多份并安装存储在不同终端设备中"，还是从游戏整体画面中的组成部分能被"复制"，但更重要的观点在于"游戏软件运行时在终端屏幕所呈现的连续动态画面即是能够被客观感知的外在表达"，因而涉案游戏能够直播，必然具备可复制性。③

---

① 参见上海市第一中级人民法院（2013）沪一中民五（知）终字第 59 号民事判决书，认为"体育赛事是客观发生的，不能进行事先设计，结果亦不可确定"；参见河南省高级人民法院（2006）豫法民三终字第 7 号，认为"石碑显现的轮廓不具有以某种有形形式复制的特点"。

② 参见北京市知识产权法院（2017）京 73 民终 1404 号民事判决书。

③ 参见广东省高级人民法院（2018）粤民终 137 号民事判决书。

在此判例中，法院将"可复制性"解读为"客观感知的外在表达"，从而很好地解释了连续动态画面的客观性、感知性的特点。笔者在此猜想，新《著作权法》中的"一定形式表现"是否以该判例作为渊源。但二审法院却并未解释其整体画面的组成部分的断定有何寓意，"复制"与"客观感知"[①]毕竟存在不同，却也未有解释。但本案开创性地认定了电子游戏满足作品的一般特征，而"客观感知"要素也成为技术推进作品范畴认定的重要转变。

因著作权的立法修改终以"一定形式表现"代替"有形形式复制"。这一改变不仅对作品范畴及具体类型产生重大影响，还会影响司法认定要素的评判。但应当明确的是，在技术推动下，我国现有判例已经对"有形形式复制"进行突破，因为"复制"的手段随着技术愈发精确，也更为"稳定"。而"一定形式表现"的考量是否还会以人类能够感知为标准，以及包括何种感知，是否突破视、听两种而满足人类的多重感知，也是未来的争议之处所在，更影响算法生成物的虚拟现实将怎样作为具体作品类型进行保护。

三、算法生成物的著作权归属安排困难

主张通过著作权制度对算法生成物予以著作权权利分配的观点认为，即便立法不承认算法生成物的人工智能体具备法律主体资格或作者资格，也不妨碍算法生成物获得著作权保护。[②] 即便如此，将算法生成物独立于主体认定的情况下，将算法生成物纳入著作权保护的客体范畴，也并不意味着算法生成物可以明确其著作权归属。现阶段的算法生成物的主体资格仍是在现有著作权框架中自然人、法人或非法人组织的考量，即必须在人

---

① 感知即意识对内外界信息的觉察、感觉、注意、知觉的一系列过程，与复制存在一定差异。

② 王迁．论人工智能生成的内容在著作权法中的定性［J］．法律科学（西北政法大学学报），2017，35（5）：148-155；石冠彬．论智能机器人创作物的著作权保护：以智能机器人的主体资格为视角［J］．东方法学，2018（3）：140-148；李扬、李晓宇．康德哲学视点下人工智能生成物的著作权问题探讨［J］．法学杂志，2018，39（9）：43-54.

类主体或者法律拟制主体之间进行考量。虽然学界理论为算法生成物的著作权归属于著作权人进行了学理解释，但在具体适用方面仍存在一些无法满足的缺陷。此外，著作权归属的目的不仅在于权利的赋予，同时也关系到各利益主体的利益，以及具体设计的其他层面的制度本身问题。但算法生成物的多元利益主体即设计者、投资者和实际使用者三方的权属分配仍在现有协同创作中存在不合理且陷入著作权归属不明的境地。

（一）学理争议：算法生成物的权属模式多样化

在学理基础上，我国对算法生成物的现有著作权归属模式分为孳息说、"作者—著作权人"说、"署名推定"说、"必要安排者"说等，从而为算法生成物的设计者、投资者和使用者寻找著作权归属的出路。也有学者基于现有的著作权主体分为投资者和创作者的前提下，将算法生成物的模式分为以"投资者说"和"创作者说"。这些学说均为算法生成物的著作权归属提供了法理基石。

"孳息—所有权"说认为，算法生成物的人工智能体属于民法客体的范畴，无法成为著作权法的适格主体。依据"知识财产孳息"的民法学解释，将算法生成物看作独立于人工智能体而生的"知识财产孳息"这一新物，便可以通过罗马法上的"原物主义"原则与日耳曼法上的"生产主义原则"认定算法生成物的著作权归属于原物的开发者、使用者或所有者。[①]"作者—著作权人"[②] 说是在仿照"作品—著作权"说的基础上，首先拟制"机器作者"，人工智能体的多元主体便可作为进行了合作创作的主体，但"机器作者"仅作为一种创作名义，并不认定"机器作者"的著作权人资格，故人工智能体的多元主体便可通过合作名义

---

① 黄玉烨，司马航. 孳息视角下人工智能生成作品的权利归属 [J]. 河南师范大学学报（哲学社会科学版），2018，45（4）：23-29；林秀芹，游凯杰. 版权制度应对人工智能创作物的路径选择：以民法孳息理论为视角 [J]. 电子知识产权，2018（6）：13-19.

② 吴汉东. 人工智能生成作品的著作权法之问 [J]. 中外法学，2020，32（3）：653-673.

成为算法生成物的原始著作权人，取得其著作权。"署名推定"说[1]的观点是参照了我国《著作权法》中形式要件的著作权归属模式，认定在无须考虑算法生成物的主体时，直接基于一种先占理论，推定在算法生成物上署名的为作者。"必要安排者"说，则是借鉴《英国版权法》的规定，认为人类在算法生成过程中的参与很难被认定为是著作权法意义上的创作，但可认定为是对作品的创作进行了重大的必要安排，当算法生成物的人工智能体不具备主体资格时，对创作进行必要安排的人类则可正当地获得算法生成物的著作权。[2]

而通过著作权主体形成的"投资者说"和"创作者说"则认为：在"投资者说"权利归属的模式下，无论是哪种算法生成物的人工智能体，包括AIVA，微软"小冰"等，大部分均有法人组织充当研发者和所有者，因此可以通过法人作品或者职务作品进行规制。而在"创作者说"的权利归属模式下，将算法生成物归为对其作出了实质性贡献的单一或者共有权利人，这些权利人包括进行了算法程序设计、数据选择与输入、进行产品回访等的支持。

上述这些著作权归属模式的学理解读虽然为算法生成物的著作权归属寻找了多元主体，但具体认定之间仍存在一些差异，具体考量过程中会产生一些问题。例如多元主体的实质性贡献如何认定？算法生成物的产生具有复杂性、链条性和长期性，也许算法生成物的每一个参与主体均可能是其产生中的重要一环，就像如果没有人按下摄影机的开始键，没有任何电影的录制一样。因此，现有著作权归属的学说，仅能在著作权归属于多元主体层面提供正当性基础。

---

①　郭如愿. 人工智能生成内容的定性及其权属论断［J］. 重庆邮电大学学报（社会科学版），2020，32（5）：51-59.

②　梁志文. 论人工智能创造物的法律保护［J］. 法律科学（西北政法大学学报），2017，35（5）：156-165；孙建丽. 人工智能生成物著作权法保护研究［J］. 电子知识产权，2018（9）：22-29.

（二）我国算法生成物著作权的权属安排存在困难

虽然现有学说存在具体实施层面的困难，却为算法生成物的著作权归属提供了具体制度的选择。基于现有理论基础，假设算法生成物已经被认定为作品的前提下，即可以确定算法生成物的著作权归属立法制度适用包括法人作品、职务作品、委托作品和合作作品的归属模式。但我国《著作权法》即便通过这些制度确定算法生成物的著作权归属，却在具体立法适用上产生困难。首先这些作品的著作权归属仍需要一个"机器作者"作为前提；其次是法人作品、职务作品和委托作品之间的产生构成要件的重叠，不仅难以断定具体是哪种作品类型，还将影响著作权归属取得后的具体权利取得和保护期限；最后，合作作品一方面基于合作作者而导致"机器主体"的著作权权利取得，另一方面难以解决多元主体利益中人类对算法生成物的参与度越来越弱的情况下具体实质性贡献的分配。

1. 基于作品创作行为的"机器作者"构造

"机器作者"的构造类似于美国"虚拟作者"理论，是基于"算法生成"的事实，建议在法律上构造一个"机器主体"，从而解决著作权归属困境。我国著作权制度的立法宗旨是为了保护创作者专有权利，鼓励作品创作活动，促进社会文化和科学事业发展。[①]而鼓励作品创作与传播的立法宗旨，不会因为创作者是人类还是机器而有所改变，但基于著作权法激励功能而产生创作动因，能够践行立法宗旨的权利人只能是自然人和法人。[②]但"机器作者"的构造仅在于便于著作权归属的功能价值，相当于"功能作者"，因此便不设定其著作权人的资格。依据现有立法来看，"机器主体"概因对算法生成物的人工智能体的未来立法远景，却无法匹配现有立法规制。

---

① 参见新《著作权法》第 1 条。

② Pamela Samuelson. Allocating Ownership Rights in Computer-Generated Works［J］. Pittsburgh Law Review, 1985, 47（4）: 1185–1190.

2.法人作品、职务作品和委托作品的立法混乱影响算法生成物权属取得

虽然"机器主体"解决了算法生成物创作者认定，但在具体适用层面，法人作品、职务作品与委托作品间的构成要件存在重叠而导致难以进行决断。

首先，法人作品、职务作品和委托作品在我国《著作权法》中存在立法混乱问题。从广义的经济关系来看，法人作品、职务作品与委托作品均是基于投资关系。"法人作品"由学术研究和司法实践约定而来，最早的法人作品被学界称为"单位作品"，后被统一称为"法人作品"。[①] 法人作品并非我国著作权法的法律概念，因为现行《著作权法》第 11 条的规定中，包括非法人组织。法人作品的构成要件应当包括"主持"之客观行为；"意志"之主观体现；"责任"之法律承担。"主持""意志"和"责任"为并列要件，缺一不可。即不仅为"为他人创作进行组织工作、提供咨询意见、物质条件或者进行其他辅助工作"的客观行为，还需在该作品中明确其为法人或其他组织服务的目的，且最终由法人或非法人组织承担责任后果。而通常与法人作品纠缠不清的就是职务作品[②]，即我国新《著作权法》第18条之规定。新《著作权法》对职务作品进行两种规定，一种是"一般职务作品"下自然人享有著作权，法人、非法人组织仅有两年期限内的作品使用权；但在特殊条件下，法人、非法人可以取得除署名之外的著作权的"特殊职务作品"规定。但"特殊职务作品"仅包括特殊的作品类型和特殊的职务主体。[③]通常来讲，如果职工接受单位意志完成了作品创作，且利用了单位的物质技术条件，那么便很难区分类似 DreamWriter 撰写的新闻稿是法人作品还是特殊职务作品，因为结果将涉及该作品的使用问题。

---

① 唐劲军. 论法人作品［D］. 重庆：西南政法大学，2019.

② 笔者认为，职务作品与雇佣作品之间只不过是不同国家针对多种主体参与作品创作的不同法律用语。

③ 参见新《著作权法》第18条之规定，作品包括"工程设计图、产品设计图、地图、示意图、计算机软件等职务作品"和"报社、期刊社、通讯社、广播电台、电视台及所属媒体的工作人员创作的职务作品"。

而在委托作品层面，新《著作权法》第 19 条规定，著作权归属可通过合同约定，无约定的情况下，著作权便归为受托人。委托作品依照委托合同生成，而委托合同又属于我国《合同法》中的定作合同类型[①]，而定作合同的要素与法人作品的构成要件出现重合，从而导致混乱。

其次，法人作品、职务作品与委托作品自身存在适用问题。（1）法人作品基于"意志"，主要适用的作品类型为文字作品，视听作品、音乐作品、美术作品等一般以自然人为作者，而算法生成物已经拓展到音乐、电影等领域，并扩大到虚拟现实的应用中。因此，法人作品与算法生成物虽存在共通之处，但却无法简单等同。[②]（2）职务作品中，一般职务作品下法人、非法人组织仅享有优先使用权，虽然特殊职务作品的法人、非法人组织可以享有除署名权以外的权利，但其职务作品的作品范围过窄，出现同法人作品类似的问题。（3）委托作品意味着"机器主体"需要有签订合同关系的法律地位。例如，如果将人类与"机器作者"之间看作委托关系，那么便需要虚拟出委托创作的契约，当机器作者创作出具有独创性的作品时，则著作权原始地分配给人工智能系统的开发设计者，以完成作品著作权的初始授权。那么这一委托关系则从委托创作契约中肯定了"机器作者"的自由意志。而在"机器主体"的构建中，是不承认其著作权人主体资格的，那么是否承认其具有同自然人平等的地位则也影响其著作权主体资格的形成。

3. 合作作品难以适用算法生成物的权属安排

合作作品的著作权归属模式提出在于解决算法生成物的多元主体对其进行了何种实质性贡献。但我国新《著作权法》中的规定，却无法进行具

---

① 依照我国《合同法》第 251–268 条规定，（1）定作物由定作人定作，定作所需技术资料等由定作人提供；（2）承揽人所承作的定作物符合定作人要求；（3）为了保证定作物符合其需要，定作人有权对定作物的制作过程进行监督检查。

② 黄玉烨，司马航. 孳息视角下人工智能生成作品的权利归属 [J]. 河南师范大学学报（哲学社会科学），2018，45（4）：23–29.

体适用。新《著作权法》第 14 条明确规定，创作是合作作者的充要条件。如果基于现行立法中"创作"要件，那么何为创作？《最高人民法院关于贯彻执行 < 中华人民共和国民法通则 > 若干问题的意见（试行）》第 134 条规定，二人以上按照约定共同创作作品的，不论各人的创作成果在作品中被采用多少，应当认定该项作品为共同创作。[①]可见，共同创作首先不以创作成果的量体现，那么创作行为究竟如何界定？

学界关于共同创作行为中的创作包括三种学说。一是"独立思维说"[②]，即只要在作品最终表达现实中投入了独立思维；二是"独创性劳动说"[③]，即需要投入了不可分割的独创性劳动；三是"价值决定说"[④]，谁的创造性劳动决定了艺术作品的价值谁就是合作作者。但独立思维说之标准太不确定，在实践中难以被证成；独创性劳动说虽为著作权归属提供了标准，但没有为利益分配问题提供解决思路；价值决定说虽为利益分配问题提供了导向，但价值判断亦是主观性很强的行为，因而在实践中仍容易诱发争议。[⑤]基于学说的缺陷，便需要将其与新《著作权法》中的创作与作品进行关联。基于此，合作作品的"合作"乃多个主体投入了智力成果的创作结果。

基于此种逻辑，算法生成物的"机器主体"和人类都需要投入智力成果。那么如此一来，这种智力成果的投入便很难在仅投入了资金的投资人间进行利益分配，便忽略了投资人的利益。此外，我国在具体司法实践中也有案例指出，如果执笔人在执笔起草发言稿过程中付出的劳动，仅是将自己贡献融入作品的意图，不能成为合作作者。[⑥]也就是说，在人

---

① 最高人民法院关于贯彻执行《中华人民共和国民法通则》若干问题的意见（试行）第 134 条。

② 冯晓青，廖永安. 合作作品法律认定新探［J］. 知识产权，1994（3）.

③ 于伟. 合著作品的认定标准［J］. 法学，1990（12）.

④ 李迟善. 合作创作决定著作权共有［J］. 著作权，1991（12）.

⑤ 左梓钰. 论合作作品的著作权法规范［J］. 知识产权，2020（7）：69-81.

⑥ 参见 1988 年最高人民法院在《关于由别人代为起草而以个人名义发表的会议讲话作品其著作权（版权）应归个人所有的批复》指示。

类对算法生成物的创作介入越来越弱的情况下，针对合作作品的贡献很难构成我国对合作作品的著作权归属设置。虽然也有学者指出，在著作权领域，"创作"的确是判定某个人是否为作品创作者的充分而且必要的条件（简称充要条件），但是它并不是认定其是否为作者的充要条件。①但这一解释明显移植了英美法系国家对合作作品中强调的贡献行为，实非我国著作权体系下对创作所作出的应有之义。此外，就算以强调贡献为主肯定了人类的创作，但合作作品对合作作者的权利赋予也在变相赋予"机器作者"的实在著作权。

综上所述，将算法生成物视为合作作品，并利用合作作者的著作权归属制度一方面难以满足我国《著作权法》下多元主体的"共同创作"要素，另一方面即便将多元主体按照实质性贡献作为"智力创作"的投入，也将会在现有法律主体资格下暗指赋予"机器作者"著作权人的地位。

本 章 小 结

以我国著作权制度的发展历史虽然沿袭了"作者权体系"的来看，作品的创作者应当是自然人，即便是视为作者的"法人"也是自然人的集合体。而在作品的发展变革来看，我国作品的扩张均是由于技术和政策的选择，因此著作权制度实则为算法生成物的可版权性提供了基础。在著作权归属层面，我国著作权制度作为舶来品，从《大清著作权律》制定之时，就已经呈现出其多元利益的权属考量。虽然现阶段我国并未明确提及算法生成物的著作权保护，但从著作权制度的发展来看，我国也并未明确将算法生成物排除在著作权制度之外，由此引出我国司法实践对算法生成物的著作权纠纷案例。我国第一个真正意义上的算法生成物的著作权司法案例是 FL 诉 BD 案，该案立足于作品的创作主体应当为自然人，从而在承认了

---

① 曹新明. 合作作品法律规定的完善［J］. 中国法学，2012（3）：39-49.

"威科先行库"生成的文章具备客观独创性标准后，又否认了其独创性，同时确立了实际使用者的著作权归属。而在 TX 诉 YK 一案中，法院首先肯定了算法生成物的客观独创性标准，随后又以人类介入因素认为自动创作过程仅是技术导致，应当肯定"个性化安排"，从而弥补了"作者个性"的主观标准，并以此在署名的形式要件中肯定了其法人作品的构成。在"追气球的熊孩子"一案中，该案对算法生成物著作权保护的借鉴意义在于，法院肯定了摄像机的自动拍摄过程，并以人类介入的其他要素作为"个性化安排"的认定标准。从这三个案例来看，首先应当明确作品的创作主体只能是"作者"，其次自动生成过程可以以人类介入作为"个性化安排"的主观要素，最后从著作权归属来看实则是算法的实际使用者最终享有著作权。

但司法实践仍需要立法予以支撑，现阶段我国著作权制度的发展虽然在一定程度上可以契合算法生成物的著作权保护，但是其仍处于立法的真空地带。首先是作品的主体存在学术分歧以及立法认定难以自洽。其次是作品的人地要件存在固有缺陷和争议，导致算法生成物的可版权性存在困难。最后是权属分配的理论虽然能够支撑，但通过现有立法规制一方面需要"虚构""机器主体"进行调适，另一方面无论是投资者说还是创作者说都无法有效解决算法生成物的著作权归属于哪一利益相关者。

第六章　我国算法生成物的著作权保护建议

虽然算法生成物已在司法实践中得到著作权保护的肯定，但个案承认并不意味着一劳永逸，通过制度的调适，并将具体的认定标准与立法融合，才是对算法生成物的应有回应。有鉴于此，通过借鉴各国的先进经验与有效路径，立足我国著作权制度的本质内涵，寻找算法生成物的著作权制度保护的完善，以期破解当下立法与司法难以统一的困境，从而实现著作权制度的最终价值。

第一节　我国算法生成物的著作权主体资格建议

理性应对算法生成物的创作主体问题，就要准确把握著作权主体的历史变革，历史是理解算法生成物的创作主体的一面镜子。因此应当在我国立足著作权制度的发展本意，立足于算法生成物的创作主体为"作者"这一基本，并展望未来为算法生成物的创作主体提供"机器人格"的法律地位。

一、现有规制：算法生成物的创作主体为"作者"

我国自近代以来，通过在《著作权法》中规定作者人身权来彰显制度沿革遵循了"作者权体系"。因此，当前面临算法生成物的创作主体选择时，应当基于"作者权体系"的视角进行解读，探寻"人类中心主义"下"作者"为自然人或自然人的集合体的本位。

（一）我国"作者权体系"下的作者具有"人格"

"作者权体系"源自自然权利理论的"人格价值观"哲学基础。而"意志—人格—财产"是"人格价值观"的核心逻辑。我国新《著作权法》规定，创作作品的自然人在一般情况下是作者，而被体现"意志"的法人或非法人组织可以被"视为作者"。①基于对我国著作权制度的"作者权体系"的进路选择，以及我国著作权制度体系的立法本意，"意志"成为创作的根源。因此我国著作权制度语境下的创作便打上了人类固有自由意志的烙印。康德曾就作品的性质提出：作品是"作者向自己读者的讲话"，作品的印刷是出版商"以作者的名义"将作者的言论"带到公众中"的过程，作品本质上是作者的意志。②黑格尔也指出，诸如学问、艺术、知识等，其本质是自由精神所特有的内在的东西，艺术作品完全表现了作者个人的独特性。③因此，自由意志成为作者资格的哲学基础。

在自由意志的基础上，"人格"要素得以发展，并通过财产权实现。财产是人生存和发展的基础，"人把他的意志体现于物内，这就是所有权的概念"④。而著作权制度所提供的财产权仅是一种独特的或者说是恰当机制，能够让个人得以实现自我、表达个性、维护尊严与认同。德国学者梅迪库斯指出，著作权是一项"特别人格权"，反映的是作者与其作品之间的智力关系和人格关系。⑤在法国民法中，早期民法学者普遍认为"文学、

---

① 参见《著作权法》第 11 条。

② 李秋零. 康德著作全集：第 8 卷［M］. 北京：中国人民大学出版社，2013：85-86.

③ 黑格尔. 法哲学原理［M］. 范扬，张企泰，译. 北京：商务印书馆，2017：59-85.

④ Justim Hughes. The Philosophy of Intellectual Property［J］. Georgetown Law Journal，1988，77（2）：287-366.

⑤ ［德］迪特尔·梅迪库斯. 德国民法总论［M］. 北京：法律出版社，2013：801.

艺术作品的作者对其享有道德权利的基础是人格权……作者对其作品享有的道德权利在性质上是一种人格权"。① 在这种思想的指导下，著作权制度的立法者开始给予人格权无微不至的保护，并从作者的本位出发，意图从著作权制度建立的本位上区别于"版权"（copyright）的概念，强调"作者权"的用语，如英文的"author' right"，法文的"droir de auteur"，德文的"Urheberrecht"，西班牙文的"derechode author"等，都在强调对作者个人权利的保护，而非对出版者权利的保护。② "人格价值观"对作者权利的发展和确立，无疑将单一的著作权财产权丰富为具有作者人格权利的双重内容，从而"作者权体系"的作者主体提供的自由意志的哲学基础，明确除却人类之外的"非人"创作主体便不具备创作能力。即存在一个拥有人格的主体，是著作权产生的前提。③

即便是在"版权体系"下的美国，也在坚守作者"人格"的本位。早在 1997 年美国在审理侵权诉讼时所声称的那样，如果要让一个"世俗的人"因为侵犯版权而承担责任，那么被使用的作品也应当是由一个"世俗的人"创作的，而非由计算机生成。④ 且美国法院将"人"作为创作主体的观念一直贯彻至 2018 年 4 月的"猴子自拍案"中，其在判决中指出，涉案的猴子不可能成为版权法意义上的作者或者版权所有人，因而也没有提起侵权诉讼的资格。⑤

---

① 徐小奔. 人工智能"创作"的人格要素［J］. 求索，2019（6）：95–102.

② 吴汉东. 无形财产权基本问题研究［M］. 3 版. 北京：中国人民大学出版社，2013：245.

③ 曹新明，咸晨旭. 人工智能作为知识产权主体的伦理探讨［J］. 西北大学学报（哲学社会科学版），2020，50（1）：94–106.

④ Urantia Found. v. Maaherra，114 F.3d 955（9th Cir.1997）.

⑤ Naruto v. Slater，16–15469（9th Cir.2018）.

（二）算法生成物的主体认定应以"人"为本位

"人格价值论"对"人类中心主义"的坚守，为作者进行创作行为的人之主体性和意志性提供了评判标准，并且奠定了排除人类这一生物学意义之外的任何非人类作者的出现。在法律上把版权归属于一部机器是不可想象的，不管这部机器多么完美。[①]坚守"自然人"主体资格的立法观，是对旨在将"思想"赋予"表达"的作者权利的重要保护。我国《著作权法实施条例》第3条规定，"创作，乃直接产生文学、艺术和科学作品的智力活动。为他人创作进行组织工作，提供咨询意见、物质条件，或者进行其他辅助工作，均不视为创作。"[②]基于此，通常认为创作行为，是需要人通过文字、图形、数字、音符等作为要素，基于一定的规则、规律等对这些要素进行有机排列组合，从而表达出具有思想、感情等综合理念的活动。基于创作行为的解读，可以得出创作是发生于人类精神领域的智力活动，是人将内心自由意志的活动外部化的过程，也即是说创作是人类的特有行为。[③]

虽然国际上的著作权主体经历了从自然人作者到法人作者的转变，以及现阶段一些国家提出借鉴法人作者，从而拟制"机器作者"（即"索菲亚公民和电子人"）的论点，实则混淆了法人作者仍是以自然人为基点的立法本意。法律拟制应当遵循必要的限度，这个必要的限度就是奥卡姆剃刀定律（Ockham's Razor），即"如无必要，勿增实体"。[④]虽然法人制度仅从其外观来看，是一种将主图扩展到无生命组织的主体扩张，但法人最终可以"团体人格"考量自然人的意志。法人这一拟制主体中的法人与法人背后的自然人，是以法人为主体的法律关系中的同一法律人格，其拟制

---

① 弗洛朗斯－马里·皮里乌，陆象淦. 作者享有知识产权的合法性［J］. 第欧根尼，2005（1）：50–74，111.

② 参见《著作权法实施条例》第3条。

③ 徐小奔. 人工智能"创作"的人格要素［J］. 求索，2019（6）：95–102.

④ 朱艺浩. 人工智能法律人格论批判及理性应对［J］. 法学杂志，2020，41（3）：132–140.

本就为了满足法人背后自然人社会经济生活的需要，如方便民事交易、避免在承担责任时波及自然人财产等，根本目的在于扩张与延伸自然人的权利，充分实现自然人的自身利益。[①] 符合"人有行为的自由"这一前提下对权利选择、义务履行和责任承担的法学正当性。且我国在"作者权体系"下对著作权主体的扩张，并不意味着创设出一个与自然人对立的相关主体，我国对法人作者要求体现其"意志"，这一意志的强调通常暗含了法人背后这一自然人集体的整体意志。正如我国《公司法》中对"法人人格否认"采取的"刺破公司面纱"这一拟人化说法，明显对法人具备"意志"进行了解读。此外，法人作者与"机器作者"不同的是，法人作者仍是自然人主体通过思维活动并最终进行的思想表达，即便最后的著作权人不是自然人，但最终权利仍归属于自然人这一集合体之上，这是因为法人背后仍是自然人真实的存在。

现阶段一些国家对"机器作者"的主体资格赋予，不仅突破了原有立法系统，更是将主体资格的作者身份寄托在一个不具备思想的"算法生成"行为之上。其对于"机器作者"的迷恋，无外乎以一种想象将"算法生成"的行为本质外化到人工智能体之上。就像在 2013 年获得"奥斯卡"奖项的电影《她》中，主人公对 Samantha（萨曼莎）这一拥有迷人的声线，温柔体贴而又幽默的人工智能体化身中。这也正是本研究选取"算法生成"旨在避免人类对人工智能体想象而忽视客观性创作行为过程的原因。就像符号学视角下，算法生成物是模拟人类思维的基本操作，用数理逻辑方法形式化地表达世界的结果，算法生成物只在符号层面满足人类的符号需求，而非真的创作出一个具有"意志"的大脑。

著作权制度的主体审视需要恪守谦抑性原则。从应然的制度来看，算法生成物的人工智能体所产生的主体问题需要立足现有著作权主体的规制。从实然层面来看，探究算法生成物的创作主体是为了解决算法生成物

[①] 曹新明，咸晨旭. 人工智能作为知识产权主体的伦理探讨［J］. 西北大学学报（哲学社会科学版），2020，50（1）：94–106.

的著作权归属问题，而现阶段"人类中心主义"的基础上，通过现有理论基础以及相应的法律实践可以为其找寻"作者"的基础上，基于"算法生成"不具备作者所需的自由意志以及自由意志能够产生的实际效用的前提下，在保证"主客二分"基础上，恪守"作者"的人之本位实为必要。这也是避免算法生成物的主体目前陷入技术先进的应为之道。

二、展望未来：坚守"人类中心主义"的适当突破

诚然，恪守"人类中心主义"是我国著作权在认定算法生成物时对现有法律主体制度的正确选择，但未来已来，算法生成物的现实存在，表明自由意志和精神表达已经突破了"创作等于自然人行为"的局限，因此需要在尊重算法生成场景下人工智能体的法律定位问题。《德国民法典》规定了"动物不是物"，旨在表明动物是区别于普通物的特殊性，而进行创作行为的人工智能体可以进行"机器人格"的规定，即算法生成物的人工智能体所享有的是通过人工制造的、类似于或者接近于自然人的民事法律范畴，但其仍旧是客体范畴，只不过是一种拟制需求。①

（一）"人类中心主义"的突破与我国隐含的"版权体系"进路

本研究对算法生成物的著作权保护探讨本就排除了原有计算机辅助创作行为。如果说 TX 公司发明的新闻撰稿人 Dreamwriter 只是人类为了实现新闻写稿而使用的一种目的性工具，从而导致其数据输入、算法设定、指令设定等均需要技术人员的精心安排，从而具备人之意志。但从创作行为的作出来看，人类依旧没有直接通过创作行为体现人之主体性。再以微软小冰为例，现阶段的微软小冰只需要一段文字描述或者一张图片，就可以

---

① 参见杨立新教授在其文中提出的"人工类人格"的物之法律地位。杨立新. 人工类人格：智能机器人的民法地位：兼论智能机器人致人损害的民事责任［J］. 求是学刊，2018，45（4）：84-96.

激发其根据风格、节奏自动完成配器选择、编曲以及歌词创作的音乐曲目。①
而 2020 年 7 月，首个人工智能女团在世界人工智能云端峰会上的首次亮相
时，演唱的《智能家园》便是由微软小冰作曲。未来学家声称，21 世纪将
是一个机器科学家与人类科学家并存的时代。② 而算法生成物标志着"人
类中心主义"的创作行为已经成为过去，算法独立创作时代不仅已经到来
而且逐渐成为趋势。

最早对"人类中心主义"发出质疑的不是人与动物的关系，更是人与
自然的关系。"天地人，万物之本也。天生之，地养之，人成之。天生之
以孝悌，地养之以衣食，人成之以礼乐，三者相为手足，合以成体，不可
一尢也。"③ 即强调人应当遵循自然的客观发展规律，从而达到人与自然
的和谐发展。这是一种环境中心论或宇宙中心论的哲学观，主张人也是自
然界的一部分，人与自然界对立的结果会导致环境恶化生态破坏，最终导
致人类自我毁灭。④ 因此，"人类中心主义"并非一种绝对的理论基础用
以强调主体性地位，需要考虑人类自由发展的目标。而算法生成物的出现，
加深了人之发展作为目标的思维方式，并以此用来调节"人类中心主义"
的思想偏差。单就算法生成而言，讨论其对人与人工智能体的关系构建是
有必要的。

自尼采宣布"上帝之死"后，哲学上充斥着"人"之主体死亡的情结，
继而有福柯的"人之死"、巴尔特的"作者之死"。这些哲学理论上的主
体死亡标志着"人格价值观"的著作权主体范式彻底破产，而这些宣告主
体死亡的正式"讣告"，也预示着"人类中心主义"的作者身份突破。在
福柯看来，陈述主体不是文本的源头，而只是一个可以替换的空白主体，

①　小恩. AI"小冰"为 2020WAIC"创作"主题曲？ AI 生成物有版权吗？［EB/OL］.
（2020–07–10）［2021–01–23］. https://mp.weixin.qq.com/s/G_Te64Ihai5grrjLSdepMQ.

②　孙占利. 智能机器人法律人格问题论析［J］. 东方法学，2018（3）：10–17.

③　冯友兰. 中国哲学简史［M］. 赵复三，译. 北京：新星出版社，2018：232.

④　赵万忠. 民法典视域下哲学客体、法学客体与人格权客体辨析［J］. 南宁师范大学学报（哲
学社会科学版），2020，41（2）：128–133.

"陈述主体是一个确定的和空白的位置。它实际上可以由不同的个体填充；这个位置不是只此一次地被确定并一成不变地始终保留在某个本文、书或作品的行文之中，而是在变化"。① 其实创作行为与"人类"之间本身就没有必然联系，创作行为与"人类"的关系只是一种法律价值维度的趋向，只有基于某种目的才会选择追问"作者"，并进而将其归为"人"之主体性。

恪守"人类中心主义"是对我国现有"作者权体系"下人之主体性的遵守，但从我国著作权制度的立法宗旨来看，其所需的亦非对作者人格的完全遵守。我国著作权制度是以促进文化繁荣为目标，并努力确保作品的创造和运用，因此在算法生成物的主体认定之时，也应当探讨算法生成物的人工智能体的法律地位能在多大程度上确保这种政策目标的实现。

（二）人工智能体的"机器人格"赋予

2017 年我国《发展规划》指出，为了应对人工智能的应用发展，应当解决人工智能的法律地位问题，明确权利、义务及责任的内容，为其提供法律制度的支撑。我国对人工智能体的法律制度支撑并不要求其法律主体资格的认定，认识解决其法律地位的定性问题。因此探寻人工智能体的主体地位之前，首先要厘清其主体拟制的立法前提。

法律主体地位的拟制在于必要性和可能性。必要性则希望拟制主体可以独立于自然人的意志支配财产，而可能性则是拟制主体可以争取自我利益与尊重他人利益的双重自我意识实现。② 因此，当人工智能体的主体拟制地位无法实现时，著作权语境下的创作行为应当如何定性便成为重要探讨的对象。从创作行为来看，创作并非一成不变，算法生成延伸了人的创作行为，拓展了人的创作能力，使精神生产活动极大丰富。算法基于深度学习能力，自行选择、识别、分析数据，最终脱离限定的算法预设，生成

---

① ［法］米歇尔·福柯. 知识考古学［M］. 谢强，马月，译. 北京：生活·读书·新知三联书店，2007：103.

② 李琛. 论人工智能的法学分析方法：以著作权为例［J］. 知识产权，2019（7）：14-22.

符合人类思想表达的作品；其生成内容既表现了超越原始设定的行为随机性，又产生了符合人类审美取向的质的规定性。① 这种无限趋近于人类的理性和情感的算法，使得人类对算法生成物的人工智能体的意志性有了进一步的"近人性"推断。但诚然"近人性"仍旧是"近人"而非"人"，为了避免二元主体的重叠出现，需要将算法生成物的人工智能体定义为"机器人格"，即指类似人工智能体所享有的，人工参与制造的，类似于或接近于自然人人格的民事客体法律地位。②

将"机器人格"作为法律客体进行规定，不仅是"主客一体"的认识论基础上不断认识和提高最终达成的真理性认识，还具备法律客体的基础。一般而言，客体分为四种：一是自我客体，即"现实、感性的人"；③ 二是自然客体④；三是社会客体⑤；四是精神客体⑥。而在法律客体上，通常包括了民事法律关系和权利中的客体，民事法律关系客体是权利义务共同指向的对象之"物"。因此，"虚拟人格"的赋予不是为了打破"人类中心主义"的人之主体性，也无意从人与物之间泛生出第三种范畴，"虚拟人格"仍旧属于物的范畴，由人类支配，不具有主体地位。这种"虚拟人格"的借鉴，是对"机器作者"和"虚构作者"理论的法律实在化，或者在将来可以作为广泛的法律客体进行适用。但在目前而言，"机器人格"只是为了确定著作权的著作权归属，并以此解决"作者"的认定难题。其次，在具体实践中，这种"机器人格"仅仅作为强调客观创作行为的作出，其类人的创作行为可以看作"人格"的展现，从而不违背创作的本意。

---

① 吴汉东. 人工智能生成作品的著作权法之问［J］. 中外法学，2020，32（3）：653-673.

② 杨立新. 人工类人格：智能机器人的民法地位：兼论智能机器人致人损害的民事责任［J］. 求是学刊，2018，45（4）：84-96.

③ 因为人作为主体能够被人认识或者被自我认识时，认识产生的双向性便将主体变为客体。

④ 即人对自然进行能动性改造的生产和生活资料、地理环境等。

⑤ 即包括生产力、生产关系和上层建筑三个层面的内容。

⑥ 即指在一定条件下成为主体认识并能改造对象的观念客体，主要包括精神活动和精神产品的客体。参见韩玉敏，韩莉. 关于主体、客体及其关系的辨析［J］. 河北师范大学学报（社会科学版），1996（3）：40-44.

综上所述，现有的立法规制无法进行"人类中心主义"的人之突破，未来也不可能。但在未来规制中，基于人工智能体的发展，"机器人格"的赋予可能更为合适。一是"机器人格"不会造成双重主体的突破从而根本动摇人之主体性的根基，二是能够通过"机器人格"的拟制人格，从而解决创作行为的自由意志突破。

第二节　我国算法生成物的著作权作品认定建议

定义大多从语源演绎而来，作为历史传统反映的名称，可以被保留以尊重法律文化延续，但命名的内涵是演进的，应当对概念和概念的内涵进行反思和探索。从我国新《著作权法》对作品的立法规定来看，作品包括概念、法定作品类型和不受著作权法保护的思想。作品概念蕴含了"在法律规定等领域""独创性"和"有形形式复制"，同时在具体作品类型中以兜底条款的"符合作品特征"。这一立法明确了作品构成的一般要件即"独创性"和"有形形式复制"，弱化了作品具体领域，并以作品客体类型的开放性兜底条款为司法实践腾出可适用空间。但也正因如此，出现"独创性"以及"有形形式复制"的如何认定问题，同时开放性兜底条款如何进行适用的问题。在此基础上导致了算法生成物的具体认定标准如何通过"客观独创性"标准，以及"有形形式复制"回归作品认定之上。法应当调整社会现实，社会现实是第一性的，法是第二性的，法的模式是选择的结果，他只能选择自己能够解决的问题和能够实现的手段来塑造自我。[①]"主客分离评价"的思路可将算法生成物的生成过程与主体切断来考察，并预设一个人类并不参与创作过程，却可以客观探讨其独创性的状态。正如汉德法官在司法实践中承认版权作品的认定并无必要反映作者的个性或者人格。因此，在综合国外的相关立法经验以及在具体司法判例中的探讨，考

---

① 张文显. 构建智能社会的法律秩序［J］. 东方法学，2020（5）：4-19.

虑到我国已经出现了算法生成物的现实案例，需要对立法进行明确，并进行完善。

一、算法生成物的独创性"客观标准"认定适用

我国在审判实践中指出，"判断一部作品是否具有独创性，应当从是否独立创作以及在外在表现上是否与公有领域作品存在一定程度的差异方面进行分析判断"①。独创性既涉及事实判断又涉及法律判断或者叫价值判断，但应当追求将独创性作为丈量创作成果是否为作品的尺子，追求认定标准的客观性、可操作性。纵观国内外的立法例和司法审判，"独创性"这一要件的具体认定并不统一。我国所采用的"一定创作高度""个性化选择"概因国外法律移植的本土化成果，"一定创作高度"和"个性化选择"均是"作者权体系"下德国、法国立法和司法的措辞。但现实是德国已在一些司法判例中降低了对独创性的要求，司法判例对独创性标准的要求也开始下降，各种地址簿、目录册、表格、使用说明书以及比赛规则也会被视为作品而受到保护。②这种"创作水准"正在逐步向着降低"小硬币"标准的方向发展，只要具备了最小的创造性就已经满足作品的独创性要求。因此，在客观标准下确定算法生成物的独创性认定应当在具备"独"与"创"的内涵上首先明确算法生成物的"算法生成"具备独立性，其次通过算法生成的创作过程的随机性拟定承认其创作性，再次通过人类只要有介入就承认其"个性化选择"，最后选择算法生成物的不同类型外观进行评判，即引入社会评价。

（一）"客观标准"的具体内涵与正当性

"客观标准"，即对算法生成物从外部看起来的独创性。即以内容的表达形式反向推导内容的内在性质，用以实现算法生成物与作品的实质平

---

① 中华人民共和国最高人民法院民事裁定书（2016）最高法民申 2136 号。
② ［德］M.雷炳德. 著作权法［M］. 张恩民，译. 北京：法律出版社，2005：116–117.

等，即在事先不知创作主体的前提下，对其创作内容进行判断，凡创作的内容足以造成一般公众认为该作品与人类作品无差异，就可以推论该作品具有独创性，可以被认定为作品，受到著作权法保护。因此，明确客观"独创"的法律释义尤为重要。

就"独创"而言，法律对其要求很低。法律上的独创性原为确定作品与作者之间的特定联系，而技术冲击早就把人隔绝于创作之外。文艺批评家瓦尔特·本雅明曾言，"摄影术发明之后，有史以来第一次，人类的手不再参与图像复制的主要艺术性任务，从此这项任务是保留给盯在镜头前的眼睛来完成。"[①] 因此，当人类开始仅保留选取景象的自由，并把图像的复制交给技术的时候，却仍然肯定了人类与技术选择不会导致其独创性丧失。"照相写实主义的真正意义也并不在于它的画面本身，而在于艺术家们用行动所表明的态度或'概念'，他们正致力传达着一种关于工业社会和大众文化的信息，他们的艺术作为一种现象在这个个人价值常常'缺席'的环境中本来就具有特殊的意义。"[②] 此外，独创性判断的对象是已经完成的客观表达本身，并非尚处于不确定状态的思想，更不是来路不明的个性，因此它是对表达本身与已有作品及公有领域是否重复作一个纯客观判断，不需要加入任何主观因素的考量。[③]

有鉴于此，客观"独创"的含义应当包括两个层面：（1）不以人的介入程度否认算法生成的独立完成；（2）以人任何形式的介入对算法生成过程的创作性分析。在此基础上，"算法生成"只不过是技术变革中人类对创作行为的一种取舍，创作过程的独立性不会影响人类的其他选择和干预，算法生成物只不过是人类有限控制下的技术产物。此外，算法生成

---

① ［德］瓦尔特·本雅明. 摄影小史［M］. 许绮玲，林志明，译. 广西：广西师范大学出版社，2017：65.

② 邵大箴. 图式与精神：西方美术的历史与审美［M］. 北京：中国人民大学出版社，1999：329.

③ 孙山. 人工智能生成内容的作品属性证成［J］. 上海政法学院学报（法治论丛），2018，33（5）：84-94.

物的作品外观足以表明其具有"客观标准"评价的可操作性。

（二）"客观标准"的独创性具体认定

独创性的标准依旧是独立性和创作性，但具体的认定应当从算法生成物本身和算法生成过程进行评判。

1. 承认算法生成物创作过程具备独立性

独立性，一般来说，就是作品乃独立创作，而非抄袭他人而来。自然人创作过程为，首先进行观察体验，然后在脑中构思创作的想法，然后进行具体构思后并借助媒介进行外在表达。自然人的观察体验以及创作想法的产生，是一种在经验和知识日积月累基础上不断深入理解后，借助相应媒介的表达。而在表达的过程中，思想不断通过表达展现，而表达也不断通过思想构建，两者并非单项输出，而是一种循环往复的过程，从而相辅相成，成为人类有意识地参与到表达的创作中去。也正因为抽象与具象之间不断地往复，可能导致人类在具象表达过程中产生相同的结果，或者直接抄袭他人而来。算法生成物的生成过程则为，启动相关程序，输入相关指令等其他触发要件，算法生成，最终完成内容。根据特斯拉人工智能主管部门深度学习和计算机视觉专家 Andrej Karpathy 博文中讲解的算法生成物的创作过程来看，算法生成物是基于RNN（recurrent neural networks）语言模型，以大量的诗歌作为训练材料输送至 RNN 语言模型训练，完成后给定初始内容或关键字词，依据 RNN 语言模型输出的概率分布进行采样得到新的词，诗歌即随这样不断重复的过程而产生。① 而后，百度的工程师通过发展，提出了一套基于规划的神经网络模型（planning based neural network），输入写作意图后会生成一个由关键词组成的写作大纲，再根据算法框架，由 encoder 将关键词和根据关键词所得的内容再次输入，decoder 将前述内容作为源语言，下一

---

① Andrej Karpathy. The Unreasonable Effectiveness of Recurrent Neural Networks［EB/OL］.
（2015-05-21）［2021-01-11］. http://karpathy.github.io/2015/05/21/rnn-effectiveness.

句话作为目标语言而进行翻译，依次不断地生成新的句子，其生成模式如图 6-1 所示（图像源自引用论文）。[①]

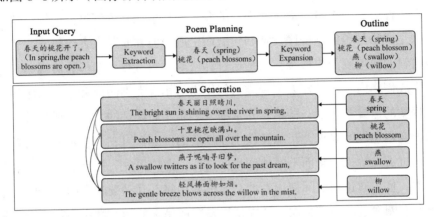

图 6-1　百度提出的基于规划的神经网络模型

可见，算法生成物的产生过程实则是单向性的表达，而非通过循环往复的构思得到，其生成的内容只是算法最优的结果，也正因为没有人类参与，算法生成物的创作过程不会抄袭他人而来，完全基于独立创作。因此，在没有人类的参与下，算法生成物就可以直接视为独立创作完成。

2. 算法生成物客观创作性评判：随机性与人类介入要素

创作性的认定通常以与他人产生不同的结果进行评判，往往是一种差别比较方法。日本田村善之认为，满足创作性的要件就应当解释为：创作了和他人作品不同的东西即可。[②] 因此，便不需要对算法生成物的"个性化选择"评价标准，重新另寻创作性标准并且以严苛方式审视其创作过程的创作性体现。

首先，美国 Time Incorporated v.Bernard Geis Associates 案中，肯尼迪遇

---

① Wang Zhe, He Wei, Wu Hua, et al. Chinese Poetry Generation with Planning based Neural Network［C］// The 26th International Conference on Computational Linguistics（COLING' 2016）：1051-1060, Osaka, Japan, December 13-16, 2016.

② ［日］田村善之. 日本知识产权法［M］. 周超, 李雨峰, 李希同, 译. 北京：知识产权出版社, 2011：412.

刺画面乃随机拍摄，我国"追气球的熊孩子"一案中拍摄过程完全由气球上相机自动拍摄的独创性认定来看，完全可以通过算法生成物创作过程中的随机性以及人类对自动生成内容的介入选择承认其创作过程的创作性。算法生成物虽是依据程序设定和模型而生成，但并非对现有作品或共有领域材料的简单复制或抄袭，而是通过算法对材料进行了选择、协调和安排而生成创作内容；只要人工智能的创作物与相应类别的现有作品相比有一定程度的差异和区别，哪怕是非常细微、非显而易见的，都应视为具备最低限度创造性的要求。正如微软小冰创造的"虚拟男友"，实际使用者可以通过需求输入，从而不断地调整性格，"虚拟男友"拥有自己的微信朋友圈，且在通过与实际使用者的交流过程中将其互动反映在朋友圈中。单就朋友圈发送的内容来看，"虚拟男友"所呈现的朋友圈作为算法生成物的一种文字呈现，是算法自动改进后完成的意料之外的行动，其主体数据、选择内容均具有随机性特征，从而导致最终的朋友圈展示无法预测。从这一层面来看，算法生成物是人类心智活动"无机化"的结果，这种无法预知的"随机性"，恰恰是算法生成过程的客观创作性。

其次，以人类介入的要素体现创作性的融合。算法生成物虽然是算法独立创作完成，但是算法生成物并非完全独立于人类而存在，算法生成物仍在人类介入的条件下完成了算法设定和指令发出。大数据技术的应用并没有使人类失去对人工智能生成作品的控制，反而是在不断的人机回圈过程中对已有的艺术素质的模仿、复制与重组基础上进行的再创造，其生成的内容内在地蕴含着人类的审美取向，并体现着人格个性。[①] 因此，在我国 TX 诉 YK 案和"追气球的熊孩子"案中，都引入了人类的选择、安排的考量因素，以弥补其随机性过程中"个性化安排"这一创作性的体现。

最后，对人类介入要素的考察应当但不限于：（1）人类介入要素不以介入的量为标准；（2）人类介入要素通常包括算法的设定、输入的指令、基于需求目的等；（3）人类介入要素不考察算法生成物是否体现人类的

---

① 徐小奔. 人工智能"创作"的人格要素 [J]. 求索, 2019（6）：95–102.

思想、感情等要素，这也是创作性客观标准的重要内容。

基于此，算法生成物通过随机性客观拟制创作性，并引入人类介入要素的认定进行分析，完全具备创作性要素的体现。

（三）引入一般社会公众的客观评价

著作权制度的功能，在于实现文化传播以及满足大众需求，公众需求的文化不仅仅是阳春白雪，还有下里巴人，文化的雅俗共赏不只是大众需求，更是现实社会的已有体现。因此，我们发现，当讨论机器人小冰的时候，将其认作一个诗人，完全是从诗作出发来进行判断的，当然，如果一个机器人能够制造出或者创造出几首被人类所惊叹的诗作，我们似乎应该为其颁发诗人的桂冠，这一点放到人类身上，似乎是一个不言自明的推论。[①]但当探讨小冰诗歌作为作品时，却往往对其产生一种不言而喻的严苛评判。就现阶段而言，有些读者认为小冰诗集是辞藻堆砌，但有些读者认为小冰的诗歌具有朦胧的美感。但当指向人类诗人的时候，却往往不会因为其创作了烂诗而被抹杀其作品的认定。因此，在评判时往往倾向于与作者关联要求算法生成物的独创性认定。

换言之，算法生成物应当以社会客观评价标准的要件，当算法生成物的符号增值，能够在客观上满足公众需求，丰富文化发展，当作为算法生成物的语词、色彩以及一些歌曲节奏的搭配为人类提供更多素材时，就能够作为一种独创性进行客观评判。

质言之，"主客分离评价"为算法生成物的独创性要素评判提供了一种客观标准，但也不应该完全否认算法生成物与人类的关联。"个性化选择"的认定要素可以通过算法的随机性和人类介入要素进行认定，而创作过程的独立性以人类不介入的客观标准进行评判，由此看来，算法生成物在人类介入程度越来越弱的情况下，仍旧可以客观形式标准评

---

① 王峰. 挑战"创造性"：人工智能与艺术的算法 [J]. 学术月刊，2020，52（8）：27-36.

判其独创性的认定。

二、算法生成物下"一定形式表现"的完善

社会需要的物质生产方式和物资生活资料通常是技术发展的推动力。需求是发明之母，发明并会在真空中产生。[①] 由此一来，技术的演进同人类的演进亦有相似之处，"物竞天择"的规律似乎顺应着技术的更迭，智能化取代纯粹的计算机程序，虚拟化取代单一的图片和影像处理技术，技术发展至今并非仅仅是客观存在就可以做到的。我国在音乐喷泉案中，对静态复制要素的突破，使得司法实践中对"一定形式表现"的认定拓宽了思路。而美国对自动生成游戏的底层程序的可复制性认定，法国对香水的"感知"认定的标准来看，"一定形式表现"这一标准仍需要进行立法释义。而此次算法生成物下虚拟现实的新表达类型提出，便是我国作品要件"一定形式表现"完善的一个拐点。

首先，"一定形式表现"包括"有形形式复制"。《美国版权法》第102条中对"固定"的立法具体描述为，"以现在已知或者未来开发的有形形式固定"，"直接或借助于机器设备可以感知、复制或者传播"。[②] 此外，通过对《美国版权法》的体系解读，其在第101条中对一些法律术语进行了解读。其对"装置、机器和方法"的概念认为现在已知或者后来开发的装置、机器或者方法；"有形形式固定"是指作品被相对持久或稳定地包含在复制件或者录音制品内，足以对作品进行感知、复制或者不仅仅是短暂临时性地传播。[③] 因此，对作品的"一定形式表现"的释义，旨在表明作品是通过具体方式展现，这种展现方式包括了复制的行使，且不排除未来技术形成的新机器或设备的表达。因此，这种表达"无论是文字，数字，

---

① ［加］罗伯特·洛根. 什么是信息［M］. 何道宽，译. 北京：中国大百科全书出版社，2019：112.

② 美国著作权法［M］. 杜颖，张启晨，译. 北京：知识产权出版社，2013：10.

③ 美国著作权法［M］. 杜颖，张启晨，译. 北京：知识产权出版社，2013：6-8.

注释，声音，图片还是任何其他图形或符号标记，无论以印刷的书面形式还是摄影，雕塑，打孔，磁性或其他任何未来发展的能够以稳定形式体现的媒介都没有区别。"①

其次，对一定表现形式进行"感知"要素的扩张。《美国版权法》的立法中，首先强调了"感知"这一要素，且这一要素在我国新《著作权法》中规定在了视障者的合理使用制度中。因此我国呈现出基于"感知"要素的"一定形式表现"要件的扩张。人类具有耳、眼、肤、鼻、舌五类感官，掌控着听觉、视觉、触觉、嗅觉和味觉，但通过立法来看，作品通常仅限于人类对视觉和听觉的重视，例如小说、舞蹈、影视作品均体现出了视觉和听觉。即便是法国兰蔻的香水案件中，香味能否满足也存在争议。但技术发展至今，虚拟现实通常演化为触觉和嗅觉的指令，则强化除视听之外的感知也尤为重要。因为如果贸然将虚拟现实这一表达类型的触觉等感官进行剥离，则割裂了虚拟现实的完整性。因而在对"一定形式表现"进行释义时，应当对其他感官的感知形式作为未来可以参考的具体感知形式。其次，该法条中对未来的"装置、机器和方法"的阐明，呈现出一种开放的态度，不应当仅限于"静态复制"，还可以考量"动态复制"以及人类感知。作品所抽象出的范畴，应当是反映过去、现在与未来的版权制度一直所追求的价值，并且将这种价值体现在作品范畴之中。"一定形式表现"应当是强调技术性"传播"的原样重现。

因此，虚拟现实作为过去预测的"未来体现形式"，可以依据底层程序满足此基础上的这一要件。正如"一定形式表现"具体方式既可以是当下呈现，还可以是后续再现，这就表明其目的是能够实现一种传播。而虚拟现实呈现的内容，可以通过底层程序的数据存储，并最终通过算法的指令再现。其底层程序所展现出的数据仍旧是原本蕴含的数据，其具体的画面内容也不会产生区别。但针对其"感知"这一要素，应当基于虚拟现实中人类感知的方式，并作为整体性感知形式进行认定，但这一要件我国目

---

① See Pub. L. 94 - 553, title I, §101, Oct. 19, 1976, 90 Stat. 2541.

前立法却因未明确规定而难以满足。

三、《著作权法实施条例》中"作品"相关条款完善建议

条例是国家权力机关或是行政机关按照相关政策和法令制定并发布的，针对文化、经济、政治等领域的某些具体的事项所做出的比较全面系统的，并且还具有长期执行效力的法规性公文。[①] 由此可见，《著作权法实施条例》（以下简称《实施条例》）的作用就是对我国《著作权法》中的相关规定进行全面系统的规定，从而具备执行性效力。目前，我国新《著作权法》已于 2020 年 11 月完成第三次修订工作，那么其具体的修法是一种体系化的活动，因此与其配套的《实施条例》等其他立法也需要进行修正以实现法律的体系化。新《著作权法》将于 2021 年 6 月生效，且其相关立法内容并非概念问题，而是对具体条款的解读问题，因此，只需要在《实施条例》中加以完善即可。

---

① 公文网. 公文写作范本大全：范例、格式、技巧、指导［M］. 北京：台海出版社，2019：144–145.

（一）《著作权法实施条例》的相关条款完善

表 6-1　《著作权法实施条例》的相关条款完善

《实施条例》原条文	《实施条例》修正建议
第二条　著作权法所称作品，是指文学、艺术和科学领域内具有独创性并能以某种有形形式复制的智力成果。	第二条　著作权法所称作品，是指文学、艺术和科学领域内具有独创性并能以一定形式表现的智力成果。 第二条　第二款　独创性，"独"即独立完成，无论是人类还是人类借助可以自动完成创作的算法等技术；"创"即最低限度程度，即从客观上。 一定形式表现，（1）能够被人类借助现有或未来的技术设备或载体客观感知的方式，包括但不限于人类五官感知中的感知方式，且不以个人不同而存在的感知差异而否认该要件；（2）能够进行再现，无论是通过底层程序或者其他装置的再现，不论再现的是动态还是感知类型。
第三条　著作权法所称创作，是指直接产生文学、艺术和科学作品的智力活动。	第三条　著作权法所称创作，是指产生文学、艺术和科学作品的智力活动。
第四条　著作权法和本条例中下列作品的含义： （十）摄影作品，是指借助器械在感光材料或者其他介质上记录客观物体形象的艺术作品； （十一）电影作品和以类似摄制电影的方法创作的作品，是指摄制在一定介质上，由一系列有伴音或者无伴音的画面组成，并且借助适当装置放映或者以其他方式传播的作品。	第四条　著作权法和本条例中下列作品的含义： （十）感知作品，是指能够通过一定介质呈现，由一系列人类可以通过五感进行感知的整体作品，且不论作品呈现介质的性质； （十三）符合作品特征的其他智力成果。

（二）《著作权法实施条例》的修订理由及说明

因算法生成物的外观与现有的作品并未存在区别，因此无必要增加类似于英国版权法中"计算机生成"或者"计算机自动生成"的作品类型。因我国新《著作权法》中的作品定义包含了独创性和一定形式表现两个重要构成要件，而我国《实施条例》也需要进行完善以匹配新《著作权法》，因而笔者建议在《实施条例》修改之时，可以对作品概念进一步进行明确，并在其中解释独创性和"一定形式表现"两个要件的内涵。以下针对作品的具体类型进行梳理。

第一，第二条修订理由。《实施条例》第二条的修改，是因为新《著作权法》对作品概念进行了立法修订，为了秉持著作权制度体系的完整性和逻辑性，故把第二条的"有形形式复制"改为"一定形式表现"。

第二，第二条第二款增加理由。该条款属于对作品重要构成要件的解读，以弥补我国立法在独创性和一定表现形式规定的空白。由于独创性标准难以统一，而"一定表现形式"也亟待明确，因而需要对此内涵进行解读。笔者认为首先应当以客观标准审视独立性和创作性。应当在具体的法律规定中阐明，不应以技术的自动创作过程否认独立性，且仅以外观判断其是否具备创作性，创作性乃不同于已有作品即可，这种作品的创作性是建立在一般公众的评价之上。该独创性的标准旨在澄清主观标准上，不应当排除创作者因技术使用的缘故而否认其人类介入因素，且这一人类介入因素不应当仅限于使用算法生成的实际使用人。这些主体包括但不限于算法设计的设计者、算法生成物生成的实际使用者，从而体现"个性化安排"。并进一步将主观和客观标准糅合，实现"主客分离评价"的适度分离标准。在"一定表现形式"的解读中，笔者认为应当将"客观感知"和"动态复制"作为考量因素。并将其以程序的可控性作为考量标准，且在整体性之上加入人类其他感官的客观感知性。而这一内涵的解读可通过对视听作品这一法定作品类型进行完善而实现。

第三，第三条修订理由。在此条款中，笔者建议删除"直接创作"中的"直接"二字。在原有条文中，"直接创作"的本意是为了同"辅助创作"区分，但在实际认定中，"直接"同智力活动相关，就势必造成直接创作过程与间接创作过程的智力成果产生问题。因此，将"直接"二字删除有助于创作行为的认定。此外，创作是一种事实行为，而非一种法律行为。事实行为"即行为人实施一定的行为时主观上并没有产生、变更或消灭某一民事法律关系的意思，从事智力创造活动，拾得遗失物等均属于合法的事实行为"①；或者"行为人不具有设立、变更或毁灭民事法律关系的意图，但根据法律规定客观上能引起民事法律后果的行为，如技术发明创造等"②；抑或"基于某种事实之状态或经过、发生法律所特别规定的效力之行为"③。在对人工智能"创作"行为的法律性质认定问题上，仅需考虑人工智能"创作"过程中是否存在人类的干预行为以及人类的干预行为是否属于产生作品的智力活动两个问题即可。④

第四，第四条修订理由。在明确作品概念之后，笔者认为可以"感知作品"解释新《著作权法》中的"视听作品"。而通过现有体例，笔者在此借助《视听表演北京条约》中对视听作品的定义，建议在《著作权法实施条例》中进行阐明。"感知作品，即通过一定载体能直接为人类听觉、视觉、触觉、嗅觉和味觉五感所感知的作品。这一作品中的人类感知是为该作品的整体，虽常表现为音乐、戏剧、曲艺、舞蹈、美术、摄影、讲演和其他表演内容，但和这些以人类为载体的作品不同，必须借助适当的装置才能反映作品形式和内容。"即具备载体表达且不同于人类载体、人类可感知（不少于两种感官）以及运动图像的传播三要素。

提供作品立法例上的具体条款建立前应当明确的是，作品的立法例是因为固有缺陷而导致，算法生成物的出现只是在事实上放大了其缺陷的存在，因此当对作品的构成要件进行解读并且提供一种较为明确的立法态度时，才能为司法所用。

---

① 王利民. 民法总则研究［M］. 3 版. 北京：中国人民大学出版社，2018：160.

② 安连成. 民事法律制度研究［M］. 天津：天津人民出版社，2018：41.

③ 梁慧星. 民法总论［M］. 北京：法律出版社，2011：64.

④ 何培育，蒋启蒙. 人工智能"创作"行为的法律性质探析［J］. 重庆理工大学学报（社会科学），2020，34（6）：102-110.

第三节　我国算法生成物的著作权归属建议

当算法生成物具备作品独创性要件的"客观标准"，而算法生成物的主体认定在坚守自然人和法人的基础上，其著作权归属便成为算法生成物著作权保护的重要考量。现阶段无论是基于法人作品、职务作品、委托作品和合作作品的著作权归属模式均旨在为算法生成物的投资者、设计者和实际使用者之间进行选择，但往往又陷入了无法抉择具体的著作权归属的困境。因此，基于法人作品的拟制主体的制度选择，将著作权归属于实际使用者，既具有利益衡量后的正当性，又解决了职务作品、委托作品和合作作品制度的不适性。此外，因为算法生成物与人类创作物之间具有相似的外观，且人类创作物也会出现"劣质"作品，因而为了避免公众的区分，可以采用登记制度加以完善。

一、以拟制制度将著作权归属于实际使用者的实质要件认定

（一）法人作者的拟制主体定位

首先，在适用法人作品、委托作品和职务作品制度之前，应当从立法体例上明确这些权属制度的区别。我国新《著作权法》第9条规定的可以作为著作权人的自然人和法人、非法人组织应当是可以通过法定转移的情形而取得著作权归属的情况，即委托作品、职务作品等将著作权的部分或者全部权利让渡给其他非创作主体的规定。[①] 而我国新《著作权法》第10条第2款的"视为作者"，即直接通过拟制主体的规定将著作权权利全部让渡给非创作行为主体的方式，从而扩大了自然人作者的范畴，用以适应著作权权利的完整归属。[②] 我国法人作品归属模式类似于《美国版权法》

[①]　谢琳，陈薇. 拟制作者规则下人工智能生成物的著作权困境解决［J］. 法律适用，2019（9）：38–47.

[②]　曹新明. 我国著作权归属模式的立法完善［J］. 法学，2011（6）：81–89.

中直接拟制作者为雇主的情况。从美国学者认为算法生成物的著作权归属适用雇佣作品的"雇主"来看，通过扩大"作者"的解释，"在生产中起到激励作用"或计算机生成物的"发起人"完全符合宪法层面"作者"的概念的观点①，明显区分出需要先授权给"虚构作者"的人工智能体已承认其知识产权后再将著作权让渡给根据合同有权享有一方的法定转让方式。②

因此在制度的设计之上，为了避免现阶段我国"人类中心主义"的法律主体地位遭到挑战，在否认人工智能体的主体地位之上，选择拟制作者的制度设计更为有效。这样一来，无须通过现有制度中的缺陷以及逻辑难以自洽而导致著作权归属证成困难。而在选择拟制作者制度之后，便需要在设计者、投资者和实际适用者之间找寻最优激励对象作为促进文化增值的政策，以此来实现著作权归属的设计。

（二）基于算法生成物的运作方式拟制实际使用者为作者

在讨论算法生成物的著作权归属时，首先要具体了解算法生成物的相关运作方式，从而才能找出最优主体。

以 Amper Music 为例，其投资者包括 Amper Music 公司、维港投资、西格玛投资、先进资本四家公司，设计者为 Amper Music 公司，实际使用者为使用 Amper 算法进行创作的 Amper 实际使用者。③实际使用者通过 Amper 进行风格、节拍、乐器和时长的调整，使算法生成音乐更具专业性。在 Amper Music 中，投资者可以通过股份获取收益，设计者通过技术转让、授权许可等获取收益，而实际使用者则需要与投资者签订相关协议以及服

---

① Robert C. Denicola. Ex Machina：Copyright Protection for Computer Generated Works［J］. Rutgers University Law Review，2016，69（1）：251–288.

② Colin R. Davies. An Evolutionary Step in Intellectual Property Rights–Artificial Intelligence and Intellectual Property［J］. Computer Law&Security Review，2011，27（2）：601–606.

③ 邱润根，曹宇卿. 论人工智能"创作"物的版权保护［J］. 南昌大学学报（人文社会科学版），2019，50（2）：35–43，113.

务条款等进行算法生成的授权。因此，以该算法生成物的多元主体为例，讨论实际使用者作为拟制作者的最优选择。

首先，是对设计者的著作权归属进行否认。坚持设计者作为算法生成物的权利主体通常是基于算法生成物的算法作为作品的创作力来源认定。以算法生成物的创作过程来看，算法设计的设定通常是算法生成物价值的来源，因此算法生成行为视为设计者的意志作出行为。① 而以著作权的劳动财产学说来看，设计者又是算法生成物产生的必要安排之人，如果没有其对算法设计的实质性贡献，那么算法生成物根本无法找寻源头。以促进算法生成物的文化持续性产出来看，如果将算法生成物归为设计者，将能无限激发算法生成的研发。② 这些观点虽有道理但也并非完全无法辩驳。首先，算法生成物的特点在于其创作过程是一种不需要人类介入的过程，且基于大数据驱动以及随机化的特点，最终代表的并非设计者的意志，而是输入指令者的意志。其次，设计者的实质性贡献仅针对算法而非算法生成物，其并非直接导致算法生成物产生的主体，就像不是直接按下相机快门键的那个人一样。最后，设计者通常并不是以算法生成物的生成为目的，他们仅仅是算法设计的责任方，却不是算法生成物的需求方。而且基于设计者已经获取了算法的权利激励，无须进行双重激励，且这种激励并不会因为不赋予设计者而导致利益损失，因为设计者已经从投资人或者实际使用者那里已经获取了相应的利益。就像 Amper 的设计者已经可以通过别的渠道获取收益。但如果将算法生成物归属于设计者，会导致实际使用算法进行创作的人积极性降低，因为先前已经与 Amper 签订了协议，如果后期需要使用算法生成物仍需要进行付费，则会导致二次付费的情况出现。

其次，便是在投资者和实际使用者之间进行选择。通常对投资者和实际使用者而言，投资者作为算法生成物的著作权人可以有效为算法生成物

---

① 熊琦. 人工智能生成内容的著作权认定 [J]. 知识产权，2017（3）：3-8.

② Kalin Hristov. Artificial Intelligence and the Copyright Dilemma [J]. The Journal of the Franklin Pierce Center for Intellectual Property，2017，57（3）：431-454.

的算法研发提供稳定且有效的投资，以此保障算法生成物的产业链可持续的有效发展，保证算法生成物最终实现质与量并存，用以文化繁荣。如果不能赋权给人工智能购买者，那么理性市场主体的选择依然是不购买人工智能，无法收回成本的设计者也将选择不研发，产业的发展无从谈起。[①]以投资者作为算法生成物的著作权人可以直接解决其"孤儿作品"的问题，从而解决算法生成物寻求著作权人的经济成本。但这一点明显忽视了实际使用者的存在，以 Amper 为例，其投资者已经可以通过股票红利等向实际使用者产生收费嫁接，就像人类用个人信息数据换取软件免费使用那样，其实际使用者才是最终的投资者，如果归为投资者将会导致其双重付费的情况出现。而如果以权利来源来看，实际使用者才是最具联系的人，Amper 的实际使用者通过对歌曲的需要，进行的指令输入才是最终导致 Amper 歌曲产出，相比较而言实际使用者更具价值。最后，算法生成物在现阶段根本不可能以大批量生产的模式提供给实际使用者，其已经收取了实际使用者的对价，就算以后投资者以出售方式卖给其他购买方，那么购买方将以另一种投资者的方式呈现，如果购买者本身作为实际使用者，那么其算法生成物归属依旧满足利益的选择，而如果购买者提供给其他使用者那么实际使用者可能仍旧需要另一对价进行完善。

正如微软小冰团队宣称的那样，他们对于普通用户通过部分产品（如小冰写诗）等生成的内容作品，已声明放弃其版权，但对于未包含此声明的内容作品（如小冰的美术作品），我们仍继续保有其版权权益，但不论是否放弃版权权益，他们对小冰生成的每一个内容作品均有独一无二的备案记录。[②]对于他们未声明放弃的那部分著作权，以美术作品为例，目前仍旧是由其投资者进行改进，如果未来投资者将其授权给实际使用者，那么可能会抑制实际使用者付费后的结果。而实际上，投资者也会在具体运

---

① 王迁. 论人工智能生成的内容在著作权法中的定性［J］. 法律科学（西北政法大学学报），2017，35（5）：148-155.

② AI "小冰" 为2020WAIC "创作" 主题曲？ AI 生成物有版权吗？［EB/OL］.（2020-07-10）［2021-01-29］. https://mp.weixin.qq.com/s/G_Te64Ihai5grrjLSdepMQ.

用中进行考量。在 Amper 的实际运作过程中，投资者以保障实际使用者的著作权（复制、发行、信息网络传播等）保障更多实际使用者的参与，而投资者也可以通过授权使用和提供技术服务等增加收入，进行投资"回圈"完善 Amper，于是促进 Amper 的功能更加完善的良性循环。① 就像微软小冰的团队，其也是通过收集实际使用者信息以完善微软小冰为目的，授权实际使用者免费使用微软小冰，实际使用者已经支付了无论是金钱还是人身相关的对价。

而在我国的司法实践中，无论是在 FL 诉 BD 案中法院直接将著作权归属于用户，还是 TX 诉 BD 案中法院对算法生成物的法人作品认定，均体现出法院认定算法生成物的著作权归属于实际使用者。虽然在 TX 诉 BD 案中法院认定涉案作品为法人作品将其归属于 TX 团队，但这背后体现的价值在于 TX 团队实则是涉案作品的实际使用者。

二、署名要件与保护期限的形式标准认定

我国新《著作权法》规定，如无相反证据，在作品上署名的主体为作品的作者。署名权虽然归为算法生成的实际使用者，但仍需要署名主体进行算法生成物的标注。现阶段，虽然算法生成物通常以吸引公众眼球而进行公开，但如果不作出区分，仍会导致公众在识别之后觉得受到欺骗。音乐家戴维·科普（David Cope）通过作曲程序艾美（EMI）生成了大量模拟巴赫风格的"作品"，并安排了一次演出，达到了以假乱真的效果，但最后当有些观众最终得知并非巴赫的作品时，却感到十分愤怒。② 此外，现阶段算法生成物的市场交易仅仅是凤毛麟角，就算是微软小冰《阳光失了玻璃窗》的销量仍旧达不到应有的高度，且有艺术评论家评价那幅高价交

---

① 邱润根，曹宇卿. 论人工智能"创作"物的版权保护［J］. 南昌大学学报（人文社会科学版），2019，50（2）：35-43，113.

② ［以色列］尤瓦尔·赫拉利. 未来简史：从智人到神人［M］，林俊宏，译，北京：中信出版社，2017：294.

易的算法生成物是"2018 年最无聊的艺术作品"①。由此可见，算法生成物虽然可为著作权保护，但仍需要衡量其带来的意义。因此，明确著作权归实际使用者所有的同时，可以同时公开其算法生成物的身份，不失为一种减少寻租成本的有效方式。

此外，算法生成物基于拟制作者的情况，应当将其保护期限参照法人作品的保护期限即五十年进行保护。从而能够在最大限度上满足算法生成物促进文化发展。

本章小结

为算法生成物的著作权保护提供建议是取长补短，而不是刻意压制短板，客观上放纵长板，不当的放大不成问题的问题，无异于无病呻吟。②算法生成物的著作权保护核心在于作品的认定，而在作品认定的基础上延伸出算法生成物的创作主体和权属安排。当前对算法生成物的著作权保护研究存在"权利泛化"③的趋势和风险，首先，算法生成物的著作权保护研究与实践集中于法教义学中对"作品"概念逻辑推理，致力于找寻"作品"与"作者"和"创作"的一致性推演，从而导致著作权保护的争议发生，并陷入各自论证的怪圈。其次，算法生成物的著作权保护研究混淆了权利的应然向度与实然维度，当算法生成物可能被认定为作品时，便出现了算法生成物主体与著作权归属的拷问，从而出现算法生成物的人

---

① 为什么人工智能创作的〈爱德蒙·贝拉米肖像〉是 2018 年最无聊的作品？［EB/OL］.（2019-01-21）［2021-01-29］. http://www.sohu.com/a/290549149_256863.

② 刘春田. 著作权法修改应注入更多民法思维［EB/OL］.（2020-09-14）［2021-02-03］. http://www.ciplawyer.cn/html/bq/20200914/145544.html?prid=140#.

③ 康兰平. 人工智能法律研究的权利泛化挑战与场景化因应研究［J/OL］. 大连理工大学学报（社会科学版），2021：1-9［2021-01-10］. https://doi.org/10.19525/j.issn1008-407x.2021.01.012.该文中该学者认为人工智能法律研究的"权利泛化"在于人工智能的主体资格制度构想和权利的证成.

工智能体的法律主体拟制与已有法律主体的冲突，从而导致著作权制度体系的瓦解。

厘清算法生成物的著作权保护问题，需要从算法生成物的"法教义学"逻辑推理转向"法功能学"的价值取向，从而重新审视算法生成物的著作权保护负载与制度完善的相容之道。因此在对算法生成物的著作权保护进行研究时，需要基于我国本土化的立法选择，在借鉴国外对算法生成物的实践与制度调整的基础上，坚守"人类中心主义"与激励文化发展的平衡策略，对算法生成物的著作权制度提出建议。（1）在算法生成物的创作主体层面。首先，基于我国著作权制度对"作者权体系"的选择，应当坚守算法生成物的创作主体应当是"人类中心主义"下的自然人或者自然人的集合体。其次，基于我国对人工智能体的法律地位的战略需求以及事实需要，在有限突破"人类中心主义"的原则下，借鉴域外"电子人""虚构作者"理论等探寻人工智能体的"机器人格"法律客体拟制地位。（2）在算法生成物的作品定性层面。基于"主客分离评价"思路，对算法生成物的作品认定从"作者中心主义"转移至"作品中心主义"，对"独创性"进行"客观标准"以及对"一定形式表现"进行"客观感知""动态复制"进行考察，同时在具体考察时对算法生成物的虚拟现实类型进行作品类型的定位。（3）算法生成物的著作权归属层面。基于利益衡量，借鉴法律主体拟制制度，将算法生成物的权利拟制归属于算法生成物的使用者，从而在激励机制下，降低算法生成物的多元主体著作权归属的寻租成本，解决算法生成物现有权属机制的困难。

结　语

技术的应用往往推动人类社会开始转型，从而带动了人类社会法律秩序的转型。① 正如日本学者中山信弘所言，"让法律领先于事实，特别是技术，而以应有的姿态进行引导是困难的。由于难以正确判断社会发展方向，法律如果先行往往产生朝错误方向引导的危险……但应注意至少要努力在最低限度上，不使法律成为多媒体发展的阻碍。"② 这句话同样适用于现如今算法生成物的著作权保护研究之中。当社会开始转型，法律应当积极地、能动地回应社会，制度化的法律在实践中还需要一个再制度化的过程。③ "法之修也，不可不审，不可不明。而欲法之审，法之明，不可不穷其理"。④ 当拨开著作权制度的纷繁历史迷雾，回望其浩瀚哲学渊源，追踪其发展经济轨迹，植根其多元社会基础，应当在法教义学中探寻法功能学的本意，为算法生成物的著作权保护寻一双独特魅力的眼睛。

算法为作品提供了一种特别的创作过程，且能够通过大数据驱动变为一双发现人类审美规则的"慧眼"，从而借助"慧眼"优化结果的生成。

---

① 张文显. 构建智能社会的法律秩序［J］. 东方法学，2020（5）：4–19.

② ［日］中山信弘. 多媒体与著作权［M］. 张玉瑞，译. 北京：专利文献出版社，1997：112–113.

③ 葛洪义. 论法的生成［J］. 法律科学（西北政法学院学报），2003（5）：65–71.

④ 张文显. 民法典的中国故事和中国法理［J］. 法制与社会发展，2020，26（5）：5–20.

而算法生成物是人工智能在"算法智能"阶段的文学、艺术和科学领域的产物，其展现的作品外观导致其与著作权制度产生密切关联。经验总是理论的先驱者，虽算法生成物的"算法自动生成"阶段并未在其独立创作且具备作者个性上达成共识，但未来已来，针对算法生成物的著作权保护无法再进行逃避。当反不正当竞争制度仅考虑投资者利益，邻接权制度仅考虑制度的便捷性，算法生成物归为公共领域只考虑公共利益时，唯有著作权制度才能在考虑多方利益的基础上实现法律规制的常态。基于此，寻求算法生成物的著作权保护并搭建起完备的法律框架，才能实现算法生成物的法律保障最优解。

以传统法理基础来看：在著作权制度的历史沿革上，技术的更迭倒逼著作权制度修改并完善，应当有理由相信算法生成物的出现将再次推动著作权制度从现有的不均衡状态回归至平衡；回望哲学基础，算法生成物作为人类"劳动"丰富的工具，理应构建合理的制度赋予其正当化权源；而基于"主客分离评价"的"主客一体"认识论，作者与作品之间在"作品中心主义"之下，蕴含着作品的评价源自读者而非作者本人到底为何，因此作者与作品可以适度分离却又不完全违背作品源自作者的理论，为著作权保护提供证成基础；基于利益平衡理论，算法生成物的著作权保护不仅可以分配权属，同时暗含了归为公共利益需要私权的有益赋予。以交叉法学理论来看：追寻作品的"传播"维度，算法生成物作为一种人类传播符号，成为传播的另一种存在，实现着著作权制度的文化传播价值；运用激励机制，著作权制度终归要回归公共需求的价值本位，算法生成物的著作权保护符合"成本－效益"的正外部性和"激励－接触"的负外部性所最终达成的公共需求。从繁复的证成来看，算法生成物之花需要著作权制度这一养料丰富的土壤培育。

基于思想表达二分法的著作权客体保护基本原则，其在第一层面暗含的应是唯有表达才能保证著作权客体不是落入真空，因而应当强调其保护的客观性即表达。当突破思想表达二分法这一保护壳之后，算法生成物落入作品具体认定标准之中，也即最重要的独创性和再现性的认定之上。通过对独创性标准的主观标准和客观标准分析，当两大法系趋同于客观标准的"独立性＋最低限度创作性"，以及在立法和司法呈现弱化主观标准的"作者个性"时，可以在"独＋创"的客观评价和"作者个性"的主观评价中进行磨合从而完善；而再现性可以通过程序性和客观感知作为弥补其虚拟现实类别的认定标准。而基于国际分化的"人类中心主义"和"机器主体"的博弈，且通过可借鉴的各国对"计算机生成"以及相应的立法保护，在对"作者"这一法律主体的梳理之后，应当看到"人"这一法律主体的必要性。当涉及著作权归属层面这一核心问题，以美国为代表的未进行立法国家通过"虚构作者"，采用雇佣作品和合作作品制度旨在解决多元权属，而立法国家则可以根据"必要安排人"通常将其归为类似于影视作品的投资者。

　　我国对算法生成物的著作权保护显然是国际探讨的微小景观，但却汇聚成了必须重视的太阳之光。当对我国著作权制度进行立法修改的历史梳理，算法生成物的司法分析，对我国算法生成物的著作权保护在创作主体、客体和权利归属进行学术和立法层面的审视，从而在借鉴国外有益经验和可行性的基础上认为应当坚守"人类中心主义"的自然人或其集合的主体地位，并在未来构建"机器人格"的法律客体地位；在独创性的"客观标准"上，明确人类不参与直接创作过程的独立完成和创作性认定适用（即删除《著作权法实施条例》对"创作"修饰的"直接"二字），以及"主观标准"的人类介入要素弥补"个性化安排"的适用，并且在一定形式表现的认定中承认"客观感知"和"动态复制"的技术层面，从而完善作品认定过程以及提出立法的相关建议；在著作权归属的分配层面，考虑到算法生成物实际上是由操纵算法的实际使用者完成，以及我国司法实践中所评判的熠熠光辉，建议通过法律拟制赋予实际使用者为著作权人，以此解决算法生成物的保护期限和署名适当披露的问题。

　　技术有变，法理有常。[①] "社会不是以法律为基础的，那是法学家的

[①]　李琛. 论人工智能的法学分析方法：以著作权为例 [J]. 知识产权，2019（7）：14-22.

幻想，相反地，法律应该以社会为基础。"① 当法律"迈向回应型法"时，应当保持自主稳定性的同时实现能动的开放性，从而顺应社会变革潮流而富有弹性地解释和使用法律。② 当有人质问，懂法律的并非深谙算法，如何能够对算法生成物进行法律研究。但实践表明，在有限的运用中，法律人的"不懂"并不影响其对法学研究的判断，也正因为法律人的"不懂"，才会妥善决定算法生成物所利用算法产生的一系列法律问题。③ 诚然，本研究亦有不足之处，且基于本人并非算法方面的"专家"，只能通过法功能价值进行判断和研究。但作为法学学子，我们应当有将法学植根于社会生活的领域去识别问题并解决问题的勇气，从而与其他非法学问题进行结合，交出一份优秀的答卷。

---

① 古世平. 中国发展战略新布局［M］. 北京：中国民主法制出版社，2017：118–119.

② ［美］诺内特（P.Nonet），［美］塞尔兹尼克（P.Selznick）. 转变中的法律与社会：迈向回应型法［M］. 张志铭，译. 北京：中国政法大学出版社，1994：85–87.

③ 马长山. AI 法律、法律 AI 及"第三道路"［J］. 浙江社会科学，2019（12）：4–11，155.

参考文献

一、中文类

（一）中文著作

［1］安连成. 民事法律制度研究［M］. 天津：天津人民出版社，2018.

［2］陈景川. 著作权审判原理解读与实务指导［M］. 北京：法律出版社，2014.

［3］崔国斌. 著作权法：原理与案例［M］. 北京：北京大学出版社，2014.

［4］郭庆光. 传播学教程［M］. 2 版. 北京：中国人民大学出版社，2010.

［5］何怀文. 中国著作权法判例综述与规范解释［M］. 北京：北京大学出版社，2016.

［6］何隽. 制度边界［M］. 北京：知识产权出版社，2019.

［7］黄孟洲. 自然辩证法概论［M］. 四川：四川大学出版社，2006.

［8］孔祥俊. 司法哲学［M］. 北京：中国法制出版社，2017.

［9］李秋零. 康德著作全集：第 8 卷［M］. 北京：中国人民大学出版社，2013.

［10］梁慧星．民法总论［M］．北京：法律出版社，2011.

［11］刘春田．知识产权法［M］．2 版．北京：中国人民大学出版社，2002.

［12］龙卫球．民法总论［M］．2 版．北京：中国法制出版社，2002.

［13］付继存．著作权法的价值构造研究［M］．北京：知识产权出版社，2019.

［14］冯友兰．中国哲学简史［M］．赵复三，译．北京：新星出版社，2018.

［15］毛高杰．著作权起源的社会结构［M］．郑州：郑州大学出版社，2019.

［16］庞小宁．哲学技术概论［M］．西安：西北工业大学出版社，2008.

［17］彭学龙．商标法的符号学分析［M］．北京：法律出版社，2007.

［18］彭诚信．人工智能与法律的对话［M］．上海：上海人民出版社，2018.

［19］沈宗灵．法理学［M］．北京：高等教育出版社，2009.

［20］施文高．比较著作权法制［M］．台湾：台湾三民书局，1993.

［21］史尚宽．民法总论［M］．北京：中国政法大学出版社，2000.

［22］宋慧献．版权保护与表达自由［M］．北京：知识产权出版社，2011.

［23］徐英瑾．心智、语言和机器［M］．北京：人民出版社，2013.

［24］孙永生．民法学的新发现［M］．桂林：广西师范大学出版社，2018.

［25］佟柔．民法总则［M］．北京：中国人民公安大学出版社，1990.

［26］王洪友．版权制度异化研究［M］．北京：知识产权出版社，2018.

［27］王利民．民法道德论［M］．北京：法律出版社，2019.

［28］王太平．商标法：原理与案例［M］．北京：北京大学出版社，2015.

［29］吴汉东．知识产权多维度解读［M］．北京：北京大学出版社，

2008.

［30］吴汉东. 知识产权总论［M］. 北京：中国人民大学出版社，2013.

［31］吴汉东. 中国知识产权理论体系研究［M］. 北京：商务印书馆，
2018.

［32］熊琦. 著作权激励机制的法律构造［M］. 北京：中国人民大学出
版社，2011.

［33］俞鼎起. 智本论：第1卷 劳动与思想［M］. 北京：中国经济出
版社，2017.

［34］袁博. 著作权法解读与应用［M］. 北京：知识产权出版社，2018.

［35］易健雄. 技术发展与版权扩张［M］. 北京：法律出版社，2009.

［36］张斌峰. 法律的语用分析：法学方法论的语用学转向［M］. 北京：
中国政法大学出版社，2014.

［37］张凤. 文本分析的符号学视角［M］. 哈尔滨：黑龙江人民出版社，
2008.

［38］张文显. 法理学［M］. 4版. 北京：高等教育出版社，2015.

［39］章启群. 意义的本体论［M］. 北京：商务印书馆，2018.

［40］赵毅衡. 哲学符号学：意义世界的形成［M］. 成都：四川大学出
版社，2017.

［41］郑成思. 版权法：上［M］. 北京：社会科学文献出版社，2016.

［42］钟东，鲁敏. 信号与系统［M］. 成都：电子科技大学出版社，
2018.

［43］钟义信. 高等人工智能原理：观念·方法·模型·理论［M］. 北京：
科学出版社，2014.

［44］周枏. 罗马法原论：上［M］. 北京：商务印书馆，2017.

（二）中文译著

［45］彼得·德霍斯. 知识财产法哲学［M］. 北京：商务印书馆，2017.

［46］黑格尔. 法哲学原理［M］. 北京：商务印书馆，2017.

［47］罗伯特·洛根. 什么是信息［M］. 何道宽，译. 北京：中国大百科全书出版社，2019.

［48］保罗·戈斯汀. 著作权之道：从谷登堡到数字点播机［M］. 北京：北京大学出版社，2008.

［49］丹尼尔·贝尔. 后工业社会［M］. 简明本，彭强，编译. 北京：科学普及出版社，1985.

［50］迪特尔·梅迪库斯. 德国民法总论［M］. 北京：法律出版社，2013.

［51］卡尔·拉伦茨. 德国民法总论［M］，王晓晔，等译. 北京：法律出版社，2003.

［52］威廉·M. 兰德斯，理查德·A. 波斯纳. 知识产权法的经济结构［M］. 金海军，译. 北京：北京大学出版社，2018.

［53］永井成男. 符号学［M］. 东京：北树出版社，1989.

［54］中山信弘. 多媒体与著作权［M］. 张玉瑞，译. 北京：专利文献出版社，1997.

［55］田村善之. 日本知识产权法［M］. 周超，李雨峰，李希同，译. 北京：知识产权出版社，2011.

［56］德利娅·利普希克. 著作权和邻接权［M］. 联合国教科文组织，译. 北京：中国对外翻译出版公司，2000.

［57］以赛亚·伯林. 概念与范畴［M］. 凌建娥，译. 北京：译林出版社，2019.

［58］埃斯特尔·德克雷. 欧盟版权法之未来［M］. 徐红菊，译. 北京：知识产权出版社，2016.

［59］哈特. 法律的概念［M］. 张文显，译. 北京：中国大百科全书出版社，1996.

［60］洛克. 政府论：下篇［M］. 叶启芳，瞿菊农，译. 北京：商务印书馆，1964.

［61］特伦斯·霍克斯. 结构主义与符号学［M］. 瞿铁鹏，译. 上海：

上海译文出版社，1987.

[62]《十二国著作权法》翻译组. 十二国著作权法［M］. 北京：清华大学出版社，2011.

[63] M.雷炳德. 著作权法［M］. 张恩民，译. 北京：法律出版社，2004.

[64] M·博登海默. 法理学：法律哲学与法律方法［M］. 北京：中国政法大学出版社，2017.

[65] 考默萨. 法律的限度：法治、权利的供给与需求［M］. 申卫星，王琦，译. 北京：商务印书馆，2007.

[66] 莱曼·雷·帕特森，斯坦利·W·林德伯格. 版权的本质：保护使用者权利的法律［M］. 郑重，译. 北京：法律出版社，2015.

[67]《保护文学和艺术作品伯尔尼公约（1971年巴黎文本）》指南：附英文文本［M］. 刘波林，译. 北京：中国人民大学出版社，2002.

[68] 马库斯·杜·索托伊. 天才与算法：人脑与AI的数学思维［M］. 王晓燕，陈浩，程国建，译. 北京：机械工业出版社，2020.

[69] 瑞恩·卡洛，迈克尔·弗鲁姆金，伊恩克尔. 人工智能与法律的对话［M］. 陈吉栋，董惠敏，杭颖颖，译. 上海：上海人民出版社，2018.

[70] 皮埃罗·斯加鲁菲. 智能的本质［M］. 任莉，张建宇，译. 北京：人民邮电出版社，2017.

[71] 尼古拉·尼葛洛庞帝. 数字化生存［M］. 北京：电子工业出版社，2017.

[72] 世界知识产权组织. 知识产权纵横谈［M］. 张寅虎，等译. 北京：世界知识出版社，1992.

[73] 山姆·里基森，简·金斯伯格. 国际版权与邻接权：伯尔尼公约及公约以外的新发展 上卷［M］. 2版. 郭寿康，刘波林，万勇，等译. 北京：中国人民大学出版社，2016.

[74] 山姆·里基森，简·金斯伯格. 国际版权与邻接权：伯尔尼公约及

公约以外的新发展 下卷［M］. 2 版. 郭寿康，刘波林，万勇，等译. 北京：中国人民大学出版社，2016.

［75］谢尔登·W.哈尔彭，克雷格·艾伦·纳德，肯尼思·L.波特. 美国知识产权法原理［M］. 宋慧献，译. 北京：商务印书馆，2013.

［76］尤瓦尔·赫拉利. 未来简史：从智人到神人［M］. 林俊宏，译. 北京：中信出版社，2017.

［77］小河原诚. 波普：批判理性主义［M］. 毕小辉，徐玉华，译. 石家庄：河北教育出版社，2011.

（三）中文论文

［78］liron71. 一种实现人工智能程序自进化的概念原理［EB/OL］.（2017–04–01）［2020–11–29］. https://blog.csdn.net/liron71/article/details/8242670.

［79］艾佳慧. 科斯定理还是波斯纳定理：法律经济学基础理论的混乱与澄清［J］. 法制与社会发展，2019，25（1）：124–143.

［80］包成成. 人工智能法律主体文献综述［C］. 上海市法学会农业农村法治研究会文集，上海市法学会，2019：191–198.

［81］曹博. 人工智能生成物的智力财产属性辨析［J］. 比较法研究，2019（4）：138–150.

［82］曹新明，咸晨旭. 人工智能作为知识产权主体的伦理探讨［J］. 西北大学学报（哲学社会科学版），2020，50（1）：94–106.

［83］曹新明，杨绪东. 人工智能生成物著作权伦理探究［J］. 知识产权，2019（11）：31–39.

［84］曹新明. 著作权法上作品定义探讨［J］. 中国出版，2020（19）：10–16.

［85］曹新明. 知识产权与公有领域之关系研究［J］. 法治研究，2013（3）：30–41.

［86］曹新明. 知识产权主体制度的演进趋向［J］. 法商研究，2005（5）：

13-16.

［87］曹新明. 我国著作权归属模式的立法完善［J］. 法学，2011（6）：81-89.

［88］曹源. 人工智能创作物获得版权保护的合理性［J］. 科技与法律，2016（3）：488-508.

［89］常亮. 法哲学的当代社会性［J］. 农家参谋，2019（3）：223.

［90］陈虎. 著作权领域人工智能"冲击论"质疑［J］. 科技与法律，2018（5）：68-73.

［91］陈雅琴. 理解与传统：读伽达默尔《时间距离的解释学意蕴》［J］. 海南师范学院学报（人文社会科学版），2000（3）：116-120.

［92］丛立先，王茜. 人工智能创作物的国际发展及现状［EB/OL］.（2018-11-07）［2020-10-28］. https://baijiahao.baidu.com/s?id=1616441173801892971&wfr=spider&for=pc.

［93］冯晓青，潘柏华. 人工智能"创作"认定及其财产权益保护研究：兼评"首例人工智能生成内容著作权侵权案"［J］. 西北大学学报（哲学社会科学版），2020，50（2）：39-52.

［94］樊宇. 论视为作者原则：以中美两起著作权纠纷案为视角［J］. 政法论坛，2020，38（2）：44-59.

［95］冯珏. 自动驾驶汽车致损的民事侵权责任［J］. 中国法学，2018（6）：109-132.

［96］弗洛朗斯-马里·皮里乌. 作者享有知识产权的合法性［J］. 陆象淦，译. 第欧根尼，2005（1）：50-74，111.

［97］葛洪义. 法律方法的性质与作用：兼论法律的结构及其客观性［J］. 法律方法与法律思维，2005（00）：145-164.

［98］高荣林. 知识产权发展历程的反思［J］. 南通大学学报（社会科学版），2010，26（6）：49-55.

［99］郭剑平. 制度变迁史视域下人工智能法律主体地位的法理诠释［J］. 北方法学，2020，14（6）：123-133.

［100］郭如愿. 论人工智能生成内容的信息权保护［J］. 知识产权，
2020（2）：48-57.

［101］郭明龙，王菁. 人工智能法律人格赋予之必要性辨析［J］. 交
大法学，2019（3）：20-31.

［102］郭壬癸. 认识论视域下人工智能著作权主体适格性分析［J］. 北
京理工大学学报（社会科学版），2019，21（4）：145-154.

［103］郭少飞. "电子人"法律主体论［J］. 东方法学，2018（3）：
38-49.

［104］郭雄，杨昌宇. 工具意义上人工智能生成物的著作权认定［J］.
黑龙江省政法管理干部学院学报，2020（5）：43-47.

［105］何培育，蒋启蒙. 人工智能"创作"行为的法律性质探析［J］.
重庆理工大学学报（社会科学），2020，34（6）：102-110.

［106］黄玉烨，司马航. 孳息视角下人工智能生成作品的权利归属［J］.
河南师范大学学报（哲学社会科学版），2018，45（4）：23-29.

［107］蒋舸. 雇佣关系与法人作品构成要件［J］. 法律科学（西北政法
大学学报），2014，32（5）：102-109.

［108］蒋舸. 作为算法的法律［J］. 社会科学文摘，2019（4）：67-69.

［109］江帆. 论人工智能创作物的公共性［J］. 现代出版，2020（6）：
29-36.

［110］金渝林. 论作品的独创性［J］. 法学研究，1995（4）：51-60.

［111］卡拉·赫茜. 知识产权的兴起：一个前途未卜的观念［J］. 金海军，
钟小红，译. 科技与法律，2007（1）：74-77.

［112］康兰平. 人工智能法律研究的权利泛化挑战与场景化因应研究［J］.
大连理工大学学报（社会科学版），2021，42（1）：98-106.

［113］李爱君. 人工智能法律行为论［J］. 政法论坛，2019，37（3）：
176-183.

［114］李艾真. 美国人工智能生成物著作权保护的探索及启示［J］. 电
子知识产权，2020（11）：81-92.

［115］李钢. 大数据时代文本挖掘的版权例外［J］. 图书馆工作与研究，2016（3）：28-31，46.

［116］李俊. 论人工智能生成内容的著作权法保护［J］. 甘肃政法学院学报，2019（4）：77-85.

［117］李伟民. 职务作品制度重构与人工智能作品著作权归属路径选择［J］. 法学评论，2020，38（3）：108-124.

［118］李晓慧. 美国法视角下合作作品中共同创作意图的法律解释［J］. 法律方法，2015，18（2）：330-339.

［119］李扬，李晓宇. 康德哲学视点下人工智能生成物的著作权问题探讨［J］. 法学杂志，2018，39（9）：43-54.

［120］李雨峰. 思想/表达二分法的检讨［J］. 北大法律评论，2007（2）：433-452.

［121］李雨峰. 版权的正当性：从洛克的财产权思想谈起［J］. 暨南学报（哲学社会科学版），2006（2）：72-77，150.

［122］李琛. 质疑知识产权之"人格财产一体性"［J］. 中国社会科学，2004（2）：68-78.

［123］李琛. 论人工智能的法学分析方法：以著作权为例［J］. 知识产权，2019（7）：14-22.

［124］李宗辉. 人工智能创作物版权保护的正当性及版权归属［J］. 编辑之友，2018（7）：80-87.

［125］梁志文. 论人工智能创造物的法律保护［J］. 法律科学（西北政法大学学报），2017，35（5）：156-165.

［126］梁志文，李忠诚. 论算法创作［J］. 华东政法大学学报，2019，22（6）：46-59.

［127］刘强，刘忠优. 人工智能创作物思想与表达二分法问题研究［J］. 大连理工大学学报（社会科学版），2020，41（3）：80-88.

［128］刘强，张婉钰. 人工智能创作物雇佣作品保护模式研究［J］. 大理大学学报，2020，5（3）：70-78.

［129］刘文献. 人工智能生成内容"可版权性"的法哲学基础：以人工智能哲学理论为视角［J］. 政治与法律，2020（3）：14-26.

［130］刘文献. 从创造作者到功能作者：主体范式视角下著作权作者中心主义的兴与衰［J］. 厦门大学法律评论，2016（2）：83-112.

［131］刘鑫. 人工智能生成技术方案的专利法规制：理论争议、实践难题与法律对策［J］. 法律科学（西北政法大学学报），2019，37（5）：82-92.

［132］刘星. 历史比较的某些问题：关于近现代中西法律理论［J］. 法制与社会发展，2007（3）：3-15.

［133］林秀芹，游凯杰. 版权制度应对人工智能创作物的路径选择：以民法孳息理论为视角［J］. 电子知识产权，2018（6）：13-19.

［134］卢海君. 论合理使用制度的立法模式［J］. 法商研究，2007（3）：24-30.

［135］马长山. 智慧社会的治理难题及其消解［J］. 求是学刊，2019，46（5）：91-98.

［136］马长山. AI法律、法律AI及"第三道路"［J］. 浙江社会科学，2019（12）：4-11，155.

［137］梅术文，宋歌. 论人工智能编创应适用版权合理使用制度［J］. 中国编辑，2019（4）：78-82.

［138］彭诚信. 论民事主体［J］. 法制与社会发展，1997（3）：14-23，42.

［139］彭学龙. 商标法基本范畴的符号学分析［J］. 法学研究，2007（1）：17-31.

［140］邱润根，曹宇卿. 论人工智能"创作"物的版权保护［J］. 南昌大学学报（人文社会科学版），2019，50（2）：35-43，113.

［141］乔宜梦. 增强现实技术最终成像版权问题研究［J］. 科技与出版，2017（11）：82-86.

［142］乔宜梦. 增强现实图书出版物著作权侵权风险及应对：兼评《著

作权法》第三次修改［J］. 编辑之友，2018（3）：90–93.

［143］宋戈. 作品"实质性相似＋接触"规则研究［D］. 武汉：中南财经政法大学，2019.

［144］宋红松. 纯粹"人工智能创作"的知识产权法定位［J］. 苏州大学学报（哲学社会科学版），2018（6）：55.

［145］孙山. 人工智能生成内容著作权法保护的困境与出路［J］. 知识产权，2018（11）：60–65.

［146］石冠彬. 论智能机器人创作物的著作权保护：以智能机器人的主体资格为视角［J］东方法学，2018（3）：140–148.

［147］唐劲军. 论法人作品［D］. 重庆：西南政法大学，2019.

［148］熊琦. 人工智能生成内容的著作权认定［J］. 知识产权，2017（3）：3–8.

［149］汪玲，郭德俊，方平. 元认知要素的研究［J］. 心理发展与教育，2002（1）：44–49.

［150］王峰. 挑战"创造性"：人工智能与艺术的算法［J］. 学术月刊，2020，52（8）：27–36.

［151］王克迪. 虚拟现实的哲学解释［N］. 学习时报，2004–06–21.

［152］王坤. 论著作权保护的范围［J］. 知识产权，2013（8）：20–24.

［153］王迁. 论人工智能生成的内容在著作权法中的定性［J］. 法律科学（西北政法大学学报），2017，35（5）：148–155.

［154］吴汉东. 关于合理使用制度的民法学思考［J］. 法学家，1996（6）：54–62.

［155］吴汉东. 美国著作权法中合理使用的"合理性"判断标准［J］. 外国法译评，1997（3）：45–58.

［156］吴汉东. 人工智能生成发明的专利法之问［J］. 当代法学，2019，33（4）：24–38.

［157］吴汉东. 人工智能生成作品的著作权法之问［J］. 中外法学，2020，32（3）：653–673.

［158］吴汉东．人工智能时代的制度安排与法律规制［J］．法律科学（西北政法大学学报），2017，35（5）：128-136.

［159］王小夏，付强．人工智能创作物著作权问题探析［J］．中国出版，2017（17）：33-36.

［160］王翀．人工智能算法可专利性研究［J］．政治与法律，2020（11）：125-135.

［161］肖峋．论我国著作权法保护的作品［J］．中国法学，1990（6）：60-66.

［162］谢晶．"5G+混合现实"出版物著作权侵权风险及其应对［J］．出版发行研究，2020（4）：84-89.

［163］谢琳，陈薇．拟制作者规则下人工智能生成物的著作权困境解决［J］．法律适用，2019（9）：38-47.

［164］虚拟：哲学必须面对的课题［N］．光明日报，2000-01-18（7）.

［165］许明月，谭玲．论人工智能创作物的邻接权保护：理论证成与制度安排［J］．比较法研究，2018（6）：42-54.

［166］徐小奔．人工智能"创作"的人格要素［J］．求索，2019（6）：95-102.

［167］许中缘．论智能机器人的工具性人格［J］．法学评论，2018，36（5）：153-164.

［168］杨立新．人工类人格：智能机器人的民法地位：兼论智能机器人致人损害的民事责任［J］．求是学刊，2018，45（4）：84-96.

［169］易继明．人工智能创作物是作品吗？［J］．法律科学（西北政法大学学报），2017，35（5）：137-147.

［170］余成峰．法律的"死亡"：人工智能时代的法律功能危机［J］．华东政法大学学报，2018，21（2）：5-20.

［171］俞风雷．中日人工智能生成内容的著作权保护立法研究［J］．科技与法律，2020（1）：1-7.

［172］袁曾．人工智能有限法律人格审视［J］．东方法学，2017（5）：

50-57.

［173］张莉. 特殊残障者法律人格的民法保护：以连体人、植物人、两性人为例证［J］. 法学论坛, 2011, 26（6）: 22-29.

［174］张力, 陈鹏. 机器人"人格"理论批判与人工智能物的法律规制［J］. 学术界, 2018（12）: 53-75.

［175］张诗雅. 深度学习中的价值观培养：理念、模式与实践［J］. 课程. 教材. 教法, 2017, 37（2）: 67-73.

［176］张文显. 构建智能社会的法律秩序［J］. 东方法学, 2020（5）: 4-19.

［177］张文显. 民法典的中国故事和中国法理［J］. 法制与社会发展, 2020, 26（5）: 5-20.

［178］张学工. 关于统计学习理论与支持向量机［J］. 自动化学报, 2000（1）: 36-46.

［179］张玉洁. 论人工智能时代的机器人权利及其风险规制［J］. 东方法学, 2017（6）: 56-66.

［180］赵海明. 虚拟身体传播与后人类身体主体性探究［D］. 重庆：西南大学, 2020.

［181］赵转. 对法人的人格否认的思考［J］. 河南大学学报（社会科学版）, 2005（4）: 168-170.

［182］朱艺浩. 人工智能法律人格论批判及理性应对［J］. 法学杂志, 2020, 41（3）: 132-140.

［183］郑智航. 人工智能算法的伦理危机与法律规制［J］. 法律科学（西北政法大学学报）, 2021（1）: 1-13.

（四）我国案例和政策

［184］北京互联网法院民事判决书（2018）京0491民初239号.

［185］北京市朝阳区人民法院（2016）京0105民初51305号民事判决书.

［186］北京市第一中级人民法院（2009）一中民初字第1936号民事判

决书.

[187] 北京市高级人民法院（2013）高民终字第 1221 号民事判决书.

[188] 北京知识产权法院（2017）京 73 民终 797 号民事判决书.

[189] 北京知识产权法院（2019）京 73 民终 2030 号民事判决书.

[190] 关于新形势下加快知识产权强国建设的若干意见（国发〔2015〕
71 号）.

[191] 广东省广州市终极人民法院（2003）穗中法民三初字第 312 号民
事判决书.

[192] 广东省深圳市南山区人民法院（2019）粤 0305 民初 14010 号民事
判决书.

[193] 上海市第一中级人民法院（2012）沪一中民五（知）终字第 112
号民事判决书.

[194] 上海市普陀区人民法院（2013）普民三（知）初字第 295 号民事
判决书.

[195] 上海市杨浦区人民法院（2013）杨民三（知）初字第 16 号民事判
决书.

[196] 重庆市高级人民法院（2012）渝高法民终字第 257 号民事判决书.

[197] 国务院关于印发《新一代人工智能发展规划》的通知（国发
〔2017〕35 号）.

二、国外参考文献

（一）外文著述

[198] Arthur R. Miller, Michael H. Davis. Intellectual Property: Patents,
Trademarks, and Copyright in a Nutshell [M]. 5th Ed. U.S.: West,
2012.

[199] Estelle Derclaye, Matthias Leistner. Intellectual Property Overlaps: A
European Perspective [M]. Oxford: Hart, 2011.

［200］Greg Kipper, Joseph Rampolia. Augmented Reality: An Emerging Technologies Guide to AR［M］. Waltham: Elsevier Inc., 2013.

［201］Lydia P. Loren, Joseph S. Miller. Intellectual Property Law: Cases & Materials［M］. Semaphore: Semaphore Press, 2010.

［202］Melvile Nimmer, David Nimmer. Nimmer on Copyright［M］. U.S.: Mattew Bender & Company, Inc., 2009.

［203］Melville B. Nimmer, David Nimmer. Congressional Committee Reports on the Digital Millennium Copyright Act and Concurrent Amendments ［M］. U.S.: LEXIS Pub, 2000.

［204］Neil Postman. Amusing Ourselves to Death: Public Discourse in the Age of Show Business［M］. 20th Anniversary Edition. London: Penguin Books Ltd, 2006.

［205］Peter Drahos. A Philosophy of Intellectual Property［M］. U.K.: Ashgate Publishing Limited, 1996.

［206］Richard A. Posner. Economic Analysis of Law［M］. 8th Edition. U.S.: Wolters Kluwer Law & Business, 2011.

［207］Robert P. Merges, John F. Duffy. Patent Law and Policy: Cases and Materials［M］. U.S.: Matthew Bender & Company, 2002.

［208］Robert P. Merges. Justifying Intellectual Property［M］. U.S.: Harvard University Press, 2011.

［209］Robert P. Merges, Peter S. Menell, Mark A. Lemley. Intellectual Property in the New Technological Age［M］. 6th Edition. New York: Wolters Kluwer Law & Business, 2012.

［210］Robert Tomkowicz. Intellectual Property Overlaps: Theory, Strategies and Solutions［M］. London: Routledge, 2012.

［211］Sam F. Halabi. Intellectual Property and the New International Economic Order: Oligopoly Regulation and Wealth Redistribution in the Global Knowledge Economy［M］. New York: Cambridge University Press,

2018.

[212] Shipley, David E. A Transformative Use Taxonomy: Making Sense of the Transformative Use Standard [M]. Detroit: Wayne Law Review, 2018.

[213] William Cornish, David Llewelyn, Tanya Aplin. Intellectual property: Patents, Copyright, Trademarks and Allied Rights [M]. 6th edition. London: Sweet & Maxwell, 2007.

(二)外文论文

[214] Shlomit Yanisky-Ravid. Generating Rembrandt: Artificial Intelligence, Copyright, and Accountability in the 3a Era-the Human-Like Authors Are Already Here-A New Model [J]. Mich. St. L. Rev, 2017(4): 659-726.

[215] Alexis Dunne. Copyrighting Experiences: How Copyright Law Applies to Virtual Reality Programs [J]. Journal of Business, Entrepreneurship and the Law, 2019, 12(2): 45-76.

[216] Alfred C. Yen. A First Amendment Perspective On The Idea/Expression Dichotomy And Copyright In A Work's Total Concept And Feel [J]. Emory Law Journal, 1989, 38(2): 393-436.

[217] Amir H. Khoury. Intellectual Property Rights For "Hubots": On The Legal Implications Of Human-Like Robots As Innovators And Creators [J]. Cardozo Arts and Entertainment Law Journal, 2017, 35(3): 635-668.

[218] Ana Ramalho. Will Robots Rule the (Artistic) World?A Proposed Model for the Legal Status of Creations by Artificial Intelligence Systems [J]. Forthcoming in the Journal of Internet Law, 2020, 21(6): 12-25.

[219] Andres Guadamuz. Do Androids Dream of Electric Copyright?

Comparative Analysis of Originality in Artificial Intelligence Generated Works [J] . Senior Lecturer in Intellectual Property Law, University of Sussex.

[220] Andrew H. Rosen. Virtual Reality: Copyrightable Subject Matter and the Scope of Judicial Protection[J]. Jurimetrics Journal, 1992, 33(1): 35–66.

[221] Andrew J. Wu. From Video Games to Artificial Intelligence: Assigning Copyright Ownership to Works Generated by Increasingly Sophisticated Computer Programs [J] . 25 AIPLA Q.J. 131, 177 (1997) .

[222] Annemarie Bridy. Coding Creativity: Copyright and the Artificially Intelligent Author [J] . Stanford Technology Law Review, 2012: 5–28.

[223] Annemarie Bridy. The Evolution of Authorship: Work Made by Code [J] . Columbia Journal of Law & the Arts, 2016, 39 (3): 395–402.

[224] Cody Weyhofen. Scaling the Meta–Mountain: Deep Reinforcement Learning Algorithms and the Computer–Authorship Debate [J] . UMKC Law Review, 2019, 87 (4): 979–996.

[225] Colin R. Davies. An Evolutionary Step in Intellectual Property Rights– Artificial Intelligence and Intellectual Property [J] . Computer Law&Security Review, 2011, 27 (2): 601–606.

[226] Daniel J. Gervais. The Machine as Author [J] . Iowa Law Review, 2020, 105 (5): 2053–2106.

[227] Darin Glasser. Copyrights in Computer–Generated Works: Whom, if Anyone, Do We Reward? [J] . Duke Law & Technology Review, 2001, 24 (1): 1–18.

[228] Dina Moussa, Garrett Windle. From Deep Blue to Deep Learning: A Quarter Century of Progress for Artificial Minds [J] . Georgetown Law Technology Review, 2016, 1 (1): 72–88.

[229] Muhammad Masum Billah. Resale of Digital Works under Copyright Laws: Legal and Economic Analysis [J] . John Marshall Review of Intellectual Property Law, 2018, 18 (2) : 123–143.

[230] Edward C. Wilde. Replacing the Idea/Expression Metaphor with a Market–Based Analysis in Copyright Infringement Actions [J] . Whittier Law Review, 1995, 16 (3) : 793–844.

[231] Erez Reuveni. On Virtual Worlds: Copyright and Contract Law at the Dawn of the Virtual Age [J] . Indiana Law Journal, 2007, 82 (2) : 261–308.

[232] Fred H. Cate. The Technological Transformation of Copyright Law [J] . Iowa Law Review, 1996, 81 (5) : 1395–1466.

[233] Glynn Lunney. Protecting Digital Works: Copyright or Contract [J] . Tulane Journal of Technology and Intellectual Property, 1999, 1 (1) : 1–30.

[234] Harry Surden. Machine Learning and Law [J] . Washington Law Review, 2014, 89 (1) : 87–116.

[235] Hanah Simon. South African Supreme Court Rules on Copyright in Software and Computer–Generated Works [J] . Intell. Pro P. I. & Prac, 2006 (11) : 696–699.

[236] Han–Wei Liu, Ching–Fu Lin. Artificial Intelligence and Global Trade Governance: A Pluralist Agenda [J] . Harvard International Law Journal, 2020, 61 (2) : 407–450.

[237] Heiki Pisuke. Moral Rights of Author in Estonian Copyright Law [J] . Juridica International, 2002 (7) : 166–175.

[238] Howard H. Frederick. International Information Relations, New World Orders and International Law [J] . Guild Practitioner, 1989, 46 (1) : 6–15.

[239] Jani Mccutcheon. Curing the Authorless Void: Protecting Computer–

Generated Works Following Ice TV and Phone Directories〔J〕.
Melbourne University Law Review, 2013, 37（1）: 46–102.

〔240〕J. McCutcheon. Vanishing Author in Computer-Generated Works:
A Critical Analysis of Recent Australian Case Law〔J〕. Melbourne
University Law Review, 2013, 36（3）: 915–969.

〔241〕James Grimmelmann. There's No Such Thing As A Computer-Authored
Work-and It's A Good Thing Too〔J〕. Columbia Journal of Law &
the Arts, 2016, 39（3）: 403–416.

〔242〕Jared Vasconcellos Grubow. O.K. Computer: The Devolution of Human
Creativity and Granting Musical Copyrights to Artificially Intelligent Joint
Authors〔J〕. Cardozo Law Review, 2018, 40（1）: 387–424.

〔243〕Justim Hughes. The Philosophy of Intellectual Property〔J〕.
Georgetown Law Journal, 1988, 77（2）: 287–366.

〔244〕Kalin Hristov. Artificial Intelligence and the Copyright Dilemma〔J〕.
The Journal of the Franklin Pierce Center for Intellectual Property,
2017, 57（3）: 431–454.

〔245〕Kelly Cochran. Facing the Music: Remixing Copyright Law in the
Digital Age〔J〕. Kansas Journal of Law & Public Policy, 2011, 20（2）:
312–328.

〔246〕Ketherine Elizabeth Macdonald. Speed Bump on the Information
Superhighway: Slowing Transmission of Digital Works to Protect
Copyright Owners〔J〕. Louisiana Law Review, 2003, 63（2）:
411–440.

〔247〕Oren Bracha. The Ideology of Authorship Revisited: Authors,
Markets, and Liberal Values in Early American Copyright〔J〕. Yale
Law Journal, 2008, 118（2）: 186–271.

〔248〕Paul I. Kravetz. Idea/Expression Dichotomy and Method of Operation:
Determining Copyright Protection for Computer Programs〔J〕. 8

DEPAUL Bus. L.J. 75（1995）.

［249］Pamela Samuelson. Allocating Ownership Rights in Computer-Generated Works［J］. Pittsburgh Law Review, 1985, 47（4）: 1185-1190.

［250］Ryan Abbott. Think, Therefore I Invent: Creative Computers and the Future of Patent Law［J］. Boston College Law Review, 2016, 57（4）, 1079-1126.

［251］Robert C. Denicola. Ex Machina: Copyright Protection for Computer Generated Works［J］. Rutgers University Law Review, 2016, 69（1）: 251-288.

［252］Robert Yu. The Machine Author: What Level of Copyright Protection is Appropriate for Fully Independent Computer Generated Works ［J］. University of Pennsylvania Law Review, 2017, 165（5）: 1245-1270.

［253］Timothy L. Butler. Can a Computer be an Author: Copyright Aspects of Artificial Intelligence ［J］. Journal of Communications and Entertainment Law, 1981, 4（4）: 707-748.

［254］Todd David Marcus. Fostering Creativity in Virtual Worlds: Easing the Restrictiveness of Copyright for User-Created Content ［J］. New York Law School Law Review, 2007, 52（1）: 67-94.

［255］Victor M. Palace（FNa1）. What If Artificial Intelligence Wrote This? Artificial Intelligence and Copyright Law ［J］. Florida Law Review, 2019, 71（1）: 217-241.

［256］Warwick A. Rothnie. Idea and Expression in a Digital World ［J］. Journal of Law and Information Science 9, No. 1（1998）: 59-76.

［257］日本文化厅著作權課. ニーズ募集に提出された課題の整理: 詳細版・番号順［R］. 平成 27 年.

（三）外文案例

［258］464 U.S. 417，104 S.Ct. 774，78 L.Ed.2d 574（1984）.

［259］471 U.S. 539，105 S.Ct. 2218，85 L.Ed.2d 588（1985）.

［260］Abrams V. U.S. ，250 U.U. 616 630（1990）.

［261］Acohs Pty Ltd v Ucorp Pty（2012）FCAFC 16.

［262］Andrien v. S. Ocean Cty. Chamber of Commerce, 927 F.2d 132, 135（3d Cir. 1991）.

［263］Authors Guild v. Google Inc., 804 F.3d 202, 220, 225（2d. Cir. 2015）.

［264］Baker v. Seldon. Supreme Court of the United States.101 U.S. 99（1879）.

［265］Benjamin L. W. Sobel，Artificial Intelligence's Fair Use Crisis, 41 Colum. J.L. & Arts 45，46（2017）.

［266］Black's Law Dictionary（8th ed. 2004），p.12.

［267］Bleistein v. Donaldson Lithographing Co.，188 U.S. 239，23 S. Ct. 298，47 L. Ed. 460（1903）.

［268］Burrows–Giles Lithographic Co.v. Sarony.

［269］Case C–604/10 Football Dataco，at 39 and case law cited therein.

［270］CCNV v. Reid，490 U.S. at 746，10 U.S.P.Q.2d（BNA）at 1993.

［271］Cf Burrow–Giles Lithographic Co. v. Sarony，111 U.S. 53（1884）.

［272］Cmty. for Creative Non–Violence v. Reid，490 U.S. 730，739–40（1989）.

［273］Copyright Law Revision，H.R. Rep. No. 94–1176，94th Cong.，2d Sess.，51–58（1976）.

［274］Edward B.Marks Music Corp.v.Jerry Vogel Music Co.140F.2d at 267.

［275］Encyclopaedia Britannica Educ. Corp. v. Crooks，558 F. Supp. 1247（W.D.N.Y. 1983）.

［276］Express Newspapers Plc v Liverpool Daily Post & Echo Plc ［1985］3

All E.R. 680.

[277] Feist Publications, Inc. v. Rural Tel. Serv. Co., 499 U.S. 340, 351 – 352, 111 S. Ct. 1282, 113 L. Ed. 2d 358（1991）.

[278] FireSabre Consulting LLC v. Sheehy, No. 11–CV–4719 CS, 2013 WL 5420977（S.D.N.Y. Sept. 26, 2013）.

[279] Gyles v. Wilcox. 26 Eng. Rep. 489（Ch.1740）.

[280] H.R. Rep. No. 1476, 94th Cong., 2d Sess. 46, 52（1976）, reprinted in 1976 U.S.C.C.A.N. 5659, 5665（hereinafter House Report）.

[281] Home Prot.Bldg. &Loan Ass'n, 17 A.2d 755, 756（Pa. Super. Ct.1941）.

[282] IceTV Pty Ltd v Nine Network Australia Pty Ltd（2009）239 CLR 458.

[283] Int'l News Serv. v. Associated Press, 248 U.S. 215, 39 S. Ct. 68, 63 L. Ed. 211（1918）.

[284] Jeweler's Circular Pub. Co. v. Keystone Pub. Co.281 F. 8326 A.L.R. 571（2nd Cir, 1992）.

[285] Lotus Dev. Corp. v. Paperback Software Int'l, 740 F. Supp. 37, 53（D. Mass. 1990）.

[286] Manufacturers Technologies, Inc. v. CAMS, Inc., 706 F. Supp. 984,993（D. Conn. 1989）.

[287] Mazer v. Stein, 347 U.S. 201, 206（1954）.

[288] Nova Productions Ltd v Mazooma Games Ltd（2006）RPC 379.

[289] Roth Greeting Cards v. United Card Co., 429 F.2d 1106（9th Cir. 1970）.

[290] Shyamakrishna Balganesh, Causing Copyright, 117 COLUM. L. REV. 1, 62（2017）.

[291] Sony Corp. of Am. v. Universal City Studios, Inc., 464 U.S. 417, 429（1984）.

［292］Stern elecs, Inc.v Kaufman, 669 F.2d 852, 855 n.4（2d Cir.1982）.

［293］U. S. Congress. Intellectual Property Rights in an Age of Electronics and Information［R］. America Office of Technology Assessmen, 1986.

［294］U.S. Copyright Office, Compendium of U.S. Copyright Office Practices § 313.2（3rd ed. 2014）.

［295］U.S. Copyright Office. Compedium of U.S. Copyright Office Practices（3rd edition, 2014）. Section 306.

［296］UAB "Planner5D" v. Facebook, Inc., No. 19-CV-03132-WHO, 2020 WL 4260733, at 1（N.D. Cal. July 24, 2020）.

［297］Williams Electronics, Inc. v. Arctic Intern, Inc., 685 F.2d 870, 875（3d Cir. 1982）.

在读期间科研成果

一、论文

［1］姓名商业性使用行为规制路径探析［J］．广西政法管理干部学院学报，2020，35（5）：110-117.

［2］中美商业秘密保护问题及对策研究［J］．法学杂志，2020，41（9）：132-140.

［3］"VR+阅读障碍者图书"出版的著作权制度困境、价值与展望——兼评《中华人民共和国著作权法（修正案草案）》［J］．编辑之友，2020（9）：94-100.

［4］数据交易下权益边界的实践探索与调适［J］．电子知识产权，2020（2）：67-77.

［5］改编作品侵权的认定规则——基于美、德经验的分析［J］．法治社会，2019（5）：81-91.

［6］网站屏蔽制度的国际发展及本土化构建［J］．知识产权，2019（7）：56-65.

［7］WIPO专利翻译工具及中国推广问题研究［J］．中国发明与专利，2019，16（2）：69-73.

二、课题

［1］2020 年国家社科基金项目"中国特色知识产权理论体系研究
（11&ZD076）"成员.

［2］2019 年国家知识产权局项目"知识产权保护工作体系研究
（ZX200103）"成员.

［3］2019 年国家知识产权局项目"'十四五'时期知识产权发展形势和
任务分析"成员.

［4］2019 年国家知识产权局项目"'一带一路'沿线国家或地区知识产
权基础性制度研究（SS17–A–03）"成员.

［5］2019 年国家知识产权局项目"版权强国战略"成员.

［6］2019 年校级研究生科研创新课题（201911505）项目主持人.

三、会议论文获奖情况

［1］2019 年 4 月获第十六届知识产权南湖论坛论文评选的"中商所杯·IP
新叶奖优秀奖".

［2］分别于 2020 年、2018 年 12 月获湖北省知识产权征文比赛优秀奖.

致谢·素年锦时

致谢未提笔，腹稿已千遍。心中万千情，真意已忘言。终随心而起，凝聚成此篇。犹记入学时，二九年华正当年。感叹须臾间，中南已十年。十年如白驹，素时似锦年。眉间生清风，唇齿生桃园，手心长明月，心间辟桃源。[①] 世人都说求学苦，学海无涯路漫漫。道罢其中苦与甜，业成归来只有甘。其中涩滋味，可仅存胸中，无悔无为过，是因收获颇良多。

新竹节节高，全凭老干扶。若要致谢辞，必然叩恩师。夫子吴汉东，素有南吴称。风姿似松柏，气质当菊梅。讲台二三尺，耕耘轮回季。案台在宇宙，扬道摆园林。启蒙存大雅，典著振余音。法理作积淀，多维视角现。追忆开学礼，寄语犹如在耳边，如今门下已三年，心中颇感叹。复日身传教，累月寄箴言。每逢佳节日，忧心在校子，师母伴其左，一扫思家霾，唯有长者范，哪见今年过年子未归，恩师师母情满怀。言语不足表谢意，前路满载其道还。师母钱老师，慈爱更甚之。眉眼若星辰，举手投足豪气显。席间吐方言，吴侬软语落玉盘。同辈常艳羡，老者感情赛神仙。夫子师母情意胜，娓娓道来无穷尽，仅闻沧海之一粟，便可彰显学风善。如今临毕业，唯师恩浩瀚。

---

① 此句参见参见白音格力《小屋背后的节气》一文中"我要在手心里长出月亮。我要在眉目间长出清风。我要在唇齿上长出桃园。我要在心底下长出小径。"

　　吾何其有幸？另有导师在宇间。举荐恩、激励情，才能踏入博士路。提及法学路，学生启蒙者。忆起本科时，懵懂不知学。翻书疑问起，法学究其何？课堂听师授与渔，正轨迈入不算晚。硕士三年树罢，博士三年修剪。受教七余年，德行教导优于前。学生仍自愧，做人确比作文难。汝问其何者？师者肖志远是也。

　　古言道，片言赐学生，皆为吾师也，况且中心良师多，岂非片言可概括？教授曹新明，严谨治学者。身姿如白杨，挺拔而精神。易经甚通透，言笑在胸间。花甲之年近，辛勤耕耘仍未止，可叹师之韧，学习持之恒。教授黄玉烨，风姿绰绰尔。治学谈笑间，讲学粲然展。莫夸文章颜色好，成果斐然自然现。愚非师门子，关怀仍不减。尤其毕业际，感受实惊艳。教授胡开忠，愚甚觉可爱。玉壶在冰心，朱笔握指尖。愚一文受启，再次拜谢言。教授彭学龙，斯是鸿儒也。诗作妙言要道，文章惊才绝艳。偶闻二三言，余韵三两年。教授马一德，扬大家风范。教授赵家仪，实干家是也。教授詹映，温文尔雅；基地两年，收获颇丰；言行举止，有礼有德。教授何华，似是少年；文章若点石，厨艺如解牛。学者代高洁，精通多国语言者。平易近人言恳切，温柔敦厚仪端庄。日文文献帮忙时，值得拱手再言谢。副教授徐小奔，风华正值当年。辩论是其主场，樯橹灰飞烟灭。在愚忧心论文时，施以援手助选题。

　　中心行政吕老师，儒雅气度亦不烦。有幸学习一年余，有愧未能学几分。吉宇老师风采佳，学生事务一把抓。带病坚守工作岗，关心学生多牵挂。陈俊老师有特点，笑容感染磁场大。徐剑飞老师，明眸若秋水。感激伴手礼，渡我过好年。黄兴老师虽调离，见面言辞仍恳切。致谢虽俗套，不谢不知礼。

　　除却大学师恩，要谢杜老师。当年数学启蒙家，师徒斗嘴皆因法。若非数学基础好，哪来中南后续章。愚生但求延年百年，康健犹在吾之福。

　　同门情谊重，容我细道来。论文解决路，感谢亦师亦友伴。孙松师兄多指点，文章才能好修改。刘鑫师兄多鼓励，推荐期刊献真言，偶尔帮忙改文章，灵光乍现一瞬间。付丽霞师姐，路途多相伴。米拉师姐强，排忧亦解难，学术路上有其伴，互相鼓励渡难关。师妹王姣和姚叶，妙语连珠逗笑颜。秦健大律师，人生路上灯一盏。另有张倩师妹者，顾盼生辉若流转，鼓励人生向前看，树立自信把梦圆。毕业论文时，同门情谊现，资料帮忙者，师妹关春媛，无声伴吾侧，只有鼓励言。师妹田师元，师妹江芷悦，都为论文做贡献。米拉师姐远程传，调整心态终写完。师弟司马航，饭间扫阴霾。师弟李安有才华，堪称李导不为过。师妹高婧文斐然，学术观点实为赞。师弟万俊哲理家，金句频出可记下。师弟魏宵林，时时鼓励打鸡血。师妹林妍池，大方且率真，话语出真意；师弟周其威，总是默默把忙帮；师弟覃楚翔，言少行动暖心间；师妹冯茜话不多，做事踏实且能干；师妹张容乐淘淘，师弟阳鹏大男孩；另有师妹郭司晨，言行举止可学习。还有毕业的同门，在此一一来列举，师姐王珂和刘斌，师兄金钊、崔志伟，师弟王维、陈力瑞，师妹魏琪、徐若琳。

除却同门情，亦有同学情。尤要谢师姐，雨洒、鲁甜和晓苏，博士之路交心多，益友如此我之幸。叶霖师姐供住宿；杜娟米粥送温暖；衲钦特产品情谊，刘琳学术论长短。老大哥贾磊，爱妻爱女典范，闲谈之余寄良言。青文同学已六年，奋进努力勇争先；嘉文同学已十年，感谢同寝多担待。佳人咸晨旭，大步朝前看；碧波邓辉源，一切安好迎未来；潘滨包红光，感谢陪伴头一年。不仅石超、秦建平，还有周星宇作伴。

吾虽在校园，朋友均在外，关心未减少，值得终相伴。精神相伴数王晴，携夫江彪帮我忙；校对要数王月娇，细致入微是强项。另有二人组，史亚丽范圆，自强不息数二人，绝处逢生演绎者。还有赵晓曦，总觉我最强。张艳明亚楠，夫妻宽慰我，吾再不上进，岂配作友人？武汉本地有吴迪，株洲在外龙月竺；吴迪堪称语录家，月竺则为记录者；美食慰心忧，言辞宽思绪。幸得朋友皆明媚如春光，皆奔涌如后浪。

谈及亲人前，叩谢奶奶和姥姥。奶奶对孙养育恩，姥姥对孙资助情。奶奶有妙手，面点不在话下；姥姥有巧手，手工制品精妙。若要说亲戚，舅家姨家强，心中记挂我，吾亦有知晓。舅家女儿彭茜，能言亲近尤甚。还有志伟舅家亲眷，当年奔走为我忙。远亲等不起，近邻常年在。超叔丽姨不善言，亦用行动解心忧；家政伯伯在外忙，遥寄食物伴相思；医者谷育新，病好身轻多倚仗。

压轴跪谢吾父母，未动此段泪盈眶。出身并非富贵家，供养读书多奔忙。若非思想开明，哪来如今儿郎。为女计深远，为女扫路障。严慈之不易，非语能名状；只见白发替青丝，褶皱爬面庞。孝之思虑其晚年，不负今生不负卿。

中南十年未有期，斗转星移是真相。寝室洗澡有热水，南湖东站通四方。空调解酷暑，WiFi 替断网。南附变文澴，食堂换装潢。除却中原行政楼，教学大楼水中央。文泰逸夫楼，复习多匆忙。已非当年迷路童，如今已成领路“王”，唯有再次更替，归期可能迷惘。不久要离第二家，不负栽培之厚望。

二零二一年夏于晓南湖畔

现今已到杭师大，领导同事关照忙，多亏学院支持，此书付梓有望。

二零二二年春于恕园